Die RoHS-Richtlinie 2011/65/EU

Jetzt diesen Titel zusätzlich als E-Book downloaden und 70 % sparen!

Als Käufer dieses Buchtitels haben Sie Anspruch auf ein besonderes Kombi-Angebot: Sie können den Titel zusätzlich zum Ihnen vorliegenden gedruckten Exemplar für nur 30 % des Normalpreises als E-Book beziehen.

Der BESONDERE VORTEIL: Im E-Book recherchieren Sie in Sekundenschnelle die gewünschten Themen und Textpassagen. Denn die E-Book-Variante ist mit einer komfortablen Volltextsuche ausgestattet!

Deshalb: Zögern Sie nicht. Laden Sie sich am besten gleich Ihre persönliche E-Book-Ausgabe dieses Titels herunter.

In 3 einfachen Schritten zum E-Book:

❶ Rufen Sie die Website **www.beuth.de/e-book** auf.

❷ Geben Sie hier Ihren persönlichen, nur einmal verwendbaren E-Book-Code ein:

2678110AC6115BA

❸ Klicken Sie das „Download-Feld" an und gehen dann weiter zum Warenkorb. Führen Sie den normalen Bestellprozess aus.

Hinweis: Der E-Book-Code wurde individuell für Sie als Erwerber dieses Buches erzeugt und darf nicht an Dritte weitergegeben werden. Mit Zurückziehung dieses Buches wird auch der damit verbundene E-Book-Code für den Download ungültig.

RoHS-Richtlinie 2011/65/EU

Carsten Ebeling, Michael Loerzer

RoHS-Richtlinie 2011/65/EU

Rechtsgrundlagen und Anforderungen in der Lieferkette

1. Auflage 2017

Herausgeber:
DIN Deutsches Institut für Normung e. V.

Beuth Verlag GmbH · Berlin · Wien · Zürich

Herausgeber: DIN Deutsches Institut für Normung e. V.

© 2017 Beuth Verlag GmbH
Berlin · Wien · Zürich
Am DIN-Platz
Burggrafenstraße 6
10787 Berlin

Telefon: +49 30 2601-0
Telefax: +49 30 2601-1260
Internet: www.beuth.de
E-Mail: kundenservice@beuth.de

Titelbild: © Fotolia, pf 1000
Satz: B & B Fachübersetzergesellschaft mbH, Berlin
Druck: COLONEL, Kraków
Gedruckt auf säurefreiem, alterungsbeständigem Papier nach DIN EN ISO 9706

ISBN 978-3-410-26781-2
ISBN (E-Book) 978-3-410-26782-9

Vorwort

Die RoHS-Richtlinie 2011/65/EU ist Teil einer immer komplexer werdenden Chemikaliengesetzgebung, die von Herstellern, Importeuren, Bevollmächtigten und Händlern beachtet werden muss. Für die betroffenen Wirtschaftsakteure bedeutet das, dass sie Teile ihrer nur begrenzt zur Verfügung stehenden Ressourcen in die Einhaltung der stoffrechtlichen Anforderungen investieren müssen. Die sogenannte Environmental Compliance erfordert eine gesteigerte Aufmerksamkeit in den Unternehmen, um in der Lieferkette und im Lieferantenmanagement den rechtlichen Verpflichtungen in der jeweiligen Rolle als Wirtschaftsakteur nachzukommen.

Nicht zuletzt durch das sensible Thema Compliance im Kontext der Haftungsrisikominimierung des Managements und der Vermeidung von Zusatzkosten durch Zeitverzögerungen beim Marktzutritt und behördlicher Sanktionen stellen viele Unternehmen fest, dass frühzeitige Informationen hinsichtlich der zu erfüllenden Vorschriften unerlässlich sind.

Dieses Buch soll als Nachschlagewerk für die Unternehmenspraxis dienen.

Dipl.-Ing. (FH) Michael Loerzer und Carsten Ebeling LL.M.

Autorenporträts

Dipl.-Ing. (FH) Michael Loerzer ist seit 1999 als Regulatory Affairs Specialist tätig und hat maßgeblich den Begriff Product Compliance Management in Deutschland geprägt. Als geschäftsführender Gesellschafter der Globalnorm GmbH bietet er mit seinen Unternehmen IT-Lösungen sowie Dienstleistungen im Bereich „Bereitstellung von Product Compliance- und Normeninformationen“ an. Herr Loerzer hat Nachrichtentechnik an der Fachhochschule der Deutschen Bundespost, Berlin, studiert. Nach seinem Studium begann er 1988 bei dem Kreuzberger Traditionsunternehmen Bosse Telefonbau GmbH als Entwicklungs- und EMV-Prüfingenieur. Danach war er Laborleiter eines akkreditierten EMV-Prüflabors sowie stellvertretender Leiter der Zertifizierungsstelle. Im Jahr 2003 initiierte er die Gründung der Themengruppe Produktkonformität im DIN-Ausschuss Normenpraxis (ANP), deren gewählter Vorsitzender er seit dem 3. März 2004 ist. Seit Oktober 2009 ist er Mitglied der „Product Safety Engineering Society“ (PSES) der IEEE und hält seit 2006 regelmäßig Vorträge im Rahmen des IEEE Symposiums on Product Compliance Engineering in den USA. Zudem ist er Mitglied der Radio Equipment Directive Compliance Association (REDCA) sowie Leiter der Arbeitsgruppe Product Compliance im Netzwerk Compliance e.V.

Seit dem Jahr 2013 erscheint regelmäßig der Product Compliance Newsletter der Globalnorm GmbH, um dieses Thema nachhaltig im Markt zu etablieren. Für zahlreiche Verlage hat er Fachartikel und Bücher zu selbigen Themen veröffentlicht und ist als Referent für diverse Seminar- und Tagungsveranstalter tätig. Er ist außerdem an der Dualen Hochschule Baden-Württemberg als Lehrbeauftragter tätig.

Carsten Ebeling (LL.M.) ist bei der Sony Europe Limited als Product und Environmental Compliance Manager beschäftigt. In dieser Funktion verantwortet er u.a. die Einhaltung der produktbezogenen, umweltrechtlichen Anforderungen bei den von Sony in Deutschland in den Verkehr gebrachten Geräten. Vor seinem Engagement bei der Sony Europe Limited war er Berater bei der Globalnorm GmbH, die Unternehmen der verschiedensten Branchen zu Fragen des europäischen und internationalen Marktzuganges berät. Zum Thema Product und Environmental Compliance hält er regelmäßig Vorträge und hat diverse Fachartikel und Bücher veröffentlicht.

Danksagung

Michael Loerzer

Besonders danke ich meiner Frau, die die zahlreich investierten Abendstunden geduldig ertragen hat. Inzwischen weiß sie, dass es zahlreiche Leser der vielen von mir geschriebenen Bücher gibt und sich die Investition lohnt. Natürlich danke ich Frau Bandow und insbesondere Frau von der Grün, die so geduldig auf das Manuskript gewartet haben, sowie allen anderen Kollegen und Partnern im In- und Ausland, die uns viele Informationen gaben und für Diskussionen zur Verfügung standen. Wir hoffen natürlich, dass dieses Buch vielen Lesern eine erste Einstiegshilfe in das Gebiet der RoHS-Rechtsvorschriften bietet.

Carsten Ebeling

Ich möchte mich in erster Linie bei meiner Freundin Annika bedanken, die während der zeitintensiven Erstellung des Buches eine große Hilfe war. Des Weiteren möchte ich Michael Loerzer danken, der mir die Möglichkeit gegeben hat, am vorliegenden Werk mitzuarbeiten. Ein weiterer Dank gilt meinem Arbeitgeber Sony, der mich ebenfalls bei der Arbeit an diesem Buch sehr unterstützt hat. Zu guter Letzt möchte ich mich auch bei Frau Bandow und dem Beuth Verlag bedanken, die für alle Problemstellungen immer ein offenes Ohr hatten und sehr geduldig auf das Manuskript gewartet haben.

Inhaltsverzeichnis

1 Einführung

Michael Loerzer

Innerhalb der Europäischen Union wurde im Februar 2003 die Richtlinie 2002/95/EG über die Beschränkung der Verwendung bestimmter gefährlicher Stoffe in Elektro- und Elektronikgeräten (EEE) in Kraft gesetzt. Bei der Kommission in Brüssel ist für dieses Thema die DG Umwelt zuständig.[1] Hier können sich die Wirtschaftsakteure über die Aktivitäten der Kommission auf dem Laufenden halten. In Deutschland ist das Bundesministerium für Umwelt, Naturschutz und Reaktorsicherheit[2] federführend zuständig. Zu der ersten Fassung der RoHS[3]-Richtlinie 2002/95/EG[4] wurden Änderungen erforderlich. Nach Abschluss des Gesetzgebungsverfahrens hat das Europäische Parlament am 24.11.2010 und der Europäische Rat am 27.05.2011 die Neufassung der sogenannten RoHS-I-Richtlinie (nachfolgend RoHS 2002/95/EG genannt) verabschiedet. Am 08.06.2011 wurde die RoHS-II-Richtlinie 2011/65/EU (nachfolgend RoHS 2011/65/EU genannt) erlassen und im Amtsblatt[5] veröffentlicht. In den Erwägungsgründen der RoHS 2011/65/EU kann der interessierte Leser die detaillierten Gründe für die Veröffentlichung der Neufassung nachlesen. Die neue RoHS 2011/65/EU trat am 21.07.2011 in Kraft. Die Vorgaben der neuen Richtlinie waren bis zum 02.01.2013 in nationales Recht umzusetzen. In Deutschland wurde die RoHS 2011/65/EU durch die Elektro- und Elektronikgeräte-Stoff-Verordnung[6] (ElektroStoffV) in deutsches Recht überführt und trat erst am 09.05.2013 in Kraft. Für die Durchsetzung der RoHS 2011/65/EU sowie der Marktüberwachung zur Kontrolle der RoHS 2011/65/EU-Konformität der auf dem Markt bereitgestellten EEE sind in Deutschland die Bundesländer zuständig.

Eine bedeutsame Änderung hinsichtlich der Konformitätsbewertung erfuhr die RoHS 2002/95/EG durch den neu geschaffenen Rechtsrahmen des Beschlusses 768/2008/EG[7], auf dessen Grundlage die RoHS 2011/65/EU erlassen wurde.

1 http://ec.europa.eu/environment/waste/rohs_eee/index_en.htm, letzter Zugriff: 04.08.2017.

2 http://www.bmub.bund.de/, letzter Zugriff: 04.08.2017.

3 RoHS: Restriction of Hazardous Substances.

4 ABl. L 37 vom 13.02.2003, S. 19.

5 ABl. L 174 vom 01.07.2011, S. 88.

6 Elektro- und Elektronikgeräte-Stoff-Verordnung vom 19.04.2013 (BGBl. I Nr. 22, S. 1111), die zuletzt durch die 6. Verordnung vom 04.05.2017 (BGBl. I Nr. 24, S. 1042) geändert worden ist.

7 ABl. L 218 vom 13.08.2008, S. 82.

Hersteller müssen bei Anwendung der RoHS 2011/65/EU das vorgesehene Konformitätsbewertungsverfahren anwenden. Das CE-Kennzeichen, welches EEE z.B. auf Grundlage der EMV-[8], Niederspannungs-[9], Öko-Design-Richtlinien[10] nebst der relevanten Durchführungsmaßnahmen tragen, schließt die RoHS 2011/65/EU ein.

Die Wirtschaftsakteure finden in den Art. 7 bis 12 der RoHS 2011/65/EU die entsprechenden Verpflichtungen in ihrer jeweiligen Rolle als Hersteller, Bevollmächtigter, Einführer oder Händler. Die Art. 13 bis 16 betreffen die EU-Konformitätserklärung, Konformitätsvermutung sowie die Vorschriften zur CE-Kennzeichnung. Somit müssen Unternehmen, die EEE herstellen, importieren oder vertreiben, sich auf weitreichende Neuerungen einstellen. Zu nennen sind hier u. a. erweiterte Kennzeichnungspflichten, neue Konformitätsanforderungen und weitergehende Stoffverbote. Die in Deutschland geltende Elektro- und Elektronikgeräte-Stoff-Verordnung sieht mit § 14 entsprechende Bußgeldvorschriften vor, wenn ein EEE nicht ordnungsgemäß in den Verkehr gebracht wurde. Es sind insbesondere Hersteller und Einführer angesprochen, die Verpflichtungen aus der RoHS 2011/65/EU in ihren internen Unternehmensprozessen umzusetzen. Ein wesentlicher Aspekt ist hierbei das Lieferantenmanagement. Die Herausforderung besteht darin, vertrauenswürdige Nachweise in Bezug auf die RoHS 2011/65/EU-Konformität zu erhalten, die Bestandteil der technischen Unterlagen sein müssen.

Aktuell wurde die RoHS 2011/65/EU zwischen den Jahren 2014 bis 2016 durch zahlreiche delegierte Richtlinien geändert (siehe Tabelle 1). Diese Richtlinien beinhalten neue Ausnahmeregelungen für spezifische Produktgruppen. Die Änderungen findet der Leser in konsolidierten Rechtsakten, die über EUR-Lex[11] (Zugangsportal zum EU-Recht) der Europäischen Union recherchiert werden können.

---

8 Richtlinie 2014/30/EU des Europäischen Parlaments und des Rates vom 26.02.2014 zur Harmonisierung der Rechtsvorschriften der Mitgliedstaaten über die elektromagnetische Verträglichkeit (Neufassung), ABl. L 96 vom 29.03.2014, S. 79.

9 Richtlinie 2014/35/EU des Europäischen Parlaments und des Rates vom 26.02.2014 zur Harmonisierung der Rechtsvorschriften der Mitgliedstaaten über die Bereitstellung elektrischer Betriebsmittel zur Verwendung innerhalb bestimmter Spannungsgrenzen auf dem Markt, ABl. L 96 vom 29.03.2014, S. 357.

10 Richtlinie 2009/125/EG des Europäischen Parlaments und des Rates vom 21.10.2009 zur Schaffung eines Rahmens für die Festlegung von Anforderungen an die umweltgerechte Gestaltung energieverbrauchsrelevanter Produkte, ABl. L 285 vom 31.10.2009, S. 10.

11 http://eur-lex.europa.eu/collection/eu-law/consleg.html?locale=de, letzter Zugriff: 04.08.2017.

„Als Konsolidierung bezeichnet man die Aufnahme späterer Änderungen und Berichtigungen in einen Rechtsakt. Sie sorgt dafür, dass das EU-Recht transparenter und leichter zugänglich wird. Mehrere, in verschiedenen Ausgaben des Amtsblatts der Europäischen Union (ABl.) veröffentlichte Rechtstexte werden dabei als „konsolidierte Familie" in einer einzigen, gut lesbaren Textfassung zusammengestellt. Konsolidierte Texte dienen der Dokumentation; die EU-Institutionen haften nicht für ihren Inhalt. Beachten Sie, dass diese Texte nicht rechtsgültig sind. Für rechtliche Zwecke beziehen Sie sich bitte auf die im Amtsblatt veröffentlichten Texte."

Tabelle 1: Änderungsvorschriften zur RoHS 2011/65/EU

		Amtsblatt		
		Nr.	**Seite**	**Datum**
►M1	DELEGIERTE RICHTLINIE 2012/50/EU DER KOMMISSION Text von Bedeutung für den EWR vom 10.10.2012	L 348	16	18.12.2012
►M2	DELEGIERTE RICHTLINIE 2012/51/EU DER KOMMISSION Text von Bedeutung für den EWR vom 10.10.2012	L 348	18	18.12.2012
►M3	DELEGIERTE RICHTLINIE 2014/1/EU DER KOMMISSION Text von Bedeutung für den EWR vom 18.10.2013	L 4	45	09.01.2014
►M4	DELEGIERTE RICHTLINIE 2014/2/EU DER KOMMISSION Text von Bedeutung für den EWR vom 18.10.2013	L 4	47	09.01.2014
►M5	DELEGIERTE RICHTLINIE 2014/3/EU DER KOMMISSION Text von Bedeutung für den EWR vom 18.10.2013	L 4	49	09.01.2014
►M6	DELEGIERTE RICHTLINIE 2014/4/EU DER KOMMISSION Text von Bedeutung für den EWR vom 18.10.2013	L 4	51	09.01.2014
►M7	DELEGIERTE RICHTLINIE 2014/5/EU DER KOMMISSION Text von Bedeutung für den EWR vom 18.10.2013	L 4	53	09.01.2014
►M8	DELEGIERTE RICHTLINIE 2014/6/EU DER KOMMISSION Text von Bedeutung für den EWR vom 18.10.2013	L 4	55	09.01.2014

		Amtsblatt		
		Nr.	Seite	Datum
►M9	DELEGIERTE RICHTLINIE 2014/7/EU DER KOMMISSION Text von Bedeutung für den EWR vom 18.10.2013	L 4	57	09.01.2014
►M10	DELEGIERTE RICHTLINIE 2014/8/EU DER KOMMISSION Text von Bedeutung für den EWR vom 18.10.2013	L 4	59	09.01.2014
►M11	DELEGIERTE RICHTLINIE 2014/9/EU DER KOMMISSION Text von Bedeutung für den EWR vom 18.10.2013	L 4	61	09.01.2014
►M12	DELEGIERTE RICHTLINIE 2014/10/EU DER KOMMISSION Text von Bedeutung für den EWR vom 18.10.2013	L 4	63	09.01.2014
►M13	DELEGIERTE RICHTLINIE 2014/11/EU DER KOMMISSION Text von Bedeutung für den EWR vom 18.10.2013	L 4	65	09.01.2014
►M14	DELEGIERTE RICHTLINIE 2014/12/EU DER KOMMISSION Text von Bedeutung für den EWR vom 18.10.2013	L 4	67	09.01.2014
►M15	DELEGIERTE RICHTLINIE 2014/13/EU DER KOMMISSION Text von Bedeutung für den EWR vom 18.10.2013	L 4	69	09.01.2014
►M16	DELEGIERTE RICHTLINIE 2014/14/EU DER KOMMISSION Text von Bedeutung für den EWR vom 18.10.2013	L 4	71	09.01.2014
►M17	DELEGIERTE RICHTLINIE 2014/15/EU DER KOMMISSION Text von Bedeutung für den EWR vom 18.10.2013	L 4	73	09.01.2014
►M18	DELEGIERTE RICHTLINIE 2014/16/EU DER KOMMISSION Text von Bedeutung für den EWR vom 18.10.2013	L 4	75	09.01.2014
►M19	DELEGIERTE RICHTLINIE 2014/69/EU DER KOMMISSION Text von Bedeutung für den EWR vom 13.03.2014	L 148	72	20.05.2014

		Amtsblatt		
		Nr.	Seite	Datum
►M20	DELEGIERTE RICHTLINIE 2014/70/EU DER KOMMISSION Text von Bedeutung für den EWR vom 13.03.2014	L 148	74	20.05.2014
►M21	DELEGIERTE RICHTLINIE 2014/71/EU DER KOMMISSION Text von Bedeutung für den EWR vom 13.03.2014	L 148	76	20.05.2014
►M22	DELEGIERTE RICHTLINIE 2014/72/EU DER KOMMISSION Text von Bedeutung für den EWR vom 13.03.2014	L 148	78	20.05.2014
►M23	DELEGIERTE RICHTLINIE 2014/73/EU DER KOMMISSION Text von Bedeutung für den EWR vom 13.03.2014	L 148	80	20.05.2014
►M24	DELEGIERTE RICHTLINIE 2014/74/EU DER KOMMISSION Text von Bedeutung für den EWR vom 13.03.2014	L 148	82	20.05.2014
►M25	DELEGIERTE RICHTLINIE 2014/75/EU DER KOMMISSION Text von Bedeutung für den EWR vom 13.03.2014	L 148	84	20.05.2014
►M26	DELEGIERTE RICHTLINIE 2014/76/EU DER KOMMISSION Text von Bedeutung für den EWR vom 13.03.2014	L 148	86	20.05.2014
►M27	DELEGIERTE RICHTLINIE (EU) 2015/573 DER KOMMISSION Text von Bedeutung für den EWR vom 30.01.2015	L 94	4	10.04.2015
►M28	DELEGIERTE RICHTLINIE (EU) 2015/574 DER KOMMISSION Text von Bedeutung für den EWR vom 30.01.2015	L 94	6	10.04.2015
►M29	DELEGIERTE RICHTLINIE (EU) 2016/1028 DER KOMMISSION Text von Bedeutung für den EWR vom 19.04.2016	L 168	13	25.06.2016
►M30	DELEGIERTE RICHTLINIE (EU) 2016/1029 DER KOMMISSION Text von Bedeutung für den EWR vom 19.04.2016	L 168	15	25.06.2016

HINWEIS

Die konsolidierten Fassungen enthalten nicht immer alle aktuelle Änderungsvorschriften. So fehlen in Tabelle 1 die Delegierten Richtlinien (EU) 2015/863, 2016/585, 2017/1009, 2017/1010 und 2017/1011[12].

In diesem Zusammenhang kann davon gesprochen werden, dass die RoHS 2011/65/EU Modellcharakter für wichtige globale Märkte und den dort verantwortlichen Ministerien und Behörden hatte. So ist zu beobachten, dass in einigen wichtigen Drittstaaten ebenfalls Rechts- und Verwaltungsvorschriften bezüglich der RoHS 2011/65/EU erlassen wurden. Beispielhaft sei hier China genannt, das mit der China MIIT Order 32:2016-01-21[13] seit 01.07.2016 neu geltende RoHS-Vorschriften erlassen hat. Der Anwendungsbereich ist dabei ähnlich zu der europäischen RoHS 2011/65/EU. Unterschiede gibt es häufig bei den formalen Bedingungen sowie den Kennzeichnungsanforderungen, die beim Inverkehrbringen zwingend einzuhalten sind.

Wichtig ist für die Wirtschaftsakteure, dass in der RoHS 2011/65/EU für spezifische Produktgruppen ein gestufter Zeitplan hinsichtlich der frühesten Anwendungspflicht von der Kommission festgelegt wurde. Dies betrifft solche Produkte, die bisher von der RoHS 2002/95/EG ausgeschlossen waren (siehe Tabelle 2). Die letzte Frist für alle nicht explizit ausgeschlossenen EEE (Kategorie 11 nach Anhang I der Richtlinie: sonstige EEE, die keiner der bereits genannten Kategorien zuzuordnen sind) läuft am 23.07.2019 aus (siehe Art. 2 Abs. 2 RoHS 2011/65/EU).

12 Siehe http://eur-lex.europa.eu/legal-content/DE/ALL/?uri=CELEX:32011L0065&qid=1501613139472, letzter Zugriff: 04.08.2017.

13 Order No. 32 – The Administrative Measures for the Restriction of the Use of Hazardous Substances in Electrical and Electronic Products (2016) – English Translation, weitere Informationen zu anderen Drittstaaten enthält das Product Compliance Portal ROGER WILLCO (www.globalnorm.de, letzter Zugriff: 04.08.2017).

Tabelle 2: Übergangsfristen für bestimmte Produktkategorien

seit 22.07.2014	**seit 22.07.2016**	**seit 22.07.2017**	**ab 23.07.2019**
Erweiterung auf:	Erweiterung auf:	Erweiterung auf:	Erweiterung auf:
Kategorie 8 Medizinprodukte **Kategorie 9** Überwachungs- und Kontrollinstrumente	**Kategorie 8** In-vitro-Diagnostika	**Kategorie 9** Industrielle Überwachungs- und Kontrollinstrumente	**Kategorie 11** alle Elektro- und Elektronikgeräte, die nicht explizit ausgeschlossen sind und keiner anderen Kategorie zugeordnet werden können

2 Rechtsrahmen zur RoHS 2011/65/EU

Micheal Loerzer

2.1 Die neue Konzeption und der neue Rechtsrahmen

Das ursprünglich aus dem Jahr 1985 stammende neue Konzept, das der Ministerrat am 07.05.1985 in seiner Entschließung über eine neue Konzeption (New Approach) auf dem Gebiet der technischen Harmonisierung und der Normung[14] genehmigte, wird von den beteiligten Kreisen (Wirtschaftsakteure, Marktüberwachungsbehörden, Politik sowie Wirtschaftsverbände) als erfolgreiches und relativ einfach anzuwendendes Instrument angesehen. Das Prinzip der Neuen Konzeption basiert dabei unverändert auf vier Säulen (siehe Abbildung 1), die aufeinander aufbauen. Die ersten Harmonisierungsrichtlinien hatten als Hauptziel den freien Warenverkehr durch Einhaltung bestimmter grundlegender Anforderungen sowie der Beseitigung von Beschränkungen im Binnenmarkt. Ende der 1990er-Jahre begann die Kommission mit Überlegungen zur wirksamen Umsetzung des neuen Konzepts. Im Ergebnis bestand Einigkeit darin, die neue Konzeption in bestimmten Teilen mit folgenden Basiselementen zu überarbeiten:

- Kohärenz und Konsistenz in ihrer Gesamtheit
- das Notifizierungsverfahren
- die Akkreditierung
- die Konformitätsbewertungsverfahren (Module)
- die CE-Kennzeichnung und
- die von den Mitgliedstaaten auszuführende Marktüberwachung (einschließlich der Überarbeitung der Schutzklauselverfahren).

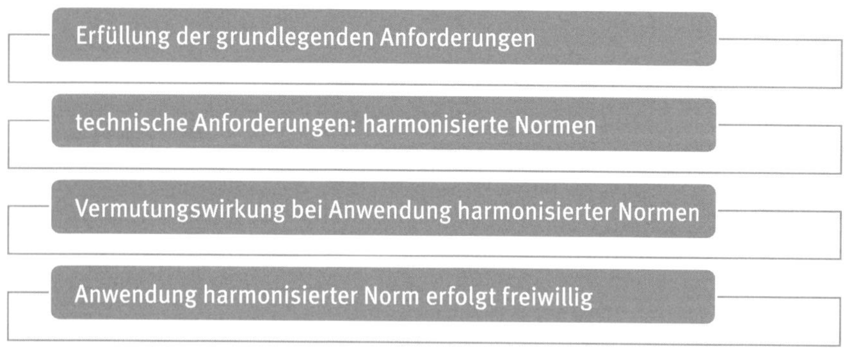

Abbildung 1: Grundelemente der Neuen Konzeption

14 ABl. C 136 vom 04.06.1985, S. 1.

Im Jahr 2008 wurde deshalb das sogenannte „New Legislative Framework (NLF) Package" im Amtsblatt[15] veröffentlicht. Das NLF-Paket besteht aus den Rechtsakten:

- Verordnung (EG) Nr. 764/2008 zur Festlegung von Verfahren im Zusammenhang mit der Anwendung bestimmter nationaler technischer Vorschriften für Produkte, die in einem anderen Mitgliedstaat rechtmäßig in den Verkehr gebracht worden sind, und zur Aufhebung der Entscheidung Nr. 3052/95/EG – anzuwenden seit 13.05.2009
- Verordnung (EG) Nr. 765/2008/EG über die Vorschriften für die Akkreditierung und Marktüberwachung im Zusammenhang mit der Vermarktung von Produkten und zur Aufhebung der Verordnung (EWG) Nr. 339/93 des Rates – anzuwenden seit 01.01.2010
- Beschluss 768/2008/EG über einen gemeinsamen Rechtsrahmen für die Vermarktung von Produkten und zur Aufhebung des Beschlusses 93/465/EWG des Rates

Auf die Verordnung (EG) Nr. 764/2008 wird hier nicht näher eingegangen. Die Verordnung (EG) Nr. 765/2008 dagegen hat eine bedeutende Stellung im Zusammenhang mit der CE-Kennzeichnung und Marktüberwachung. Die Verordnung regelt u. a. den Umgang mit Produkten, die eine ernste Gefahr darstellen. Dazu wird im Kapitel III der Verordnung ein gemeinsamer Rechtsrahmen für die gemeinschaftliche Marktüberwachung und die Kontrolle von in den Gemeinschaftsmarkt eingeführten Produkten vorgegeben. In Kapitel IV sind die Grundsätze der CE-Kennzeichnung zusammengefasst worden. Danach darf die CE-Kennzeichnung (siehe Abbildung 2) an Produkten, für die eine CE-Kennzeichnung nach den jeweils anwendbaren Harmonisierungsrechtsvorschriften verpflichtend ist, nur vom Hersteller oder einem von ihm Bevollmächtigten angebracht werden. Umgekehrt ist es verboten, eine CE-Kennzeichnung anzubringen, wenn für ein Produkt keine Harmonisierungsrechtsvorschrift anwendbar ist. In Brüssel wird in diesem Zusammenhang über einen neuen Vorschlag der Kommission zur Weiterentwicklung der Marktüberwachung beraten.[16] Das neue Vorschriftenpaket hat die Überarbeitung der beiden Verordnungen (EG) Nr. 764/2008 sowie der Nr. 765/2008 zum Gegenstand. Angedacht ist, dass der Vorschlag für dieses Vorschriftenpaket im Sommer 2017 veröffentlicht werden

15 ABl. L 218 vom 13.08.2008.

16 Vortrag *Joachim Geiß* (BMWi, Referat VI D 4) vom 29.06.2017 während des Erfahrungsaustauschs Marktüberwachung (7. ERFA MÜ).

soll. In diesem Zusammenhang soll der Unterschied zwischen einer EU-Richtlinie und einer EU-Verordnung erläutert werden: Verordnungen und Richtlinien sind Harmonisierungsrechtsvorschriften, die gem. Beschluss 768/2008/EG wie folgt definiert sind:

> „Harmonisierungsrechtsvorschriften der Gemeinschaft: Rechtsvorschriften der Gemeinschaft zur Harmonisierung der Bedingungen für die Vermarktung von Produkten."

Abbildung 2: CE-Kennzeichnung

Im Unterschied zu einer EU-Richtlinie gelten EU-Verordnungen unmittelbar, das heißt, dass sie nicht erst in nationales Recht überführt werden müssen. Die Verordnung (EG) Nr. 765/2008 über die Marktüberwachung gilt z. B. unmittelbar in den Mitgliedstaaten (siehe Abbildung 3).

Der Beschluss 768/2008/EG bildet eine Art Template für den Rechtsrahmen aller zukünftigen bzw. neuen Harmonisierungsrechtsvorschriften, die als EU-Richtlinie oder als Verordnung erlassen werden. Beispielhaft seien vier Harmonisierungsrechtsvorschriften genannt:

- RoHS 2011/65/EU
- Richtlinie 2014/53/EU über Funkanlagen, die seit dem 13.06.2017 anzuwenden ist
- Verordnung (EU) 2017/745 vom 05.04.2017 über Medizinprodukte[17]
- Verordnung (EU) 2017/746 über In-vitro-Diagnostika[18]

Dieser Beschluss 768/2008/EG hat keine unmittelbare Rechtswirkung für die Wirtschaftsakteure. Die RoHS 2011/65/EU basiert auf diesem Rechtsrahmen und stellt eine Harmonisierungsrechtsvorschrift unter dem NLF dar. Demzufolge hat die RoHS 2011/65/EU eine völlig neue Struktur erhalten, die dem

17 ABl. L 117 vom 05.05.2017, S. 1.

18 ABl. L 117 vom 05.05.2017, S. 176.

Beschluss 768/2008/EG entspricht. Zum Nachweis der Übereinstimmung mit den Anforderungen der RoHS 2011/65/EU ist die Durchführung eines Konformitätsbewertungsverfahrens erforderlich sowie die CE-Kennzeichnung und die Bescheinigung der Übereinstimmung mittels EU-Konformitätserklärung. In diesem Zusammenhang hat die Europäische Kommission weiterführende Hinweise und Erläuterungen über die Umsetzung von EU-Produktvorschriften im Blue Guide[19] als Leitfaden veröffentlicht.

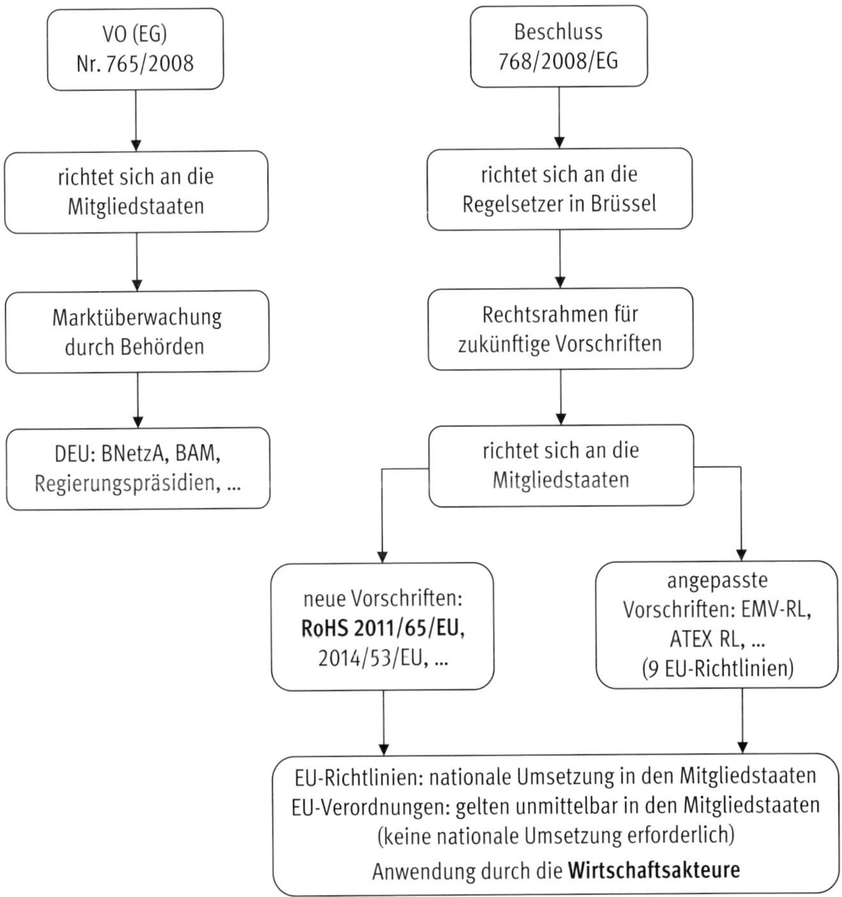

Abbildung 3: Normadressaten der Verordnung (EG) Nr. 765/2008 und des Beschlusses 768/2008/EG

19 ABl. C 272 vom 26.07.2016, S. 1.

2.2 Die deutsche Umsetzung der RoHS 2011/65/EU – die Elektro- und Elektronikgeräte-Stoff-Verordnung

Die in Deutschland geltende Elektro- und Elektronikgeräte-Stoff-Verordnung (ElektroStoffV) stellt die nationale Umsetzung der RoHS 2011/65/EU dar. Sie löst die RoHS 2002/95/EG ab, die bislang durch § 5 des Gesetzes über das Inverkehrbringen, die Rücknahme und die umweltverträgliche Entsorgung von Elektro- und Elektronikgeräten (Elektro- und Elektronikgerätegesetz – ElektroG) in nationales Recht umgesetzt war. Aufgrund des deutlich erweiterten Umfangs des Regelungsgehaltes der RoHS 2011/65/EU im Vergleich zur RoHS 2002/95/EG war die Umsetzung in nationales Recht im Wege einer eigenständigen Verordnung erforderlich. Die Umsetzung durch eine Verordnung wurde aus systematischen Erwägungen vorgenommen, da entsprechende Stoffbeschränkungen im Bereich der abfallrechtlichen Produktverantwortung bislang ebenfalls regelmäßig durch eine Verordnung umgesetzt wurden. Im Zusammenhang mit dieser Verordnung waren die bislang im ElektroG enthaltenen Regelungen zu den Stoffbeschränkungen aufzuheben.

Die ElektroStoffV trägt außerdem dem Umstand Rechnung, dass die RoHS 2011/65/EU unter dem New Legislative Framework (NLF) erlassen wurde und dementsprechend die Anwendung des Konformitätsbewertungsverfahrens mit der CE-Kennzeichnung und Ausstellung einer EU-Konformitätserklärung erforderlich macht. Die Vorschriften der ElektroStoffV sind in Tabelle 3 dargestellt.

Tabelle 3: Inhalte der ElektroStoffV

§ 1	Anwendungsbereich
§ 2	Begriffsbestimmungen
§ 3	Voraussetzungen für das Inverkehrbringen
§ 4	Allgemeine Pflichten des Herstellers
§ 5	Besondere Kennzeichnungs- und Informationspflichten des Herstellers
§ 6	Ermächtigung eines Bevollmächtigten
§ 7	Verpflichtungen des Importeurs
§ 8	Verpflichtungen des Vertreibers
§ 9	Umstände, unter denen die Verpflichtungen des Herstellers auch für den Importeur und den Vertreiber gelten
§ 10	Benennung der Wirtschaftsakteure

§ 11	EU-Konformitätserklärung
§ 12	CE-Kennzeichnung
§ 13	Konformitätsvermutung
§ 14	Bußgeldvorschriften
§ 15	Übergangsvorschriften
§ 16	Inkrafttreten

Ziel der vorliegenden Verordnung war es, in Umsetzung der RoHS 2011/65/EU, den Schadstoffgehalt in Elektro- und Elektronikgeräten zu reduzieren, um hierdurch einen Beitrag zum Schutz der menschlichen Gesundheit und der Umwelt sowie der umweltgerechten Verwertung und Beseitigung von Elektro- und Elektronik-Altgeräten zu leisten. Durch § 24 Nr. 1 und 2 und § 65 Abs. 1, jeweils in Verbindung mit § 67 des Kreislaufwirtschaftsgesetzes (KrWG) vom 24.02.2012 (BGBl. I S. 212), wird die Bundesregierung ermächtigt, Anforderungen an die Verpflichteten der Produktverantwortung festzulegen. Die Produktverantwortung umfasst dabei gem. § 23 Abs. 2 KrWG die Entwicklung, die Herstellung und das Inverkehrbringen von Erzeugnissen, die nach dem Ende ihrer Nutzungsphase zur ordnungsgemäßen, schadlosen und hochwertigen Verwertung sowie zur umweltverträglichen Beseitigung geeignet sein müssen. Durch § 8 Abs. 1 Satz 1 und 2 Nr. 1 lit. b) und e) und Nr. 2 des Produktsicherheitsgesetzes (ProdSG) vom 08.11.2011 (BGBl. I S. 2179) wird das Bundesministerium für Umwelt, Naturschutz und Reaktorsicherheit ermächtigt, im Einvernehmen mit dem Bundesministerium für Arbeit und Soziales, dem Bundesministerium für Wirtschaft und Technologie, dem Bundesministerium für Ernährung, Landwirtschaft und Verbraucherschutz, dem Bundesministerium für Verkehr, Bau und Stadtentwicklung und dem Bundesministerium der Verteidigung und nach Anhörung des Ausschusses für Produktsicherheit Rechtsverordnungen zum Schutz der Umwelt zu erlassen. Es kann Anforderungen an die Bereitstellung von Produkten auf dem Markt, an die Kennzeichnung von Produkten und produktbezogene Aufbewahrungs- und Mitteilungspflichten sowie behördliche Maßnahmen, die der Durchsetzung dieser Anforderungen dienen, regeln. Produkte nach dem Produktsicherheitsgesetz (ProdSG) sind auch Elektro- und Elektronikgeräte. § 3 Abs. 1 und 3 sowie § 14 Abs. 1 und § 15 der ElektroStoffV sind auf die Regelungen des KrWG gestützt. Ziel der Stoffbeschränkungen der ElektroStoffV ist es, die Risiken für die Umwelt und die menschliche Gesundheit mit Blick auf die Bewirtschaftung der später anfallenden Abfälle zu minimieren. Vor diesem Hintergrund stützen sich die Vorschriften in Bezug auf die Stoffbeschränkungen auf die abfallrechtliche Grundlage des § 24 Nr. 1 und 2 KrWG. Im Übrigen finden die Vorschriften ihre Rechtsgrundlage in den Regelungen des ProdSG. Die ElektroStoffV sieht dem ProdSG entsprechende und weitergehende Vorschriften im Sinne des § 1 Abs. 4 ProdSG vor. Soweit die Regelungen der Verordnung einschlägig sind, gelten die Vorschriften des ProdSG nicht.

In § 15 ElektroStoffV hat der deutsche Gesetzgeber übersichtlich alle Änderungsvorschriften in Bezug auf einzuhaltende Fristen für bestimmte Stoffbeschränkungen von spezifischen Produktgruppen zusammengefasst, die den delegierten Rechtsakten nach Tabelle 1 entsprechen.

Darüber hinaus sind die Anforderungen der ElektroStoffV deckungsgleich mit den Anforderungen der RoHS 2011/65/EU. Erwähnenswert sind die Bußgeldvorschriften nach § 14. Da die ElektroStoffV für die Bemessung der Bußgeldhöhe § 39 Abs. 1 Nr. 7 lit. a) des ProdSG referenziert, wäre eine mögliche Ordnungswidrigkeit mit einer Geldbuße von bis 100 000 € möglich.

Im Zusammenhang mit der Marktüberwachung ist der Hersteller verpflichtet, der zuständigen Behörde auf deren begründetes Verlangen alle Informationen und Unterlagen zur Verfügung zu stellen, die erforderlich sind, um die Konformität des in Verkehr gebrachten EEE mit den Anforderungen des § 3 nachzuweisen. Die Informationen und Unterlagen sind in deutscher oder englischer Sprache zu verfassen. Diese Sprachenregelung für die Informationen und Unterlagen gelten sinngemäß auch für den Importeur.

Eine unterzeichnete Version der EU-Konformitätserklärung muss nach Wahl des Herstellers entweder in deutscher oder englischer Sprache vorgehalten werden. Sie ist auf Verlangen der zuständigen Behörde in die deutsche Sprache zu übersetzen.

Die auch bislang in diesem Bereich vorzunehmende Marktüberwachung erfolgt gem. den Vorgaben des ProdSG. Dieses regelt in den §§ 24 bis 28 die Aufgaben der Marktüberwachungsbehörden, die möglichen Maßnahmen der zuständigen Behörden sowie deren Befugnisse im Einklang mit der Verordnung (EG) Nr. 765/2008, auf die auch die mit dieser Verordnung umzusetzende RoHS 2011/65/EU verweist. Im Rahmen der stichprobenartigen Prüfung von EEE stehen den Marktüberwachungsbehörden damit auch die Betretensrechte und die Befugnisse zur unentgeltlichen Entnahme von Proben und Mustern bei den Wirtschaftsakteuren zu. Aufgrund der umfangreichen Regelung, die nach § 1 Abs. 4 ProdSG auch weiterhin Anwendung finden, bedarf es einer gesonderten Regelung hierzu in der ElektroStoffV daher nicht.

2.3 Verpflichtungen des Herstellers

Der Hersteller hat von den vier Wirtschaftsakteuren die größte Verantwortung, da er die Produkte entwickelt und herstellt. Er gibt sich als Hersteller auf dem Typenschild zu erkennen. In der RoHS 2011/65/EU finden sich die rechtlichen Verpflichtungen für den Hersteller in Art. 7, die er beim Inverkehrbringen einzuhalten hat. Das Inverkehrbringen wird nach Art. 3 der RoHS 2011/65/EU als die erstmalige Bereitstellung eines EEE auf dem Unionsmarkt definiert.

Immer noch kommt es vor, dass der Halbsatz „erstmalige Bereitstellung" falsch interpretiert wird. Bei Serienprodukten liegt regelmäßig immer ein erneutes Inverkehrbringen vor, sodass hier darauf zu achten ist, ob es Änderungen am Produkt oder zu berücksichtigende Änderungen der angewandten harmonisierten Normen gibt. Dazu siehe auch Kapitel 2.3 im Blue Guide:

> „Was die ‚Bereitstellung' angeht, so bezieht sich das Inverkehrbringen nicht auf eine Produktart, sondern auf jedes einzelne Produkt, unabhängig davon, ob es als Einzelstück oder in Serie hergestellt wurde. Daher muss jedes einzelne Produkt eines Produktmodells oder einer Produktart, das nach dem Inkrafttreten neuer Anforderungen in Verkehr gebracht wird, diese erfüllen, auch wenn die Bereitstellung des Produktmodells oder der Produktart vor dem Inkrafttreten neuer Harmonisierungsrechtsvorschriften der Union mit neuen obligatorischen Anforderungen erfolgte."

Die Begriffsbestimmungen sowie die Verpflichtungen der jeweiligen Wirtschaftsakteure entsprechen genau den Vorgaben des Beschlusses 768/2008/EG. In Bezug auf die RoHS 2011/65/EU sind die wesentlichen Schritte zur CE-Kennzeichnung als Checkliste in Tabelle 4 zusammengefasst worden.

Tabelle 4: Checkliste für Hersteller

I.	Sicherstellung, dass in Verkehr gebrachte EEE einschließlich Kabeln und Ersatzteilen für die Reparatur, die Wiederverwendung, die Aktualisierung von Funktionen oder die Erweiterung des Leistungsvermögens keine der in Anhang II aufgeführten Stoffe enthalten
II.	Homogene Werkstoffe dürfen nicht mehr als den in Anhang II aufgeführten Konzentrationshöchstwert in Gewichtsprozent enthalten
III.	Anwendung des Konformitätsbewertungsverfahrens „interne Fertigungskontrolle" (Modul A) nebst Erstellung technischer Unterlagen

IV.	Ausstellung einer EU-Konformitätserklärung mit allen angewandten Harmonisierungsrechtsvorschriften sowie Anbringung der CE-Kennzeichnung
V.	Verfahren zur Kontrolle der Serienkonformität der in Verkehr gebrachten Produkte
VI.	Verfahren bei Änderungen am Produkt sowie bei Änderungen von harmonisierten Normen
VII.	Verzeichnis der nichtkonformen EEE und der Produktrückrufe sowie der Betrieb eines Informationsverfahrens, um Händler zu informieren
VIII.	Anbringung einer Typen-, Chargen- oder Seriennummer oder eines anderen Kennzeichens zur Produktidentifikation
IX.	Name des Herstellers sowie Postanschrift mit einer zentralen Kontaktstelle am Produkt anbringen
X.	Verfahren, um ggf. erforderliche Korrekturmaßnahmen zu treffen (z. B. mittels Rückrufmanagementsystem)

Für die in Tabelle 4 aufgeführten Rechtspflichten muss der Hersteller entsprechende organisatorische Maßnahmen treffen, um sicherzustellen, dass ausschließlich RoHS-konforme Produkte in den Verkehr gebracht werden. Unterliegt ein Produkt weiteren Harmonisierungsrechtsvorschriften, gelten die in diesen Harmonisierungsrechtsvorschriften formulierten Verpflichtungen zusätzlich zur RoHS 2011/65/EU. Viele für EEE geltende Harmonisierungsrechtsvorschriften haben die gleichen Anforderungen hinsichtlich der Konformitätsbewertung und unterscheiden sich hauptsächlich in den zu erfüllenden grundlegenden Anforderungen (siehe Ziffern I. und II. in Tabelle 3), sodass diese Checkliste auch für die Harmonisierungsrechtsvorschriften wie z. B. die EMV-Richtlinie 2014/30/EU anwendbar ist. Viele dieser Anforderungen erfordern eine entsprechende Product Compliance-Organisation. Eine alleinige ISO-9001-Zertifizierung des Unternehmens ist kein alleiniges Indiz, dass ein Produkt den Harmonisierungsrechtsvorschriften entspricht. Dementsprechend müssen hier grundsätzlich alle mit Product Compliance in Beziehung stehenden Prozesse entsprechend analysiert und ggf. angepasst werden, um das Risiko von nicht gesetzeskonformen Produkten und daraus resultierenden Sanktionen seitens der Behörden zu minimieren. Grundsätzlich muss ein Hersteller den jeweils in den Mitgliedstaaten zuständigen Behörden „auf deren begründetes Verlangen alle Informationen und Unterlagen in einer Sprache, die von dieser zuständigen nationalen Behörde leicht verstanden werden kann, zur Verfügung“ stellen. An dieser Stelle sei nochmal auf die herausragende Bedeutung der technischen Unterlagen hingewiesen, aus denen sich die Konformität des Produkts mit der RoHS 2011/65/EU sowie aller weiterer für das Produkt geltenden Harmonisierungsrechtsvorschriften ableiten lassen muss.

In Bezug auf Ziffer II. in Tabelle 4 ist zu beachten, dass die Kommission „gemäß Artikel 20 und unter den in den Artikeln 21 und 22 festgelegten Bedingungen nähere Vorschriften über die Einhaltung dieser Konzentrationshöchstwerte, u.a. unter Berücksichtigung der Oberflächenbeschichtungen“ erlassen kann. Tabelle 1 enthält eine Übersicht der zurzeit erlassenen delegierten Rechtsakte, betreffend der Anhänge III „Von der Beschränkung des Artikels 4 Absatz 1 ausgenommene Verwendungen“ und IV „Von der Beschränkung gemäß Artikel 4 Absatz 1 ausgenommene Verwendungen in Bezug auf medizinische Geräte und Überwachungs- und Kontrollinstrumente“ der RoHS 2011/65/EU. Hier müssen die Hersteller die hierin festgelegten Fristen zwingend beachten.

2.4 Verpflichtungen des Bevollmächtigten

Unabhängig davon, ob der Hersteller in der EU niedergelassen ist oder nicht, kann er einen Bevollmächtigten in der Union benennen, der in seinem Namen bestimmte sich durch die RoHS 2011/65/EU ergebende Verpflichtungen erfüllt. Ein außerhalb der Europäischen Union niedergelassener Hersteller braucht nicht zwingend einen Bevollmächtigten zu haben.

Ein Bevollmächtigter nimmt die Aufgaben wahr, die im Auftrag des Herstellers festgelegt sind. Die Übertragung von Pflichten des Herstellers an den Bevollmächtigten muss durch ausdrücklichen und **schriftlichen** Auftrag erfolgen, in dem insbesondere der Inhalt der Pflichten und die Grenzen der Befugnisse des Bevollmächtigten aufgeführt sind. Die Pflichten, die dem Bevollmächtigten gem. der RoHS 2011/65/EU sowie ggf. weiterer Harmonisierungsrechtsvorschriften der Union übertragen werden können, sind **administrativer Art**. Also darf der Hersteller den Bevollmächtigten, sofern keine anderslautenden Bestimmungen vorgesehen sind, weder mit den Maßnahmen beauftragen, die der Sicherstellung dienen, dass der Herstellungsprozess die Konformität der Produkte gewährleistet, noch mit der Erstellung technischer Unterlagen. Im Zusammenhang mit der RoHS 2011/65/EU darf er zudem nicht die Gewährleistung des Herstellers übernehmen, dass dieser ein EEE in Verkehr bringt, welches gem. den Anforderungen von Art. 4 entworfen und hergestellt wurde. Dafür ist allein der Hersteller verantwortlich.

Der Auftrag seitens des Herstellers muss dem Bevollmächtigten gestatten, mindestens folgende Aufgaben wahrzunehmen:

- Bereithaltung der EU-Konformitätserklärung und der technischen Unterlagen für die nationalen Überwachungsbehörden über einen Zeitraum von zehn Jahren ab dem Inverkehrbringen des EEE
- auf begründetes Verlangen einer zuständigen nationalen Behörde Bereitstellung aller erforderlichen Informationen und Unterlagen zum Nachweis der Konformität von EEE mit der Richtlinie
- auf Verlangen der zuständigen nationalen Behörden Kooperation bei allen Maßnahmen, die sicherstellen sollen, dass von ihrem Auftrag umfasste EEE die Bestimmungen der Richtlinie einhalten

Bei dem von einem Hersteller benannten Bevollmächtigten kann es sich um einen Einführer oder Händler im Sinne der Harmonisierungsrechtsvorschriften der Union handeln, der in diesem Falle ebenfalls den einschlägigen Verpflichtungen nachkommen muss. Es kann sich aber auch um eine autarke Person handeln. Dienstleister könnten hier auch als Bevollmächtigte in Erscheinung treten.

2.5 Verpflichtungen des Importeurs (Einführers)

Führt ein Importeur EEE aus einem Drittstaat außerhalb der Europäischen Union ein, muss er sicherstellen, dass diese Produkte den geltenden Harmonisierungsrechtsvorschriften entsprechen. Dazu gehört u.a. die RoHS 2011/65/EU. Im Umkehrschluss darf der Importeur gem. Art. 9 lit. c) keine EEE in den Verkehr bringen, wenn er Grund zu der Annahme hat, dass solche Geräte nicht den RoHS-Anforderungen nach Art. 4 entsprechen. Dementsprechend muss sich der Importeur Gedanken machen, wie er die Gewährleistung übernehmen kann, dass der Hersteller das entsprechende Konformitätsbewertungsverfahren korrekt ausgeführt hat. Grundsätzlich geben die Harmonisierungsrechtsvorschriften nicht vor, mit welchem Aufwand der Importeur diese Sorgfaltspflichten ausüben muss. Im Blue Guide finden sich in Abschnitt 3.3. folgende Aussagen:

> „Der Einführer muss sicherstellen, dass der Hersteller seinen Verpflichtungen ordnungsgemäß nachgekommen ist. Er ist kein bloßer Wiederverkäufer von Produkten, sondern spielt bei der Gewährleistung der Konformität der eingeführten Erzeugnisse eine sehr wichtige Rolle.

Definiert wird der Einführer als natürliche oder juristische Person, die ein Produkt aus einem Drittland auf dem EU-Markt in Verkehr bringt. Im Allgemeinen muss der Einführer vor dem Inverkehrbringen eines Produkts sicherstellen,

1. dass vom Hersteller das entsprechende Konformitätsbewertungsverfahren durchgeführt worden ist. Hat er Zweifel hinsichtlich der Konformität des Produkts, darf er es nicht in Verkehr bringen. Ist das Produkt jedoch bereits in Verkehr gebracht worden, so muss er Korrekturmaßnahmen vornehmen. Um Zweifel an der Konformität des Produkts auszuräumen, ist in beiden Fällen möglicherweise der Hersteller zu kontaktieren;
2. dass der Hersteller die technischen Unterlagen erarbeitet und die einschlägige Konformitätskennzeichnung (z. B. die CE-Kennzeichnung) angebracht hat sowie seinen Pflichten in Bezug auf die Rückverfolgbarkeit nachgekommen ist und das Produkt ggf. mit Gebrauchsanweisungen und Sicherheitsinformationen in einer für die Verbraucher und Endbenutzer leicht verständlichen und vom betreffenden Mitgliedstaat bestimmten Sprache versehen hat.

Durch diese Verpflichtungen soll sichergestellt werden, dass die Einführer sich ihrer Verantwortung bewusst sind, nur konforme Produkte in Verkehr zu bringen. Es wird weder vorgeschrieben, dass Einführer systematisch auf zusätzliche Kontrollverfahren oder Prüfungen (durch Dritte) zurückgreifen müssen, noch wird diese Möglichkeit generell ausgeschlossen."

Jeder Importeur muss sich dieser Verpflichtung bewusst werden und für sich festlegen, wie er dieser Verpflichtung nachkommen will. Die Art und Weise, wie er die Aufgabe erfüllt, ist nicht festgelegt. Wichtig ist, dass er die gewählte Lösung dokumentiert.

Von den Marktaufsichtsbehörden wird zunehmend auch der Teilaspekt der Rückverfolgbarkeit hinterfragt. Auch hier muss der Importeur den Nachweis erbringen, wie er die Rückverfolgbarkeit sicherstellt. Tabelle 5 enthält in Bezug auf die RoHS 2011/65/EU eine Checkliste für den Importeur. Für jeden einzelnen Schritt ist er verantwortlich. Wie der Hersteller muss auch ein Importeur den jeweils in den Mitgliedstaaten zuständigen Behörden „auf deren begründetes Verlangen alle Informationen und Unterlagen in einer Sprache, die von dieser zuständigen nationalen Behörde leicht verstanden werden kann, zur Verfügung" stellen.

Tabelle 5: Checkliste für den Importeur (Einführer)

I.	Sicherstellung, dass nur RoHS-konforme EEE in Verkehr gebracht werden (prüfen)
II.	Sicherstellung, dass der Hersteller das entsprechende Konformitätsbewertungsverfahren korrekt angewandt und entsprechende technische Unterlagen erstellt hat (vertragliche Regelungen treffen, prüfen)
III.	CE-Kennzeichnung vom Hersteller angebracht (prüfen)?
IV.	Verfahren zur Behörden- und Herstellerkommunikation, wenn das Produkt nicht den RoHS-Anforderungen entspricht
V.	Name des Importeurs sowie Postanschrift am Produkt anbringen
VI.	Verzeichnis der nichtkonformen EEE und der Produktrückrufe sowie der Betrieb eines Informationsverfahren, um Händler zu informieren
VII.	Verfahren, um ggf. erforderliche Korrekturmaßnahmen zu treffen (z. B. mittels Rückrufmanagementsystem)
VIII.	Kopie der EU-Konformitätserklärung vom Hersteller bereithalten (inhaltlich prüfen)
IX.	Zugriff auf technische Unterlagen des Herstellers sicherstellen (vertraglich regeln)

2.6 Verpflichtungen des Händlers (Vertreibers)

Im Unterschied zum Hersteller und Importeur ist der Händler als letztes Glied der Vertriebskette derjenige, der Produkte auf dem Markt bereitstellt. Er ist jedoch nicht derjenige, der das Produkt erstmals auf den Markt bzw. in Verkehr bringt. Insofern hat der Händler nachgelagerte Kontrollpflichten, die in Art. 10 der RoHS 2011/65/EU postuliert sind. Wie der Hersteller und Importeur stellt ein Händler den jeweils in den Mitgliedstaaten zuständigen Behörden „auf deren begründetes Verlangen alle Informationen und Unterlagen zur Verfügung, die für den Nachweis der Konformität von Elektro- oder Elektronikgeräten mit der vorliegenden Richtlinie erforderlich sind". Bzgl. der angemessenen Sorgfaltspflichten, die ein Händler wahrnehmen muss, finden sich entsprechende Passagen in Abschnitt 3.4. des Blue Guides:

„Der Händler muss hinsichtlich der anzuwendenden Bestimmungen angemessene Sorgfalt walten lassen. So sollte er unter anderem wissen, welche Produkte mit der CE-Kennzeichnung zu versehen sind, welche Unterlagen (z.B. EU-Konformitätserklärung) das Produkt begleiten müssen, welche sprachlichen Anforderungen an die Etikettierung, Gebrauchsanweisungen bzw. andere Begleitunterlagen bestehen und welche Umstände eindeutig für die Nichtkonformität des Produkts sprechen. Er hat die Pflicht, der nationalen Überwachungsbehörde gegenüber nachzuweisen, mit der angemessenen Sorgfalt gehandelt und sich vergewissert zu haben, dass der Hersteller oder sein Bevollmächtigter oder die Person, die ihm das Produkt zur Verfügung gestellt hat, die nach den anzuwendenden Harmonisierungsrechtsvorschriften der Union erforderlichen und in den Pflichten der Händler aufgeführten Maßnahmen ergriffen hat. Bei Produkten aus Drittländern liegt die Verantwortung für die Konformitätsbewertung sowie die Ausstellung und Bereithaltung der EU-Konformitätserklärung und der technischen Unterlagen beim Hersteller und/oder Einführer. Sollten sich die geltenden rechtlichen Auflagen geändert haben, ist es nicht Aufgabe des Händlers, zu prüfen, ob ein bereits auf dem Markt befindliches Produkt diesen nach wie vor entspricht. Die Pflichten des Händlers beziehen sich auf die Rechtsvorschriften, die zum Zeitpunkt des Inverkehrbringens des Produkts durch den Hersteller oder Einführer anzuwenden waren, sofern in spezifischen Rechtsvorschriften nichts Anderes vorgesehen war. Der Händler muss in der Lage sein, den Hersteller, seinen Bevollmächtigten, den Einführer bzw. die Person anzugeben, die ihm das Produkt zur Verfügung gestellt hat, um die Aufsichtsbehörde in dem Bemühen zu unterstützen, die EU-Konformitätserklärung und die notwendigen Teile der technischen Unterlagen zu erlangen. Die Marktüberwachungsbehörden haben die Möglichkeit, die technischen Unterlagen direkt beim Händler anzufordern. Von diesem wird jedoch nicht erwartet, dass er im Besitz derselben ist."

In der Praxis ist zu beobachten, dass sich bei Verbraucherprodukten die Marktaufsichtskontrollen der zuständigen Behörden zunehmend in den Handel verlagern. Dem sollten Händler durch ein adäquates Product-Compliance-Managementsystem Rechnung tragen. In Tabelle 6 ist eine Checkliste mit entsprechenden Prüfschritten dargestellt.

Tabelle 6: Checkliste für Händler (Vertreiber)

I.	CE-Kennzeichnung vom Hersteller angebracht (prüfen)?
II.	Sind dem Produkt die erforderlichen Unterlagen beigefügt (prüfen)?
III.	Verfahren zur Behörden-, Hersteller- und Importeurskommunikation, wenn das Produkt nicht den RoHS-Anforderungen entspricht
IV.	Hat der Hersteller die Anforderungen nach Art. 7 lit. g) und h) erfüllt – siehe Tabelle 4, Ziffern VIII. und IX. (prüfen)?
V.	Hat der Importeur die Anforderung nach Art. 9 lit. d) erfüllt – siehe Tabelle 4, Ziffer V. (prüfen)?
VI.	Verfahren zur Behördenkommunikation, wenn das Produkt nicht den RoHS-Anforderungen entspricht
VII.	Verfahren, um ggf. erforderliche Korrekturmaßnahmen zu treffen (z. B. Rückrufmanagementsystem)

3 Stoffverbote

Michael Loerzer

Art. 4 Abs. 1 der RoHS 2011/65/EU schreibt vor, dass „in Verkehr gebrachte EEE einschließlich Kabeln und Ersatzteilen für die Reparatur, die Wiederverwendung, die Aktualisierung von Funktionen oder die Erweiterung des Leistungsvermögens keine der in Anhang II [der RL] aufgeführten Stoffe enthalten" dürfen. Insbesondere die Erweiterung des Anwendungsbereichs auf Kabel stellt eine besondere Herausforderung für die Industrie dar. Im Gegensatz zur RoHS 2002/95/EG macht die RoHS 2011/65/EU Gebrauch von einer dynamischen Regelungssystematik. Das bedeutet, dass die Liste verbotener Stoffe weiter ergänzt werden kann. Dies erfolgt insbesondere durch Berücksichtigung der Fortentwicklung der Verordnung (EG) Nr. 1907/2006 (REACH, siehe Kapitel 8). Insofern müssen insbesondere sowohl Hersteller als auch Importeure regelmäßig die Weiterentwicklung des stoffbezogenen Rechts überwachen. Wie bereits in der RoHS 2002/95/EG zielen diese Stoffverbote darauf ab, das Inverkehrbringen von EEE zu verhindern, wenn diese Produkte die genannten Stoffbeschränkungen nicht einhalten. Bislang hatten vor allen Dingen die Akteure in der Lieferkette die Vorgaben einzuhalten und waren deshalb Hauptadressat der Stoffverbote. Dies lag daran, dass bis dato der Begriff des Inverkehrbringens in der RoHS 2002/95/EG nicht definiert war. Es wurde in der Praxis jedoch überwiegend als „jede entgeltliche oder unentgeltliche Abgabe an einen Dritten" verstanden. Mit Art. 3 Nr. 12 der RoHS 2011/65/EU wird nun das Inverkehrbringen als „erstmalige Bereitstellung eines EEE auf dem Unionsmarkt" postuliert. Damit wird die Verantwortung für die Einhaltung der Stoffverbote eindeutig auf den Hersteller oder den Importeur verlagert, je nachdem wer das EEE in den Verkehr bringt und somit für die Marktaufsichtsbehörden greifbar ist. Inwieweit insbesondere der Importeur diese Anforderungen in der Praxis tatsächlich einhalten kann, wenn die Hersteller außerhalb der EU ihren Sitz haben, wird sicherlich eine unternehmerische Herausforderung darstellen. Dies ist insbesondere dem Umstand geschuldet, dass häufig genug das Binnenmarktrecht nur zum Teil beherrscht und erfüllt wird.

Für die Zwecke der RoHS 2011/65/EU wird in homogenen Werkstoffen nicht mehr als der in Anhang II der RL aufgeführte Konzentrationshöchstwert in Gewichtsprozent toleriert:

- 0,1 Gewichtsprozent je homogenen Werkstoff:
  a) Blei
  b) Quecksilber
  c) sechswertiges Chrom

d) polybromiertes Biphenyl (PBB)
e) polybromierte Diphenylether (PBDE)
f) Di(2-ethylhexyl)phthalat (DEHP)
g) Butylbenzylphthalat (BBP)
h) Dibutylphthalat (DBP) oder
i) Diisobutylphthalat (DIBP) oder

– 0,01 Gewichtsprozent Cadmium je homogenen Werkstoff

Die vier neu von der delegierten Richtlinie (EU) 2015/863[20] in Anhang II aufgenommenen Stoffe Di(2-ethylhexyl)phthalat (DEHP), Butylbenzylphthalat (BBP), Dibutylphthalat (DBP) und Diisobutylphthalat (DIBP) gelten als fortpflanzungsgefährdend. Diese Stoffe werden vor allem in der Kunststoffindustrie als Weichmacher und Flammhemmer eingesetzt. Für die vier genannten Stoffe wird eine Bagatellgrenze von jeweils 0,1 Gewichtsprozent festgelegt, wie sie in gleicher Höhe für die bisher schon reglementierten Stoffe gilt (Ausnahme wie bisher für Cadmium: hier 0,01 % statt 0,1 %). Mit diesen Bagatellgrenzen wird berücksichtigt, dass es Verunreinigungen in ganz geringen Mengen geben kann, die technisch nicht zu verhindern sind. Gem. der delegierten Richtlinie (EU) 2015/863 hat die Kommission für bestimmte Produktkategorien Übergangsfristen vorgesehen (siehe Tabelle 7).

Tabelle 7: Neue Stoffbeschränkungen und Fristen

Stoff	Frist	Produktkategorien
Di(2-ethylhexyl)phthalat (DEHP), Butylbenzylphthalat (BBP), Dibutylphthalat (DBP) oder Diisobutylphthalat (DIBP)	21.07.2019	Haushaltsgroßgeräte, Haushaltskleingeräte, Geräte der Informations- und Telekommunikationstechnik, Geräte der Unterhaltungselektronik, Beleuchtungskörper, elektrische und elektronische Werkzeuge, Spielzeuge sowie Sport- und Freizeitgeräte und automatische Ausgabegeräte sowie Kabel oder Ersatzteile solcher Geräte
	21.07.2021	medizinische Geräte, einschließlich In-vitro-Diagnostika, sowie Überwachungs- und Kontrollinstrumente, einschließlich industrieller Überwachungs- und Kontrollinstrumente sowie Kabel oder Ersatzteile solcher Geräte

20 ABl. L 173 vom 04.06.2015, S. 10.

4 Elektro- und Elektronikgeräte

Carsten Ebeling

Der Anwendungsbereich der RoHS 2011/65/EU[21] wird maßgeblich durch den **Gerätebegriff** sowie die Gerätekategorien bestimmt.[22] Im Zusammenspiel mit den geltenden Übergangsfristen legen sie fest, welche EEE zu welchem Zeitpunkt die Stoffbeschränkungen des Anhangs II der RoHS 2011/65/EU einhalten müssen.

Für Hersteller ist es oftmals schwer zu beurteilen, ob ihre Erzeugnisse als Elektro- und Elektronikgerät im Sinne der RoHS 2011/65/EU anzusehen sind. Auch der Umgang mit Komponenten, Ersatzteilen, Kabeln und Verbrauchsmaterialien stellt sich in der Praxis als Herausforderung dar. Nachfolgend werden daher die genannten Begriffe sowie die geltenden Ausnahmen und Übergangsfristen erläutert und Praxisbeispiele zum besseren Verständnis gegeben.

4.1 Gerätebegriff

Als **Elektro- und Elektronikgeräte** werden gem. Art. 3 Nr. 1 RoHS 2011/65/EU Geräte für den Betrieb mit Wechselstrom von höchstens 1 000 V_{AC} oder 1 500 V_{DC} bezeichnet,

- die zu ihrem ordnungsgemäßen Betrieb von elektrischen Strömen oder elektromagnetischen Feldern abhängig sind und
- Geräte, die zur Erzeugung, Übertragung und Messung solcher Ströme und Felder dienen.[23]

Ein ordnungsgemäßer Betrieb liegt dann vor, wenn mindestens eine **beabsichtigte Funktion** des Gerätes von elektrischen Strömen oder elektromagnetischen Feldern abhängt.[24] Das trifft auch dann zu, wenn diese Funktion lediglich eine untergeordnete Rolle in dem Gerät einnimmt.[25] Beispiele dafür sind:

---

21 Richtlinie 2011/65/EU des Europäischen Parlaments und des Rates vom 08.06.2011 zur Beschränkung der Verwendung bestimmter gefährlicher Stoffe in Elektro- und Elektronikgeräten, ABl. EU L 174, 01.07.2011, S. 88–110.

22 Vgl. Art. 2 Abs. 1 RoHS 2011/65/EU.

23 Z. B. Netzteile.

24 Vgl. Art. 3 Nr. 2 RoHS 2011/65/EU sowie § 2 Nr. 1 lit. a) ElektroStoffV.

25 Darin unterscheidet sich der Anwendungsbereich der RoHS 2011/65/EU von dem der WEEE-Richtlinie 2012/19/EU. Bei letzterer sind Geräte, bei denen die elektrische Funktion nur Kontroll- oder Unterstützungsfunktionen ausübt, nicht im Anwendungsbereich, vgl. WEEE 2 FAQ der Europäischen Union, hrsg. v. der Generaldirektion Umwelt der Europäischen Kommission, April 2014, S. 12.

- Geräte mit elektrisch erzeugtem Zündfunken (motorbetriebene Rasenmäher und Kettensägen)[26]
- Gasherd mit einer elektrischen Uhr oder
- ein brummender Teddybär[27]

Bei den genannten Produkten ist die sekundäre elektronische Funktion integraler Bestandteil des Hauptproduktes. Ohne elektrische Ströme oder elektromagnetische Felder wäre die vom Hersteller beabsichtigte Funktion nicht möglich. Eine benzinbetriebene Kettensäge würde ohne den elektronischen Zündfunken nicht ordnungsgemäß arbeiten. Folgerichtig ist sie als EEE im Sinne der RoHS 2011/65/EU anzusehen. Ähnliches gilt auch für den umgekehrten Fall. Ein elektrisch betriebener Bohrer (Hauptprodukt) kann nur mit dem entsprechenden nicht-elektrischen Aufsatz seine beabsichtigte Funktion erfüllen. Dementsprechend muss, wenn beide Teile zusammen in den Verkehr gebracht werden, auch der nicht-elektrische Teil einer Funktionseinheit die Stoffbeschränkungen des Anhangs II der RoHS 2011/65/EU erfüllen.[28] Eine andere Situation würde vorliegen, wenn bei einem zusammen in den Verkehr gebrachten Erzeugnis der elektrische und nicht-elektrische Teil einzeln ihre beabsichtigte Funktion erfüllen können. Im Fall eines Werbeaufstellers mit dazugehöriger Beleuchtung wären beide Teile auch getrennt voneinander voll funktionsfähig. Daher wäre lediglich die Beleuchtung im Anwendungsbereich der RoHS 2011/65/EU. Der Werbeaufsteller müsste die Stoffbeschränkungen nicht einhalten.[29]

Produkte wie Compact Disks oder optische Kabel, die zwar von elektrischen Strömen bzw. elektromagnetischen Strömen durchflossen werden, allerdings in ihrer Funktion nicht davon abhängig sind, sind hingegen nicht als EEE im Sinne der RoHS 2011/65/EU anzusehen.[30] Dasselbe gilt für Batterien, für die es gesonderte Stoffverbote in anderen Rechtsvorschriften der EU[31] gibt.[32]

---

26 Beispiel aus *Benz*, maschinenrichtlinie aktuell, III/2013, 3, 4.

27 BT-Drs. 17/11836, S. 18.

28 RoHS 2 FAQ der Europäischen Union, hrsg. v. der Generaldirektion Umwelt der Europäischen Kommission, 12.12.2012, S. 20; anders *Grunow*, ZUR 2014, 658, 660 und 661.

29 Analog dazu der RoHS 2 FAQ der Europäischen Union, hrsg. v. der Generaldirektion Umwelt der Europäischen Kommission, 12.12.2012, S. 20.

30 BT-Drs. 17/11836, S. 18.

31 Richtlinie 2006/66/EG des Europäischen Parlaments und des Rates vom 06.09.2006 über Batterien und Akkumulatoren sowie Altbatterien und Altakkumulatoren, ABl. EG L 266 vom 26.09.2006, S. 1.

32 Erwägungsgrund (14) RoHS 2011/65/EU.

Bei **Verbrauchsgütern** muss unterschieden werden, ob es sich bei ihnen um ein EEE im Sinne der oben genannten Definition des Art. 3 Nr. 1 und 2 der RoHS 2011/65/EU handelt. Als klassisches Beispiel, das auch von dem RoHS 2 FAQ der Europäischen Kommission aufgegriffen wird,[33] kann eine Druckerpatrone herangezogen werden. Heutzutage sind auf allen gängigen Patronen kleine Chips zu finden, die dem Drucker u. a. den Typ der Patrone, ihre Farbe, den Hersteller und den aktuellen Füllstand mitteilen. Ohne die elektrischen Ströme/elektromagnetischen Felder auf dem Chip ist die vom Hersteller beabsichtigte Funktion des Druckers nicht möglich. Es handelt sich somit bei einer solchen Druckerpatrone um ein EEE im Sinne der RoHS 2011/65/EU. Anders gelagert ist der Fall bei Verbrauchsmaterialien wie einfachen Staubsaugerbeuteln. Ein Staubsauer funktioniert theoretisch auch ohne den dazugehörigen Beutel. Sie sind damit nicht im Anwendungsbereich der RoHS 2011/65/EU.

4.1.1 Komponenten

Endhersteller von Erzeugnissen müssen durch ein geeignetes Verfahren sicherstellen, dass die von ihnen in den Verkehr gebrachten und der RoHS 2011/65/EU unterliegenden EEE die Höchstkonzentrationen der in Anhang II genannten Stoffe nicht überschreiten (siehe dazu auch Kapitel 7). Dies kann nur gelingen, wenn auch einzelne (zugelieferte) Komponenten bereits die zulässigen Grenzwerte einhalten. Das gilt unabhängig davon, ob es sich um elektronische oder nicht-elektronische Teilerzeugnisse handelt. Folgerichtig sollten bereits Zulieferer verpflichtet werden, dass die von ihnen gelieferten Teilerzeugnisse den Anforderungen der RoHS 2011/65/EU entsprechen.

EXPERTENTIPP

Hersteller von Enderzeugnissen sollten entsprechende vertragliche Regelungen in den Kaufvertrag oder in das Lastenheft aufnehmen (siehe dazu detailliert Kapitel 7.1.2).

In der Praxis kann das zu merkwürdigen Konstellationen führen. Ein Schraubenhersteller, der zum einen den Holzgroßhandel[34] und zum anderen ein Elektronikhersteller beliefert, wird sich unterschiedlichen vertraglichen Anforderungen

33 RoHS 2 FAQ der Europäischen Union, hrsg. v. der Generaldirektion Umwelt der Europäischen Kommission, 12.12.2012, S. 21.

34 Dessen Endprodukte nicht als Elektro- und Elektronikgerät im Sinne der RoHS 2011/65/EU anzusehen sind.

seitens seiner Kunden ausgesetzt sehen. Im Zweifel muss er entscheiden, ob er zwei unterschiedliche Produktionsverfahren einsetzt oder allen Kunden den Stoffanforderungen der RoHS 2011/65/EU entsprechende Produkte liefert, was ggf. zu höheren Kosten führt.

Komponenten für Geräte, die der RoHS 2011/65/EU unterliegen, müssen allerdings keine CE-Kennzeichnung aufweisen und auch kein Konformitätsbewertungsverfahren durchlaufen.[35]

4.1.2 Kabel und Ersatzteile

Die RoHS 2011/65/EU fordert gem. Art. 4 Abs. 1 auch für Kabel und Ersatzteile die Einhaltung der Beschränkungen der in Anhang II der Richtlinie aufgeführten Stoffe. Davon ausgenommen bleiben gem. § 15 Abs. 3 der deutschen ElektroStoffV[36] Kabel und Ersatzteile für

- Elektro- und Elektronikgeräte, die bis zum Ablauf des 30.06.2006 in Verkehr gebracht wurden
- medizinische Geräte, die bis zum Ablauf des 21.07.2014 in Verkehr gebracht wurden
- In-vitro-Diagnostika, die bis zum Ablauf des 21.07.2016 in Verkehr gebracht wurden
- Überwachungs- und Kontrollinstrumente, die bis zum Ablauf des 21.07.2014 in Verkehr gebracht wurden und
- industrielle Überwachungs- und Kontrollinstrumente, die bis zum Ablauf des 21.07.2017 in Verkehr gebracht wurden

Für die durch die Delegierte Richtlinie (EU) 2015/863[37] hinzugekommenen Beschränkungen der Phthalate DEHP, BBP, DBP und DIBP gelten gesonderte **Übergangsvorschriften.** Kabel oder Ersatzteile für die Reparatur, die Wiederverwendung, die Aktualisierung von Funktionen oder die Erweiterung des Leistungsvermögens

- von vor dem 22.07.2019 in Verkehr gebrachten Elektro- und Elektronikgeräten und

35 RoHS 2 FAQ der Europäischen Union, hrsg. v. der Generaldirektion Umwelt der Europäischen Kommission, 12.12.2012, S. 20.

36 In Umsetzung des Art. 4 Abs. 4 RoHS 2011/65/EU, BT-Drs. 17/11836, S. 26.

37 Delegierte Richtlinie (EU) 2015/863 der Kommission vom 31.03.2015 zur Änderung von Anhang II der Richtlinie 2011/65/EU des Europäischen Parlaments und des Rates hinsichtlich der Liste der Stoffe, die Beschränkungen unterliegen, ABl. EU L 137, 04.06.2015, S. 10–12.

- von vor dem 22.07.2021 in Verkehr gebrachten medizinischen Geräten, In-vitro-Diagnostika sowie (industriellen) Überwachungs- und Kontrollinstrumenten

dürfen noch bis zu den genannten Daten die vier Phthalate über der Konzentrationshöchstwerten beinhalten. Des Weiteren gelten für Kabel und Ersatzteile die nachfolgenden Regelungen.

4.1.2.1 Kabel

Kabel mit einer Nennspannung von weniger als 250 V,

- die als Verbindungs- oder Verlängerungskabel zum Anschluss von Elektro- oder Elektronikgeräten an eine Steckdose (z. B. Netzkabel) oder
- zur Verbindung von zwei oder mehr Elektro- oder Elektronikgeräten (z. B. Scart- oder HDMI-Kabel) dienen,

fallen gem. Art. 3 Nr. 5 in Verbindung mit Art. 4 Abs. 1 grundsätzlich in den Anwendungsbereich der RoHS 2011/65/EU.[38] Dabei muss jedoch unterschieden werden, ob sie zusammen mit einem EEE in den Verkehr gebracht werden oder einzeln vertrieben werden.

Kabel, die gemeinsam mit einem EEE in Verkehr gebracht werden:

Wird ein Kabel zusammen mit einem EEE in den Verkehr gebracht, muss es in Abhängigkeit mit der Gerätekategorie des dazugehörigen EEE gesehen werden.[39] Ein Netzkabel eines Kühlschrankes, der gem. Anhang I Nr. 1 RoHS 2011/65/EU ein Haushaltsgroßgerät ist und die Stoffbeschränkungen erfüllen muss, ist ebenfalls im Geltungsbereich der Richtlinie.

Kabel, die zusammen mit einem gem. Art. 2 Abs. 4 von der RoHS 2011/65/EU ausgenommenen EEE in den Verkehr gebracht werden, sind demgegenüber von den Stoffbeschränkungen befreit. Das Gleiche gilt für Kabel, die mit einem in Art. 4 Abs. 3 RoHS 2011/65/EU von einer Übergangsfrist profitierenden EEE in den Verkehr gebracht werden.

Für die genannten Kabel muss keine zusätzliche CE-Kennzeichnung vorgenommen werden. Ebenfalls benötigen sie keine eigene EU-Konformitätserklärung, soweit sie bereits von der Erklärung des EEE erfasst werden.[40]

---

38 Das gilt nicht für optische Kabel, siehe Kapitel 4.1.

39 Dabei ist es unerheblich, ob es sich um externe Kabel oder interne Drähte handelt.

40 RoHS 2 FAQ der Europäischen Union, hrsg. v. der Generaldirektion Umwelt der Europäischen Kommission, 12.12.2012, S. 16.

Kabel, die als eigenständiges Produkt in Verkehr gebracht werden:

Kabel, die einzeln in den Verkehr gebracht werden, sind ebenfalls im Geltungsbereich der Richtlinie.[41] Sie profitieren allerdings von der in Art. 2 Abs. 2 der RoHS 2011/65/EU statuierten Übergangsfrist bis zum 22.07.2019.[42] Zwar sieht der aktuelle Vorschlag der Europäischen Kommission zur Änderung der RoHS 2011/65/EU die Streichung des Art. 2 Abs. 2 vor,[43] durch die in dem Vorschlag gemachte Überarbeitung des Art. 4 Abs. 3 tritt für Kabel jedoch keine Änderungen für die betroffenen Wirtschaftakteure ein.

Die **Übergangsfrist** gilt allerdings nur für solche Kabel, die nicht in den Anwendungsbereich der alten RoHS 2002/95/EG[44] fielen. Dazu gehören beispielsweise Verlängerungskabel oder Lautsprecherkabel. Kabel, die eindeutig einer bereits in der RoHS 2002/95/EG geregelten Gerätekategorie zuzuordnen waren und auch nur mit Geräten dieser Kategorie verwendet werden können,[45] sind bereits vor Ablauf des 22.07.2019 bzw. mit Ablauf der jeweiligen Geräteübergangsfrist im Geltungsbereich der RoHS 2011/65/EU anzusiedeln.[46]

Für Kabel, die als eigenständige Produkte in den Verkehr gebracht werden, muss eine eigene EU-Konformitätserklärung nach Art. 13 RoHS 2011/65/EU ausgestellt sowie die CE-Kennzeichnung nach Art. 14 und 15 angebracht werden.[47]

4.1.2.2 Ersatzteile

Bei Ersatzteilen handelt es sich gem. Art. 3 Nr. 27 in Verbindung mit Art. 4 Abs. 4 der RoHS 2011/65/EU um ein Einzelteil eines Elektro- oder Elektronikgeräts, das einen Bestandteil eines Elektro- oder Elektronikgeräts ersetzen kann und das dessen

- Funktionstüchtigkeit wiederherstellt oder verbessert
- Wiederverwendung ermöglicht

41 Gem. Art. 4 Abs. 1 RoHS 2011/65/EU.

42 So auch *Beste*, VDI Umweltmagazin 1–2/2011, 50, 50; *Grunow*, ZUR 2014, 658, 661.

43 Vorschlag der EU-Kommission für eine Richtlinie des Europäischen Parlaments und des Rates zur Änderung der Richtlinie 2011/65/EU zur Beschränkung der Verwendung bestimmter gefährlicher Stoffe in Elektro- und Elektronikgeräten, 26.01.2017, COM (2017) 38 final.

44 Richtlinie 2002/95/EG des Europäischen Parlaments und des Rates vom 27.01.2003 zur Beschränkung der Verwendung bestimmter gefährlicher Stoffe in Elektro- und Elektronikgeräten, ABl. EG L 37, 13.02.2003, S. 19–23.

45 Z. B. HDMI-Kabel, die üblicherweise nur mit Geräten der Kategorien 3 und 4 des Anhang I der RoHS 2011/65/EU funktionieren.

46 BT-Drs. 17/11836, S. 19.

47 RoHS 2 FAQ der Europäischen Union, hrsg. v. der Generaldirektion Umwelt der Europäischen Kommission, 12.12.2012, S. 16.

- Funktionen aktualisiert oder
- Leistungsvermögen erweitert.

Grundsätzlich gilt für Ersatzteile dasselbe wie für Kabel. Sie müssen die Stoffbeschränkungen des Anhangs II der RoHS 2011/65/EU zu dem Zeitpunkt erfüllen, in dem auch die dazugehörige Gerätekategorie die Anforderungen erfüllen muss. Folgerichtig gelten dieselben **Übergangsfristen** wie für die entsprechenden EEE.[48] Ersatzteile für

- vor dem 01.07.2006 in Verkehr gebrachten Elektro- und Elektronikgeräten (lit. a))
- vor dem 22.07.2014 in Verkehr gebrachten medizinischen Geräten (lit. b))
- vor dem 22.07.2016 in Verkehr gebrachten In-vitro-Diagnostika (lit. c))
- vor dem 22.07.2014 in Verkehr gebrachten Überwachungs- und Kontrollinstrumenten (lit. d))
- vor dem 22.07.2017 in Verkehr gebrachten industriellen Überwachungs- und Kontrollinstrumenten (lit. e))
- Elektro- und Elektronikgeräten, für die eine Ausnahme galt und die vor Auslaufen dieser Ausnahme in Verkehr gebracht wurden, soweit diese Ausnahme betroffen ist (lit. f))

müssen demnach nicht die in Anhang II der RoHS 2011/65/EU festgelegten Stoffbeschränkungen einhalten. Des Weiteren gelten die Stoffbeschränkungen nicht für wiederverwendete Teile aus historischen Altgeräten, die vor dem 01.07.2006 in Verkehr gebracht wurden und in Geräten verwendet wurden, die vor dem 01.07.2016 in Verkehr gebracht wurden.[49] Das gilt, soweit die Wiederverwendung in überprüfbaren, geschlossenen zwischenbetrieblichen System erfolgt ist und der Verbraucher darüber durch Hinweise auf der Verpackung informiert wird. Geschlossene, zwischenbetriebliche Systeme liegen dann vor, wenn die Ersatzteile nicht auf dem regulären Markt verfügbar sind und alle Besitzwechsel registriert, dokumentiert und nachverfolgbar sind.[50]

48 Gem. Art. 4 Abs. 4 lit. a) – f) RoHS 2011/65/EU.

49 Gem. Art. 4 Abs. 5 RoHS 2011/65/EU.

50 RoHS 2 FAQ der Europäischen Union, hrsg. v. der Generaldirektion Umwelt der Europäischen Kommission, 12.12.2012, S. 28.

EXKURS

Mit Ablauf des 21.07.2019 müssen alle Ersatzteile, die nicht in den Geltungsbereich der RoHS 2002/95/EG fielen, die Stoffbeschränkungen des Anhang II der RoHS 2011/65/EU erfüllen.[51] Das würde dazu führen, dass alle Sekundärmarkttätigkeiten für Elektro- und Elektronikgeräte wie Reparatur, Austausch von Ersatzteilen, Nachrüstung und Wiederverwendung in erheblichem Maß beeinträchtigt wären. Das läuft den Bemühungen der Europäischen Kommission entgegen, die Lebens- und Nutzungsdauer von EEE zu verlängern und die sogenannte ökonomische Obsoleszenz zu unterbinden, die das Unterlassen einer Reparatur aus Kostengründen beschreibt.[52] Daher hat die Europäische Kommission am 26.01.2017 einen Vorschlag zur Änderung der RoHS 2011/65/EU veröffentlicht, der die Streichung des Art. 2. Abs. 2 vorsieht sowie eine Neufassung des Art. 4 Abs. 3 und Abs. 4 lit. ea) vornimmt.[53] Letzterer gewährleistet auch nach dem 22.07.2019 die Bereitstellung von Ersatzteilen, die nicht in den Geltungsbereich der RoHS-I-Richtlinie 2002/95/EG fielen.

Ersatzteile benötigen keine CE-Kennzeichnung gem. Art. 15 Abs. 1 der RoHS 2011/65/EU, da sie in der Regel nicht als fertiges Elektro- und Elektronikgerät[54] in den Verkehr gebracht werden. Auch das Ausstellen einer EU-Konformitätserklärung ist analog dazu nicht notwendig. Allerdings ist Vorsicht geboten bei bestimmten Geräten wie Austauschgrafikkarten oder Baugruppen, die im Zweifel durchaus als fertige EEE angesehen werden können.[55]

51 Gem. Art. 2. Abs. 2 RoHS 2011/65/EU.

52 *Oehme/Jacob*, Strategien gegen Obsoleszenz, Sicherung einer Produktmindestlebensdauer sowie Verbesserung der Produktnutzungsdauer und der Verbraucherinformation, S. 2.

53 Vorschlag der EU-Kommission für eine Richtlinie des Europäischen Parlaments und des Rates zur Änderung der RoHS 2011/65/EU zur Beschränkung der Verwendung bestimmter gefährlicher Stoffe in Elektro- und Elektronikgeräten, 26.01.2017, COM (2017) 38 final.

54 Im Sinne des Art. 3 Abs. 1 RoHS 2011/65/EU.

55 RoHS 2 FAQ der Europäischen Union, hrsg. v. der Generaldirektion Umwelt der Europäischen Kommission, 12.12.2012, S. 22.

4.2 Gerätekategorien

Die RoHS 2011/65/EU gilt gem. Art. 2. Abs. 1 für alle in Anhang I aufgeführten Gerätekategorien.[56] Dabei handelt es sich um:

1. Haushaltsgroßgeräte
2. Haushaltskleingeräte
3. IT- und Telekommunikationsgeräte
4. Geräte der Unterhaltungselektronik
5. Beleuchtungskörper
6. Elektrische und elektronische Werkzeuge
7. Spielzeug sowie Sport- und Freizeitgeräte
8. Medizinische Geräte
9. Überwachungs- und Kontrollinstrumente einschließlich Überwachungs- und Kontrollinstrumenten in der Industrie
10. Automatische Ausgabegeräte sowie
11. Sonstige Elektro- und Elektronikgeräte, die keiner der bereits genannten Kategorien zuzuordnen sind

Die Verwendung unterschiedlicher Kategorien erfolgt aus zwei Gründen. Zum einen werden damit für bestimmte Gerätekategorien sowie Kabel und Ersatzteile unterschiedliche Übergangfristen festgelegt. Zum anderen sollen durch Kategorie Nr. 11 final alle EEE von der RL erfasst werden, die noch nicht unter die RoHS 2002/95/EG fielen (sogenannte **Catch-all-Klausel**).

Da Hersteller (oder Importeure) eigenverantwortlich die Einteilung ihrer Produkte in die unterschiedlichen Gerätekategorien vornehmen müssen,[57] kann das im Einzelfall zu Schwierigkeiten führen. Eine Küchenwaage kann gleichzeitig ein Haushaltsgroßgerät (Kategorie Nr. 1), ein Haushaltskleingerät (Kategorie Nr. 2) oder ein Überwachungs- und Kontrollinstrument (Kategorie Nr. 9) sein,[58] was je nach Ausführung der Waage zu unterschiedlichen Übergangsfristen im Sinne des Art. 4 Abs. 3 und Abs. 4 RoHS 2011/65/EU führen kann. Orientierungshilfe bietet daher die im Anhang II dieses Buches aufgeführte Zuordnungsliste, die vom österreichischen Bundesministerium für Land- und Forstwirtschaft, Umwelt und Wasserwirtschaft (BMLFUW) erstellt wurde.

56 Mit Ausnahme der in Art. 2 Abs. 4 RoHS 2011/65/EU genannten EEE (siehe dazu Kapitel 4.2.2).

57 RoHS 2 FAQ der Europäischen Union, hrsg. v. der Generaldirektion Umwelt der Europäischen Kommission, 12.12.2012, S. 18.

58 Beispiel aus *Ahlhaus/Mayer*, StoffR 2011, 209, 210.

Die RoHS 2011/65/EU sieht für bestimmte Gerätekategorien und Stoffe die in Tabelle 8 genannten **Übergangsfristen** vor.[59] Der Richtliniengeber hat diese eingeführt, um den Wirtschaftsakteuren die Möglichkeit zu geben, entsprechende Ausnahmen i. S. d. Art. 5 der RoHS 2011/65/EU zu beantragen (siehe dazu Kapitel 9).

Tabelle 8: Übergangsfristen der RoHS 2011/65/EU

Substanzen / EEE-Kategorie	Blei, Quecksilber, Cadmium, Sechswertiges Chrom (VI), PBB und PBDE	DEHP, BBP, DBP und DIBP
	Datum	
Kategorien 1–7 und 10	01.07.2006	22.07.2019[60]
Kategorie 8	22.07.2014	22.07.2021
	22.07.2016 (In-vitro-Diagnostika)	
Kategorie 9	22.07.2014 (Überwachungs- und Kontrollinstrumente)	22.07.2021
	22.07.2016 (industrielle Überwachungs- und Kontrollinstrumente)	
Kategorie 11	22.07.2019	

4.3 Ausnahmen

Die Geräte, für die die RoHS 2011/65/EU Ausnahmen aufgrund von übergeordneten Erwägungen vorsieht, sind in Art. 2 Abs. 4 lit. a) – j) festgehalten. Sie müssen weder die Stoffbeschränkungen des Anhangs II erfüllen, noch das entsprechende Konformitätsbewertungsverfahren durchlaufen.

59 Gem. Art. 4 Abs. 3 sowie Anhang II RoHS 2011/65/EU.

60 Die Beschränkung von DEHP, BBP und DBP gilt nicht für Spielzeug, welches bereits einer Beschränkung durch Eintrag 51 in Anhang XVII der Verordnung (EG) Nr. 1907/2006 Verordnung (EG) Nr. 1907/2006 des Europäischen Parlaments und des Rates vom 18.12.2006 zur Registrierung, Bewertung, Zulassung und Beschränkung chemischer Stoffe (REACH), zur Schaffung einer Europäischen Chemikalienagentur, ABl. EG L 396, 30.12.2006, S. 1, unterliegt.

Viele der aufgeführten Ausnahmen sorgen in der Praxis für Interpretationsschwierigkeiten, sodass nachfolgend eine ergänzende Erläuterung samt exemplarischer Beispiele aufgeführt ist:

a) Geräte, die für den Schutz der wesentlichen Sicherheitsinteressen der Mitgliedstaaten erforderlich sind, einschließlich Waffen, Munition und Kriegsmaterial für militärische Zwecke

Die Ausnahme bezieht sich auf alle Geräte, die ausschließlich zu militärischen Zwecken eingesetzt werden. Dazu zählen beispielsweise Raketen und Computersysteme für den militärischen Einsatz.[61] Sogenannte Dual-Use-Geräte, die sowohl zivil als auch militärisch genutzt werden können, profitieren hingegen nicht von dem Ausnahmetatbestand.[62]

b) Ausrüstungsgegenstände für einen Einsatz im Weltraum

Von dieser Ausnahme profitieren solche Gerätearten, die ihre bestimmungsgemäße Verwendung im Weltall haben. Dies trifft auf alle EEE zu, die oberhalb von 100 km über dem Meeresspiegel zum Einsatz kommen.[63] Beispielhaft seien hier Satelliten und Weltraumsonden genannt.[64] Ein Wetterballon erreicht im Gegensatz dazu nicht die aufgeführte Höhe.[65]

c) Geräte, die

- **speziell als Teil eines anderen, von dieser Richtlinie ausgenommenen oder nicht in den Geltungsbereich dieser Richtlinie fallenden Gerätetyps konzipiert sind und als ein solches Teil installiert werden sollen**
- **ihre Funktion nur als Teil dieses Geräts erfüllen können und**
- **nur durch gleiche, speziell konzipierte Geräte ersetzt werden können**

Diese Ausnahme gilt nur für solche Geräte, die alle drei genannten Vorausetzungen erfüllen. Wichtig ist in diesem Zusammenhang, dass Geräte nur dann von dem Ausnahmetatbestand profitieren, wenn sie speziell für das aufgenommene EEE entworfen worden sind und nicht anders zum Einsatz kommen können.

61 RoHS 2 FAQ der Europäischen Union, hrsg. v. der Generaldirektion Umwelt der Europäischen Kommission, 12.12.2012, S. 17.

62 BT-Drs. 17/11836, S. 17.

63 BT-Drs. 17/11836, S. 17.

64 RoHS 2 FAQ der Europäischen Union, hrsg. v. der Generaldirektion Umwelt der Europäischen Kommission, 12.12.2012, S. 17.

65 Zuordnungsliste der Geräte (Beispiele) RoHS-Bezug, hrsg. vom österreichischen Bundesministerium für Land- und Forstwirtschaft, Umwelt und Wasserwirtschaft (BMLFUW), Januar 2017, S. 47.

Ein Computer, der sowohl als Industrie-PC als auch in einem Flugzeug (welches von der RoHS 2011/65/EU ausgenommen ist) zum Einsatz kommen kann und in beiden Bereichen funktionsfähig ist, fällt nicht unter die Ausnahme. Im Zweifel ist es an dem Hersteller, durch geeignete Dokumente (Lieferpapiere, Werbebroschüren, Installationshinweise etc.) nachzuweisen, für welchen Verwendungszweck das EEE konzipiert ist.[66]

d) Ortsfeste industrielle Großwerkzeuge

Der Begriff des ortsfesten Großwerkzeuges wird in Art. 3 Nr. 3 RoHS 2011/65/EU legal definiert. Es handelt sich dabei um

- eine groß angelegte Anordnung mehrerer **Maschinen, Geräte und/oder Bauteile,**
- die für eine bestimmte Anwendung gemeinsam eine Funktion erfüllen und
- die von Fachpersonal **dauerhaft** an einem bestimmten Ort installiert und abgebaut werden und
- die von Fachpersonal in einer industriellen Fertigungsanlage oder einer Forschungs- und Entwicklungsanlage eingesetzt und instandgehalten werden.

Ein ortsfestes industrielles Großwerkzeug liegt nur dann vor, wenn alle genannten Kriterien erfüllt sind. Hier ist insbesondere zu beachten, dass das industrielle Großwerkzeug dauerhaft an einem Ort zum Einsatz kommen muss. Wird es während seiner Nutzungsphase an verschiedenen Orten eingesetzt (z.B. auf mehren Baustellen), kann nicht mehr von einem ortsfesten industriellen Großwerkzeug in Sinne der oben genannten Definition ausgegangen werden.

Um von der Ausnahme profitieren zu können, muss das Werkzeug nicht nur industriell und dauerhaft an einem Ort eingesetzt werden, sondern auch eine bestimmte Größe haben. Bisher gibt es dazu keine festgelegten Maße oder Gewichte. Es liegt im Verantwortungsbereich eines jeden Herstellers zu entscheiden, ob das eigene ortsfeste industrielle Werkzeug als groß anzusehen ist. Gem. dem RoHS 2 FAQ der Europäischen Kommission ist dies aber in jedem Fall anzunehmen, wenn die für industrielle Großanlagen definierten Maße erreicht sind (siehe dazu Unterpunkt e))[67].

66 RoHS 2 FAQ der Europäischen Union, hrsg. v. der Generaldirektion Umwelt der Europäischen Kommission, 12.12.2012, S. 13 und 17.

67 RoHS 2 FAQ der Europäischen Union, hrsg. v. der Generaldirektion Umwelt der Europäischen Kommission, 12.12.2012, S. 12.

Beispiele für ortsfeste industrielle Großwerkzeuge sind u. a. Fertigungsstraßen, Spritzgussmaschinen, Montagekräne, Schweißroboter, Fräs- und Bohrmaschinen[68] sowie Verpackungsmaschinen mit Förderband oder Werkstücktestmaschinen wie Elektronenstrahl-, Laser-, Auflicht-, Ultraviolett-Fehlererkennungssysteme.[69] IT-Equipment und Tischwerkzeuge sind hingegen nicht als ortsfeste industrielle Großwerkzeuge anzusehen.[70]

e) Ortsfeste Großanlagen

Neben ortsfesten industriellen Großwerkzeugen sind auch ortsfeste Großanlagen von der RoHS 2011/65/EU ausgenommen. Eine ortsfeste Großanlage ist gem. Art. 3 Nr. 4

- eine groß angelegte Kombination von Geräten unterschiedlicher Art und ggf. weiteren Einrichtungen,
- die von Fachpersonal montiert und installiert werden und
- dazu bestimmt sind, auf Dauer an einem vorbestimmten Ort betrieben und von Fachpersonal abgebaut zu werden.

Um den Ausschluss in Anspruch zu nehmen, müssen alle genannten Kriterien erfüllt sein. In der Praxis stellt sich oftmals die Frage, was mit „einer groß angelegte Kombination von Geräten unterschiedlicher Art und ggf. weiteren Einrichtungen" gemeint ist und wie eine Großanlage definiert werden kann. Grundsätzlich kann davon ausgegangen werden, dass eine Anlage als „groß" anzusehen ist, wenn **eine** der folgenden Voraussetzungen erfüllt oder übertroffen wird:

- eine Anlage auseinander montiert mit all ihren Teilen zu groß ist, um sie in einem ISO-20-Fuß-Container mit den Maßen 5,71 m × 2,35 m × 2,39 m zu transportieren,
- wenn sie auseinander montiert mit all ihren Teilen schwerer als 44 Tonnen ist und nicht mehr per Lkw transportiert werden kann,
- von einem Schwerlastkrahn auf- oder abgebaut werden muss,

68 BT-Drs. 17/11836, S. 19.

69 Zuordnungsliste der Geräte (Beispiele) RoHS-Bezug, hrsg. vom österreichischen Bundesministerium für Land- und Forstwirtschaft, Umwelt und Wasserwirtschaft (BMLFUW), Januar 2017, S. 44 und 47.

70 RoHS 2 FAQ der Europäischen Union, hrsg. v. der Generaldirektion Umwelt der Europäischen Kommission, 12.12.2012, S. 11.

- ein Einbau in herkömmliche Industriegebäude nicht ohne bauliche Sicherungsmaßnahmen möglich ist oder
- ihre Leistung höher als 375 kW ist.[71]

Zusätzlich darf eine Großanlage, um als ortsfest zu gelten, während ihrer Lebensphase nur an einem vorgesehenen Ort zum Einsatz kommen.[72] Weiterhin muss sie von Fachpersonal montiert, installiert und abgebaut werden. Letzteres ist in Deutschland immer dann anzunehmen, wenn das Personal ausbildungs- oder berufsbedingt über entsprechende Kenntnisse verfügt.

Typische Beispiele für „ortsfeste Großanlagen“ sind u.a. Produktionsstraßen, Passagierlifte, (Gepäck-)Transportbänder und -systeme, automatisierte Lagersysteme, elektrische Verteilersysteme (z.B. Generatoren), Signalinfrastruktur im Schienenverkehr sowie industrielle Heiz- und Kühlgeräte. Tischwerkzeuge und IT-Ausrüstungen können dagegen grundsätzlich nicht als ortsfeste Großanlagen angesehen werden.[73]

f) Verkehrsmittel zur Personen- oder Güterbeförderung mit Ausnahme von elektrischen Zweirad-Fahrzeugen, die nicht typgenehmigt sind

Verkehrsmittel zur Personen- oder Güterbeförderung haben in der RoHS 2011/65/EU keine eigene Legaldefinition erfahren. Grundsätzlich können aber alle muskelkraft- und motorbetriebenen sowie spurgebundene Verkehrsmittel zur Personen und Güterbeförderung darunter eingeordnet werden. Dazu zählen Autos, Nutzfahrzeuge, Flugzeuge, Züge, U-Bahnen, Boote sowie Fahrräder.[74] Bei Zweirad-Fahrzeugen profitieren allerdings nur diejenigen von der Ausnahme des Art. 2 Abs. 4 lit. f) der RoHS 2011/65/EU, die eine Typgenehmigung benötigen.

Es stellt sich daher insbesondere bei elektrisch betriebenen Fahrrädern die Frage, ob sie typgenehmigungspflichtig sind:

Fahrräder mit Trethilfe bis zu 25 km/h (sogenannte Pedelecs)

Fahrräder mit Trethilfe, die mit einem elektromotorischen Hilfsantrieb mit einer maximalen Nenndauerleistung von 0,25 kW ausgestattet sind, dessen Unterstützung sich mit zunehmender Fahrzeuggeschwindigkeit progressiv verringert

71 RoHS 2 FAQ der Europäischen Union, hrsg. v. der Generaldirektion Umwelt der Europäischen Kommission, 12.12.2012, S. 12.

72 BT-Drs. 17/11836, S. 19.

73 RoHS 2 FAQ der Europäischen Union, hrsg. v. der Generaldirektion Umwelt der Europäischen Kommission, 12.12.2012, S. 10 und 11.

74 BT-Drs. 17/11836, S. 17.

und beim Erreichen einer Geschwindigkeit von 25 km/h oder früher, wenn der Fahrer im Treten einhält, unterbrochen wird, sind gem. Art. 1 Abs. 1 Satz 2 lit. h) der RL 2002/24/EG[75] von der Typgenehmigungspflicht befreit. Sie unterliegen daher der RoHS 2011/65/EU und müssen ab dem 22.07.2019[76] die darin enthaltenen Anforderungen einhalten.

Elektrofahrräder mit unlimitierter Tretunterstützung (S-Pedelec), mit tretunabhängigem Zusatzantrieb (E-Bike) sowie Elektro(fahr)räder ohne Tretantrieb

Die genannten Elektrofahrräder unterliegen der Typgenehmigung und sind daher von der RoHS 2011/65/EU befreit.[77] Das gilt auch für sogenannte Segways, die in Deutschland ebenfalls eine Typgenehmigung benötigen.[78]

g) Bewegliche Maschinen, die nicht für den Straßenverkehr bestimmt sind und ausschließlich zur professionellen Nutzung zur Verfügung gestellt werden

Dabei handelt es sich um Maschinen mit eigener Energieversorgung,

- die nicht für den Straßenverkehr bestimmt sind und
- ausschließlich zur professionellen Nutzung zur Verfügung gestellt werden und
- beim Betrieb entweder beweglich sein müssen oder kontinuierlich oder halbkontinuierlich zu verschiedenen festen Betriebsorten bewegt werden.

Sie sind gem. Art. 2 Abs. 4 lit. g) i. V. m. Art. 3 Nr. 28 RoHS 2011/65/EU ebenfalls ausgenommen. Dazu gehören beispielsweise land- und forstwirtschaftlich genutzte Zug- und selbstfahrende Arbeitsmaschinen (z. B. Mähdrescher), hydraulische Bagger und Gabelstapler.[79] Kontinuierlich zu verschiedenen festen Betriebsorten bewegliche Maschinen sind beispielsweise Straßenbaumaschinen. Unter halbkontinuierlichen zu bewegenden Maschinen sind alle Maschinen zu verstehen, die während des Arbeitsvorganges zwar nicht bewegt werden, aber verschiedene Betriebsorte haben können (Hubarbeitsbühnen).[80]

---

75 Richtlinie 2002/24/EG des Europäischen Parlaments und des Rates vom 18.03.2002 über die Typgenehmigung für zweirädrige oder dreirädrige Kraftfahrzeuge und zur Aufhebung der Richtlinie 92/61/EWG des Rates, ABl. EU L 124 vom 09.05.2002, S. 1.

76 Verkehrsmittel waren bisher nicht von der RoHS 2002/95/EG erfasst und unterliegen daher erst ab dem genannten Datum der RoHS 2011/65/EU (sogenannte Catch-all-Klausel).

77 Gem. Art. 2 Abs. 4 lit. f) RoHS-Richtlinie 2011/65/EU.

78 Gem. § 2 Abs.1 Nr. 1 MobHV.

79 Beispiele aus dem RoHS 2 FAQ der Europäischen Union, hrsg. v. der Generaldirektion Umwelt der Europäischen Kommission, 12.12.2012, S. 17.

80 BT-Drs. 17/11836, S. 21.

Nicht von dem Ausnahmetatbestand profitieren dagegen Maschinen mit externer Energieversorgung (Netzantrieb). Das führt in der Praxis dazu, dass identische Maschinen, die lediglich eine andere Energieversorgung haben, unterschiedlichen Regelungen unterliegen. Die Europäische Kommission hat daher vorgeschlagen, auch bewegliche Maschinen mit Netzantrieb in den Ausnahmetatbestand mit aufzunehmen.[81]

h) Aktive implantierbare medizinische Geräte

Aktive implantierbare medizinische Geräte sind ebenfalls von der RoHS 2011/65/EU ausgenommen. Bei ihnen handelt es sich gem. Art. 3 Nr. 24 RoHS 2011/65/EU um Geräte, wie sie in Art. 1 Abs. 2 lit. c) der Richtlinie 90/385/EWG[82] definiert werden. Demnach ist ein aktives implantierbares medizinisches Gerät

- jedes aktive medizinische Gerät,
- das dafür ausgelegt ist, ganz oder teilweise durch einen chirurgischen oder medizinischen Eingriff in den menschlichen Körper oder durch einen medizinischen Eingriff in eine natürliche Körperöffnung eingeführt zu werden und
- dazu bestimmt ist, nach dem Eingriff dort zu verbleiben.

Ein medizinisches Gerät ist als aktiv anzusehen, wenn dessen Betrieb auf eine elektrische Energiequelle oder eine andere Energiequelle als die unmittelbar durch den menschlichen Körper oder die Schwerkraft erzeugte Energie angewiesen ist.[83] Beispiel für ein aktiv implantierbares medizinisches Gerät ist ein Herzschrittmacher.

i) Photovoltaikmodule,

- die in einem System verwendet werden sollen,
- das zum ständigen Betrieb an einem bestimmten Ort zur Energieerzeugung aus Sonnenlicht für öffentliche, kommerzielle, industrielle und private Anwendungen
- von Fachpersonal entworfen, zusammengesetzt und installiert wurden

81 Art. 1 Nr. 2 des Vorschlages der EU-Kommission für eine Richtlinie des Europäischen Parlaments und des Rates zur Änderung der Richtlinie 2011/65/EU zur Beschränkung der Verwendung bestimmter gefährlicher Stoffe in Elektro- und Elektronikgeräten, 26.01.2017, COM (2017) 38 final.

82 Richtlinie 90/385/EWG des Rates vom 20.06.1990 zur Angleichung der Rechtsvorschriften der Mitgliedstaaten über aktive implantierbare medizinische Geräte, ABl. EWG L 189 vom 20.07.1990, S. 17. Diese RL wurde ersetzt durch EU V 2017/745.

83 Art. 1 Abs. 2 lit. b) Richtlinie 90/385/EWG.

sind ebenfalls von der RoHS 2011/65/EU ausgenommen. Dazu gehören beispielswiese Solaranlagen.[84]

j) Geräte, die ausschließlich zu Zwecken der Forschung und Entwicklung entworfen wurden und nur auf zwischenbetrieblicher Ebene bereitgestellt werden

Die Ausnahme bedarf einiger Erläuterungen. Zum einen muss beachtet werden, dass alle genannten Kriterien erfüllt sein müssen, um davon profitieren zu können. Das bedeutet, dass es sich um Geräte handeln muss, die **ausschließlich** zu Zwecken der Forschung und Entwicklung (F&E) entworfen worden sind. Geräte, die neben der F&E auch für andere Verwendungen vorgesehen sind (Dual-Use), sind nicht ausgenommen (z.B. bestimmte Labor- oder Analysegeräte, die frei erworben werden können). Die betroffenen Geräte dürfen lediglich für bestimmte Forschungs- und Entwicklungsvorhaben entworfen worden sein und einem kleinen Kreis von Kunden zur Verfügung gestellt werden.[85]

Zum anderen muss das Gerät auf zwischenbetrieblicher Ebene bereitgestellt werden. Damit wären beispielsweise Geräte, die zu Ausbildungszwecken Studenten bereitgestellt werden, nicht von der Ausnahme erfasst.[86] Lediglich Geräte, die auf B2B[87]-Ebene bereitgestellt werden, fallen unter den Ausnahmetatbestand.

Beispiele für Geräte, die ausschließlich zu Zwecken der Forschung und Entwicklung entworfen wurden und nur auf zwischenbetrieblicher Ebene bereitgestellt werden, sind Evaluation Kits oder nicht fertiggestellte Geräte für innerbetriebliche Tests (Prototypen). Nicht darunter fallen beispielsweise Überwachungs- und Kontrollinstrumente oder Testgeräte für ebensolche Prototypen.[88]

84 RoHS 2 FAQ der Europäischen Union, hrsg. v. der Generaldirektion Umwelt der Europäischen Kommission, 12.12.2012, S. 17.

85 RoHS 2 FAQ der Europäischen Union, hrsg. v. der Generaldirektion Umwelt der Europäischen Kommission, 12.12.2012, S. 14.

86 Beispiel aus *Nevison*, Markt und Technik Nr. 32, S. 27.

87 Die deutsche Sprachfassung des Art. 2 Abs. 4 lit. j) der Richtlinie 2011/65/EU gebraucht die Formulierung „auf zwischenbetrieblicher Ebene“, was der Bereitstellung auf B2B-Ebene gleichzusetzen ist.

88 RoHS 2 FAQ der Europäischen Union, hrsg. v. der Generaldirektion Umwelt der Europäischen Kommission, 12.12.2012, S. 14.

Der aktuelle Vorschlag der EU-Kommission zur Änderung der RoHS 2011/65/EU sieht die Aufnahme einer weiteren Ausnahme vor.[89] Demnach sollen **Pfeifenorgeln** ebenfalls von der Richtlinie ausgenommen werden, da es keine geeigneten Alternativen zur Verwendung von Blei in den Orgeln gibt, ohne den gewünschten Klang zu verändern.

EXPERTENTIPP

Einen detaillierten Überblick über einzelne Gerätearten, die dazugehörigen Gerätekategorien sowie die entsprechenden Übergangsfristen und Ausnahmen bietet die im Anhang II dieses Buches aufgeführte Zuordnungsliste, die vom österreichischen Bundesministerium für Land- und Forstwirtschaft, Umwelt und Wasserwirtschaft (BMLFUW) erstellt wurde.

89 Art. 1 Nr. 1 lit. b) des Vorschlages der EU-Kommission für eine Richtlinie des Europäischen Parlaments und des Rates zur Änderung der Richtlinie 2011/65/EU zur Beschränkung der Verwendung bestimmter gefährlicher Stoffe in Elektro- und Elektronikgeräten, 26.01.2017, COM (2017) 38 final.

5 EU-Konformitätserklärung

Michael Loerzer

Wie bereits ausgeführt wurde, ist die RoHS 2011/65/EU seit dem 03.01.2013 CE-relevant. In Abhängigkeit der Übergangsfristen ist sie dementsprechend – ggf. neben anderen Harmonisierungsrechtsvorschriften – in einer EU-Konformitätserklärung unter der Ziffer 5 (siehe unten) anzugeben. Streng genommen ist neben der Bezeichnung der Harmonisierungsvorschriften auch die Fundstelle – also die Nummer des Amtsblatts nebst Ausgabedatum – anzugeben. Zum Vergleich hier Art. 18 Abs. 3 der Funkanlagenrichtlinie 2014/53/EU:

> „Unterliegt eine Funkanlage **mehreren Rechtsakten** der Union, die eine EU-Konformitätserklärung vorschreiben, wird für alle Rechtsakte der Union eine **einzige** EU-Konformitätserklärung ausgestellt. In dieser Erklärung sind die betroffenen Rechtsvorschriften der Union **samt ihrer Fundstelle im Amtsblatt** anzugeben."

Hintergrund dieser Anforderung ist der Art. 5 des Beschlusses 768/2008/EG:

> „EG-Konformitätserklärung
>
> Verlangt eine Harmonisierungsrechtsvorschrift der Gemeinschaft vom Hersteller die Erklärung, dass ein Produkt nachweislich die geltenden Anforderungen erfüllt (‚EG-Konformitätserklärung'), wird in dieser Rechtsvorschrift auch vorgeschrieben, dass eine einzige Erklärung für alle für das Produkt geltenden Gemeinschaftsrechtsakte ausgestellt wird, die alle einschlägigen Informationen darüber enthält, auf welche Harmonisierungsrechtsvorschriften der Gemeinschaft sie sich bezieht, wobei die Fundstellen der betreffenden Rechtsvorschriften im Amtsblatt anzugeben sind."

Die Inhalte einer EU-Konformitätserklärung nach der RoHS 2011/65/EU sind in Anhang VI der Richtlinie festgelegt:

1. Nr. ... (einmalige Kennnummer des Elektro- oder Elektronikgeräts)
2. Name und Anschrift des Herstellers oder seines Bevollmächtigten
3. Die alleinige Verantwortung für die Ausstellung dieser Konformitätserklärung trägt der Hersteller (bzw. Installationsbetrieb)
4. Gegenstand der Erklärung (Bezeichnung des Elektro-/Elektronikgeräts zwecks Rückverfolgbarkeit. Ggf. kann eine Fotografie hinzugefügt werden)

5. Der oben beschriebene Gegenstand der Erklärung erfüllt die Vorschriften der RL 2011/65/EU des Europäischen Parlaments und des Rates vom 08.06.2011 zur Beschränkung der Verwendung bestimmter gefährlicher Stoffe in Elektro- und Elektronikgeräten (ABl. L 174 vom 01.07.2011. S. 88)
6. Ggf. Angabe der einschlägigen harmonisierten Normen, die zugrunde gelegt wurden, oder Angabe der technischen Spezifikationen, für die die Konformität erklärt wird
7. Zusätzliche Angaben
8. Unterzeichnet für und im Namen von: ....
9. (Ort und Datum der Ausstellung)
10. (Name, Funktion) (Unterschrift)

Für den Hersteller mag es etwas verwirrend erscheinen, dass im Beschluss 768/2008/EG von der **EG**-Konformitätserklärung die Rede ist, aber in der RoHS 2011/65/EU sowie den Harmonisierungsrechtsvorschriften neueren Datums eine **EU**-Konformitätserklärung gefordert wird. Dies ist den Lissabon-Verträgen geschuldet. In diesen Verträgen wurde die Europäische Gemeinschaft durch die Europäische Union ersetzt. Die älteren Harmonisierungsrechtsvorschriften, die noch eine EG-Konformitätserklärung forderten, werden aber wegen dieser kleinen Diskrepanz nicht geändert. Da im Blue Guide, Kapitel 4.4. von der EU-Konformitätserklärung gesprochen wird, sollten Hersteller einheitlich diese Bezeichnung wählen.

Die Form einer EU-Konformitätserklärung ist nicht vorgegeben. Hinweise zum Abfassen von Konformitätserklärungen enthält die Norm DIN EN ISO/IEC 17050-1[90]. Ein Musterbeispiel einer EU-Konformitätserklärung ist in Anhang I diesen Buches abgedruckt.

90 DIN EN ISO/IEC 17050-1:2010-08 „Konformitätsbewertung – Konformitätserklärung von Anbietern – Teil 1: Allgemeine Anforderungen (ISO/IEC 17050-1:2004, korrigierte Fassung 2007-06-15); Deutsche und Englische Fassung EN ISO/IEC 17050-1:2010“.

6 Kennzeichnungsvorschriften

Michael Loerzer

Hersteller müssen zur Bestätigung der RoHS-Konformität ihrer EEE eine CE-Kennzeichnung anbringen (siehe Abbildung 2). Damit werden die bislang vorwiegend aus dem Bereich der technischen Product Compliance (Produktsicherheit, elektromagnetische Verträglichkeit, Öko-Design, effiziente Nutzung des Funkspektrums usw.) bekannten Kennzeichnungs- und Dokumentationspflichten auch auf die rein stoffbezogenen Anforderungen der RoHS 2011/65/EU übertragen. Die CE-Kennzeichnung ist vor dem Inverkehrbringen gut sichtbar, leserlich und dauerhaft auf dem fertigen Gerät oder seinem Typenschild anzubringen. Für den Fall, dass die Art des Gerätes dies nicht zulässt oder nicht rechtfertigt, ist die CE-Kennzeichnung auf der Verpackung oder den Begleitunterlagen anzubringen. Diese Vorschriften sind in Art. 15 zu finden. Außerdem gelten die allgemeinen Grundsätze gem. Art. 30 der Verordnung (EG) Nr. 765/2008 sinngemäß auch für die RoHS 2011/65/EU. Dementsprechend darf die CE-Kennzeichnung nur durch den Hersteller oder seinen Bevollmächtigten angebracht werden. Sie wird ausschließlich auf solchen Produkten angebracht, für die spezifische Harmonisierungsrechtsvorschriften der Gemeinschaft deren Anbringung vorschreiben. Es ist demgemäß verboten, rein aus Werbezwecken eine CE-Kennzeichnung an einem Produkt anzubringen, obwohl es beispielsweise nicht der RoHS 2011/65/EU oder einer anderen Harmonisierungsrechtsvorschrift wie der Niederspannungsrichtlinie 2014/35/EU unterliegt. Außerdem ist sie die einzige Kennzeichnung, die die Konformität des Produkts mit den geltenden Anforderungen der einschlägigen Harmonisierungsrechtsvorschriften in der EU, die ihre Anbringung vorschreiben, bescheinigt. Vor der RoHS 2011/65/EU gab es im Markt frei erfundene RoHS-Konformitätskennzeichen, die keinen rechtlichen Hintergrund hatten. Deren Verwendung ist mit der RoHS 2011/65/EU rechtswidrig. Wichtig ist, dass der Hersteller mit Anbringung der CE-Kennzeichnung die Aussage trifft, dass er die Verantwortung für die Konformität des Produkts mit allen in den einschlägigen Harmonisierungsrechtsvorschriften der Europäischen Union enthaltenen für deren Anbringung geltenden Anforderungen übernimmt und diese einhält. Es handelt sich somit nicht um eine bloße Herstelleraussage oder eine Art freiwillige Erklärung.

Außerdem müssen die Hersteller nach Art. 7 der Richtlinie gewährleisten, dass ihre EEE eine Typen-, Chargen- oder Seriennummer oder ein anderes Kennzeichen zu ihrer Identifikation tragen, oder, falls dies aufgrund der Größe oder Art des Geräts nicht möglich ist, dass die erforderlichen Informationen auf der Verpackung oder in den dem Gerät beigefügten Unterlagen angegeben werden.

Sie geben ihren Namen, ihren eingetragenen Handelsnamen oder ihre eingetragene Handelsmarke und ihre Kontaktanschrift entweder auf dem EEE selbst oder, wenn dies nicht möglich ist, auf der Verpackung oder in den dem Gerät beigefügten Unterlagen an. In der Anschrift muss eine zentrale Stelle angegeben sein, unter der der Hersteller kontaktiert werden kann. Enthalten andere maßgebliche Rechtsvorschriften der Union Bestimmungen über die Anbringung des Namens und der Anschrift des Herstellers, die zumindest gleich streng sind, so finden diese Bestimmungen Anwendung.

Die ebenfalls den Stoffverboten unterfallenden Kabel und Ersatzteile sind nicht mit der CE-Kennzeichnung zu versehen. In Art. 15 Abs. 1 der RoHS 2011/65/EU wird die Kennzeichnungspflicht ausdrücklich nur für das fertige Elektro- und Elektronikgerät vorgeschrieben. Diese Einschränkung wurde erst im laufenden Rechtssetzungsverfahren und mit dem Ziel aufgenommen, klarzustellen, dass Kabel und Ersatzteile gerade nicht der Kennzeichnungspflicht unterworfen sind.

7 Technische Dokumentation sowie Lieferanten- und Materialbewertung

Carsten Ebeling

Hersteller sind gem. Art. 7 lit. b) RoHS 2011/65/EU verpflichtet, technische Unterlagen zu erstellen und eine **interne Fertigungskontrolle** in Übereinstimmung mit dem Modul A in Anhang II des Beschlusses Nr. 768/2008/EG[91] durchzuführen oder durchführen zu lassen. Das Verfahren dient dazu, die Übereinstimmung eines EEE mit den Stoffbeschränkungen der RoHS 2011/65/EU nachzuweisen. Die interne Fertigungskontrolle ist das Konformitätsbewertungsverfahren, welches dem Hersteller in Eigenverantwortung überlässt, die Stoffbeschränkungen nachzuweisen. Zu diesem Zweck erstellt er die technischen Unterlagen, die im Zweifel den Marktüberwachungsbehörden als Bewertungsgrundlage dienen, dass die geltenden Anforderungen erfüllt worden sind. Um die Einhaltung der Stoffbeschränkungen der RoHS 2011/65/EU zu dokumentieren, sind allerdings die klassischen Bestandteile von technischen Unterlagen nur bedingt tauglich.

EEE bestehen aus unterschiedlichen Materialien, Bauteilen und Baugruppen, die zwar für sich genommen kein fertiges EEE sind, aber bei späterer Verwendung in einem von der RoHS 2011/65/EU betroffenem Endprodukt die Stoffbeschränkungen des Anhang II der RoHS 2011/65/EU erfüllen müssen. Die Hersteller eines Endgerätes sollten daher Kenntnis über die chemische Zusammensetzung aller verbauten Materialien/Bauteile und der verwendeten Stoffe im Fertigungsprozess haben. Aufgrund der globalen Arbeitsteilung und der sich daraus ergebenen Lieferkettenkomplexität entziehen sich diese Informationen allerdings dem Machtbereich des Endherstellers. Da eine chemische Analyse eines jeden angelieferten Teils/Charge weder wirtschaftlich noch praktisch darstellbar ist, kann die Konformität mit den stoffrechtlichen Anforderungen nur durch eine geeignete Lieferkettenkommunikation sichergestellt werden.

Die Norm **EN 50581:2012** „Technische Dokumentation zur Beurteilung von Elektro- und Elektronikgeräten hinsichtlich der Beschränkung gefährlicher Stoffe“[92] bietet Inverkehrbringern Unterstützung bei der Erstellung der tech-

91 Beschluss Nr. 768/2008/EG des Europäischen Parlaments und des Rates vom 09.07.2008 über einen gemeinsamen Rechtsrahmen für die Vermarktung von Produkten und zur Aufhebung des Beschlusses 93/465/EWG des Rates, ABl. EG L 218, 13.08.2008, S. 82–128.

92 Auf internationaler Ebene wurde inzwischen die IEC 63000:2016 „Technical documentation for the assessment of electrical and electronic products with respect to the restriction of hazardous substances“ erarbeitet, die inhaltlich auf der EN 50581:2012 basiert. Sie wird in Kürze als EN 63000 veröffentlicht und die EN 50581:2012 mit hoher Wahrscheinlichkeit als harmonisierte Norm unter der RoHS-Richtlinie ablösen. Substantielle Änderungen für Hersteller sind damit nicht verbunden.

nischen Dokumentation. Sie legt fest, welche Dokumente zu Materialien, Bauteilen und/oder Baugruppen benötigt werden und was konkret Bestandteil der technischen Dokumentation sein muss. Die Norm wurde von der Europäischen Kommission unter der RoHS 2011/65/EU als einzige harmonisierte Norm veröffentlicht[93] und löst damit gem. Art. 16 Abs. 2 RoHS 2011/65/EU die sogenannte **Konformitätsvermutung** aus. Das bedeutet, dass die zuständigen Marktüberwachungsbehörden bei Verwendung dieser Norm bis zum Beweis des Gegenteiles davon ausgehen müssen, dass die Stoffbeschränkungen der RoHS 2011/65/EU erfüllt worden sind.[94] Die Anwendung der Norm stellt aber keine verpflichtende Voraussetzung für das Inverkehrbringen eines EEE dar. Vielmehr können Hersteller selbst entscheiden, ob sie zum Nachweis der Übereinstimmung mit den Stoffbeschränkungen der RoHS 2011/65/EU die Norm heranziehen oder die Konformität auf einem anderen Weg belegen.[95] In diesem Fall hat jedoch der Hersteller gegenüber den Behörden den Begründungsaufwand, dass er die geltenden Anforderungen erfüllt hat. In der Praxis hat sich daher die Anwendung der EN 50581:2012 durchgesetzt, da sie dem Hersteller konkrete Hinweise zur Erstellung der technischen Dokumentation gibt und den aktuellen Stand der Technik wiedergibt.

7.1 Inhalt der technischen Dokumentation

Die technische Dokumentation muss gem. Kapitel 4.2 der EN 50581:2012 die folgende Angaben und Dokumente enthalten:

- eine allgemeine Beschreibung des Produkts (siehe Kapitel 7.1.1)
- Dokumente zu Materialien, Bauteilen und/oder Baugruppen (siehe Kapitel 7.1.2)
- Informationen, die den Zusammenhang zwischen den technischen Dokumenten und den entsprechenden Materialien, Bauteilen und/oder Baugruppen des Produkts aufzeigen (siehe Kapitel 7.1.3)
- eine Aufstellung der harmonisierten Normen und/oder anderen technischen Spezifikationen, die angewandt worden sind, um die technischen Dokumente zu erstellen, oder auf die diese Dokumente verweisen (siehe Kapitel 7.1.4)

---

93 Mitteilung der Kommission im Rahmen der Umsetzung der Richtlinie 2011/65/EU des Europäischen Parlaments und des Rates zur Beschränkung der Verwendung bestimmter gefährlicher Stoffe in Elektro- und Elektronikgeräten, ABl. EU C 363 vom 23.11.2012, S. 6–7.

94 Zur Vermutungswirkung von harmonisierten Normen siehe auch *Menz* in Klindt, ProdSG, § 4 Rn. 11; *Kraus*, maschinenrichtlinie aktuell, Heft IV 2015, S. 17. ff.

95 *Wilrich*, Technisches Recht, Ziffer 3.7.1.3, S. 53.

Nachfolgend werden die einzelnen Bestandteile der technischen Dokumentation und die vom Hersteller vorzunehmenden Beurteilungen und Deklarationsstrategien näher erläutert. Einen Überblick über den Zusammenhang der benötigten Dokumente zu Materialien, Bauteilen und/oder Baugruppen und dem Inhalt der technischen Dokumentation bietet außerdem Abbildung 4.

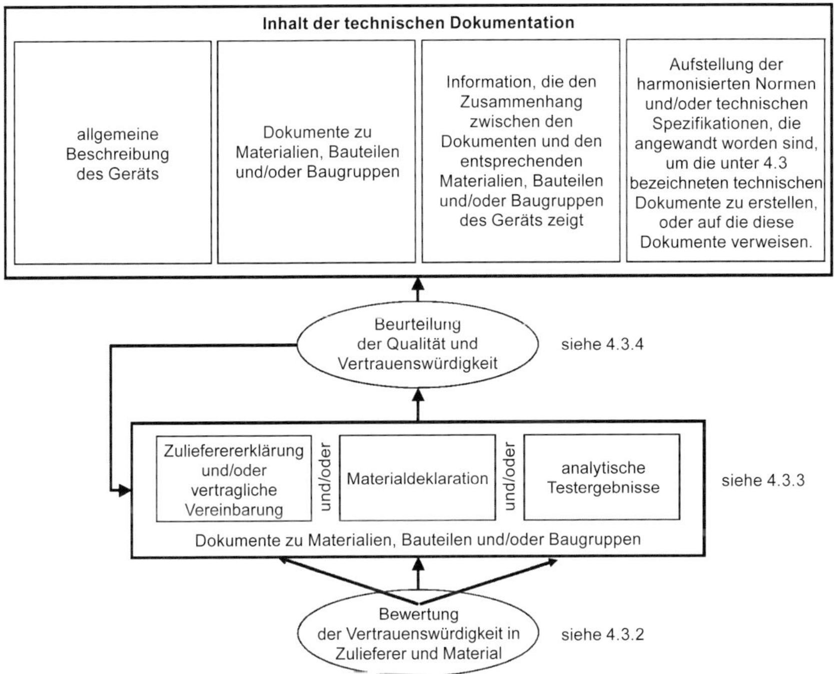

Abbildung 4: Zusammenhang zwischen dem Inhalt der technischen Dokumentation und den Dokumenten zu Materialien, Bauteilen und/oder Baugruppen.[96]

7.1.1 Allgemeine Beschreibung des Gerätes

Die allgemeine Beschreibung sollte den Produktnamen und eine genaue Identifikation (Typen-, Chargen- oder Seriennummer) enthalten, um eine Verbindung zu denen auf der EU-Konformitätserklärung gemachten Angaben herzustellen.[97]

96 Aus Kapitel 4.3 der DIN EN 50581 (VDE 0042-12):2013-02.

97 Gem. Art. 13 Abs. 2 i. V. m. Anhang VI Nr. 1 und 4 Richtlinie 2011/65/EU.

Ggf. kann auch eine Fotografie mit in die allgemeine Beschreibung aufgenommen werden.

Die Produktbeschreibung sollte des Weiteren die Gerätekategorie gem. Anhang I RoHS 2011/65/EU benennen und begründen, warum das Gerät in die jeweilige Kategorie eingeordnet worden ist.[98]

Sollte für bestimmte Teile oder Materialien eine Ausnahme gem. Anhang III oder Anhang IV RoHS 2011/65/EU in Anspruch genommen worden sein,[99] sollte diese sowie die Gültigkeit der Ausnahme ebenfalls in der allgemeinen Beschreibung angegeben sein.[100]

7.1.2 Dokumente zu Materialien, Bauteilen und/oder Baugruppen

Kernpunkt der technischen Unterlagen sind die Dokumente zu Materialien, Bauteilen und/oder Baugruppen. Aus ihnen muss hervorgehen, ob die gesetzlichen Grenzwerte des Anhang II für die verwendeten Materialien, Bauteile und/oder Baugruppen eingehalten werden. Welche Dokumente Eingang in die technischen Unterlagen finden, hängt von unterschiedlichen Kriterien ab, die nachfolgend erläutert werden.

7.1.2.1 Bestimmung der benötigten Informationen

In einem ersten Schritt muss die Frage beantwortet werden, in welchen zugelieferten Materialien, Bauteilen und/oder Baugruppen des eigenen Gerätes typischerweise die beschränkten Stoffe des Anhang II der RoHS 2011/65/EU verwendet werden. Dabei sollte beachtet werden, dass beim Fertigungsprozess noch bestimmte Materialien wie Lot, Anstrichmittel oder Klebstoffe hinzugefügt werden können.

Basierend auf der Bestimmung der Wahrscheinlichkeit, dass beschränkte Stoffe in Materialien, Bauteilen oder Baugruppen auftreten können, sollte eine **Beurteilung** vorgenommen werden, inwieweit die vom jeweiligen Zulieferer zur Verfügung gestellten Unterlagen zur RoHS-Konformität **vertrauenswürdig** sind.

Beide Einschätzungen helfen bei der Beantwortung der Frage, welche Informationen beim Zulieferer erhoben werden müssen (siehe dazu Kapitel 7.1.2.2) und in die eigene technische Dokumentation übernommen werden sollten.

---

98 Siehe dazu detailliert Kapitel 4.

99 zu den Ausnahmen siehe Kapitel 9.

100 *Turnbull*, Guide to Using BOMcheck and EN 50581 to Comply with RoHS2 Technical Documentation Requirements, S. 8, Juni 2015.

Praktische Hilfe bei der Umsetzung einer solchen Beurteilung stellt das Anfertigen einer sogenannten Bill of Materials (BOM) dar, die für jedes Modell eine Liste der erforderlichen Teile und der dazugehörigen Lieferanten auflistet.

7.1.2.1.1 Wahrscheinlichkeit, dass beschränkte Stoffe in Materialien, Bauteilen oder Baugruppen auftreten

Hersteller eines Endgerätes im Anwendungsbereich der RoHS 2011/65/EU sollten eine technische Beurteilung vornehmen, ob in den für das eigene Endgerät angelieferten Materialien, Bauteilen und/oder Baugruppen die beschränkten Stoffe über den zugelassenen Höchstkonzentrationen üblicherweise zum Einsatz kommen. Ohne detaillierte Fach- und Materialkenntnisse kann eine solche Risikoeinschätzung jedoch nur schwer vorgenommen werden. Zwar können dafür auch Erkenntnisse aus vorangegangenen Tests oder andere interne Erfahrungswerte genutzt werden, in den allermeisten Fällen wird das jedoch nicht für eine fundierte Analyse ausreichen.

Gem. Kapitel 4.3.2 der EN 50581:2012 kann die Wahrscheinlichkeitsbeurteilung auf vorhandenen technischen Informationen der Elektro-/Elektronik-Industrie basieren oder mithilfe einer Literaturrecherche zu den jeweiligen Materialen/Bauteilen durchgeführt werden. Unterstützung bietet an dieser Stelle die Norm IEC 62321-2:2013[101], die im informativen Anhang B einen Überblick über die Wahrscheinlichkeit der Verwendung der beschränkten Stoffe für in elektrotechnischen Erzeugnissen verwendeten Materialien und Komponenten gibt (siehe Tabelle 9).[102]

101 IEC 62321-2:2013 „Verfahren zur Bestimmung von bestimmten Substanzen in Produkten der Elektrotechnik – Teil 2: Demontage, Zerlegung und mechanische Probenvorbereitung“.

102 Die Tabelle ist jedoch nicht abschließend und bildet aufgrund des Herausgabedatums der Norm (2013) nicht den aktuellen Stand der Technik ab. Sie gibt nur einen Überblick der Wahrscheinlichkeit der Verwendung der beschränkten Stoffe Blei, Quecksilber, Cadmium, sechswertiges Chrom und der polybromierten Biphenyle sowie Diphenylether. Die durch die Delegierte Richtlinie (EU) 2015/863 hinzugekommenen Beschränkungen von DEHP, BBP, DBP und DIBP sind nicht erfasst.

Tabelle 9: Wahrscheinlichkeit für das Vorliegen von bestimmten Stoffen in Materialien und Bestandteilen, die in elektrotechnischen Produkten eingesetzt werden

Bauteile und Materialien	bestimmte Stoffe[a]						Anzahl von homogenen Materialien[b]	Bemerkungen
	Hg	Cd	Pb	Cr(VI)	PBBs	PBDEs		
mechanische Teile								
Rahmen – Metall							1	unlackiert
Gehäuse – Kunststoff	L	L	L	L	L	M	1	
Netzanschlusskabel	L	H	H	L	L	M	> 1	
Dickschichtsensor	L	H	M	L	L	M	> 1	
Kühlkörper	L	L	L	L	N/A	N/A	1	
Schraube, Unterlegscheibe, Befestigungselement – Metall	L	M	M	H	N/A	N/A	1 und > 1	einige sind beschichtet, z. B. Schwarz- und Gelb-chromatierung
Glas – CRT, Lampenglas-Metall-Verschmelzung	L	M	H	L	N/A	N/A	> 1	Pb in Glas könnte ausgeschlossen sein
phosphoreszierende Beschichtung (z. B. CRT)	L	H	L	L	N/A	N/A	> 1	
Leiterplatte (PWB)								
LCD-Frontplatte/-Bildschirm	H	L	H	H	L	L	> 1	
Plasma-Frontplatte/-Bildschirm	H	L	H	H	L	L	> 1	Pb in Glas könnte ausgeschlossen sein

Bauteile und Materialien	bestimmte Stoffe[a]						Anzahl von homogenen Materialien[b]	Bemerkungen
	Hg	Cd	Pb	Cr(VI)	PBBs	PBDEs		
Lampen, Hintergrundbeleuchtung	H	L	H	M	N/A	N/A	> 1	in Hintergrundbeleuchtung verwendetes Hg könnte ausgeschlossen sein
Magnetkopf	L	L	H	M	N/A	N/A	> 1	
Leiterplatte (PWB)								
PWB-Substrat/-Laminat	L	L	L	L	L	N/A	> 1	
Steckverbinder	M	L	H	L	L	H	> 1	
Kondensator – elektrolytisch	L	M	H	L	L	M	> 1	
Kondensator – Chip-Typ	L	M	M	L	L	M	> 1	
Widerstand – IMT-Typ	L	M	H	L	L	L	> 1	
Widerstand – Chip-Typ	L	H	M	L	L	L	> 1	
Diode	L	M	M	L	L	L	> 1	
Sicherung	L	M	H	L	L	L	> 1	
Lot (Löten bei industrieller Fertigung und per Hand)	L	M	H	L	N/A	N/A	1	
Klebstoff (rot und weiß)	L	L	M	L	M	M	1	zum Befestigen von Bauelementen eingesetzt

Bauteile und Materialien	bestimmte Stoffe[a]						Anzahl von homogenen Materialien[b]	Bemerkungen
	Hg	Cd	Pb	Cr(VI)	PBBs	PBDEs		
Anschlussbeschichtung eines Bauelements	L	H	H	L	N/A	N/A	1 und > 1	
Bauelement-Formteile	L	L	L	L	L	H	1 und > 1	
integrierte Schaltung (IC) und BGAs	L	L	H	L	L	L	> 1	
Relais – Quecksilber	H	L	M	L	L	L	> 1	
Relais – elektromagnetisch	L	H	M	L	L	L	> 1	
Schalter – Quecksilber	H	L	M	L	L	L	> 1	
Schalter – mechanisch	M	H	M	L	L	L	> 1	
Thermostate	H	M	M	L	L	L	> 1	
Flammenfühler	H	M	M	L	L	L	> 1	
Thermografie-Halbleiter	H	M	M	L	L	L	> 1	
Transformator (LOT)	L	M	H	L	L	M	> 1	
Zubehör						–		
Fernsteuerungen	L	H	H	L	L	L	> 1	
externe Kabel (z. B. Scart, USB, Cinch)	L	H	H	L	L	L	> 1	
externe Stromversorgung	L	H	H	L	L	M	> 1	

Bauteile und Materialien	bestimmte Stoffe[a]						Anzahl von homogenen Materialien[b]	Bemerkungen
	Hg	Cd	Pb	Cr(VI)	PBBs	PBDEs		
Materialien								
Anstrichstoffe, Druckfarbe und ähnliche Beschichtung	L	H	H	M	L	L	1	
Klebstoff			M		L	M	1	
Polyurethan – hochglänzend	H	M	M	L	L	M	> 1	
Polyvinylchlorid (PVC)	L	H	H	M	L	M	1	
Styrol, Polystyrol (PS-HI), ABS, Polyethylen (PE), Polyester	L	M	M	L	L	H	1	
Gummi	L	M	M	L	L	M	1	
Kunststoffe – sonstige	L	M	M	L	L	M	1	
Farbmittel (alle Kunststoffe) rot, orange, gelb, rosa, grün	M	H	H	H	N/A	N/A	1	
Metall	L	M	H	H	N/A	N/A	1 und > 1	
Stahl – sonstige	L	L	L	H	N/A	N/A	1	
Automatenstahl	L	L	H	L	N/A	N/A	1	
Kupferlegierung	L	H	H	L	N/A	N/A	1	Pb in Metall könnte ausgeschlossen sein

Bauteile und Materialien	bestimmte Stoffe[a]						Anzahl von homogenen Materialien[b]	Bemerkungen
	Hg	Cd	Pb	Cr(VI)	PBBs	PBDEs		
Aluminiumlegierung	L	L	H	L	N/A	N/A	1	Pb in Metall könnte ausgeschlossen sein
Verchromung	L	L	L	L	N/A	N/A	> 1	
Verzinkung	L	H	H	H	N/A	N/A	> 1	
sonstige metallische Beschichtungen	L	H	L	H	N/A	N/A	> 1	
Glas – sonstige	L	M	H	M	N/A	N/A	U	Pb könnte ausgeschlossen sein
Keramik	L	M	H	L	N/A	N/A	U	Pb könnte ausgeschlossen sein

[a] L geringe Wahrscheinlichkeit
M mittlere Wahrscheinlichkeit
H hohe Wahrscheinlichkeit
N/A nicht anwendbar

[b] 1 ein homogenes Material
> 1 zwei oder mehr homogene Materialien
U unbekannt

Die Tabelle sollte lediglich als Unterstützungsmöglichkeit angesehen werden. Zusätzlich sollte der Hersteller eine eigene Risikobeurteilung für jedes angelieferte Material oder Bauteil vornehmen. Diese kann sich auf folgende Kriterien stützen:

1) Materialbewertung[103]
2) Besteht das Bauteil aus mehreren Materialien?
3) Wurden spezielle Oberflächenbehandlungen vorgenommen oder besitzt das Material andere Zusatzeigenschaften (z. B. Abriebfestigkeit, Rostschutz (Cr(VI)-Risiko))?

Die Risikoanalyse sollte dann in Anlehnung an Tabelle 9 eine Einteilung in drei Risikoklassen[104] enthalten. Das Ergebnis dient im Zusammenspiel mit der Beurteilung der Vertrauenswürdigkeit des Zulieferers der Beantwortung der Frage, welche Informationen/Dokumente für welche Materialien, Bauteile oder Baugruppen vom Lieferanten angefordert werden sollten (siehe Abbildung 5).

7.1.2.1.2 Vertrauenswürdigkeit des Zulieferers

Bei der Beurteilung der Vertrauenswürdigkeit des Zulieferers ist die zentrale Frage, ob die vom Lieferanten zur Verfügung gestellten Informationen zur RoHS-Konformität belastbar sind. Dabei sollte eine Einschätzung vorgenommen werden, ob der Lieferant

- detaillierte Kenntnisse der gesetzlichen RoHS-Anforderungen hat und ein entsprechendes Managementsystem[105] in seinem Unternehmen eingeführt hat, was auch die analytische Prüfung von risikobehafteten Zuliefererteilen beinhaltet (Typ A)
- sich zwar seiner Verpflichtungen in Bezug auf die Stoffbeschränkungen der RoHS 2011/65/EU bewusst ist und auch die entsprechenden unternehmensinternen Maßnahmen eingeleitet hat, jedoch beispielsweise für risikobehaftete Zuliefererteile keine zusätzlichen Prüfungen vornimmt (Typ B)
- keine Kenntnisse von der RoHS 2011/65/EU und den sich daraus ergebenen Pflichten hat (Typ C)[106]

103 Beispielhafte Materialbewertung in Bezug auf Weichmacher (DEHP, BBP, DBP, DIBP): Keramik/Metall geringes Risiko, Polyurethan-Schaum oder Acryl mittleres Risiko, weiche Kunststoffteile aus PVC, Dichtungen oder Kabelummantelungen hohes Risiko etc.

104 „hoch“, „mittel“ und „gering“.

105 Z. B. nach IECQ 080000:2017 „Electrical and Electronic Components and Products – Hazardous Substance Process Management System Requirements“.

106 So auch *Turnbull*, Guide to Using BOMcheck and EN 50581 to Comply with RoHS2 Technical Documentation Requirements, S. 12, Juni 2015.

Schließlich legt man unter Umständen die Marktfähigkeit des eigenen Gerätes in die Hände des jeweiligen Zulieferers. Um zu einer belastbaren Beurteilung zu kommen, können zusätzlich die nachfolgend genannten Kriterien herangezogen werden.

Sollte es sich um einen im eigenen Unternehmen bekannten Zulieferer handeln, können die in der Vergangenheit gemachten **Erfahrungen** in die Beurteilung der Vertrauenswürdigkeit des Zulieferers einfließen. Dabei spielt auch der Zeitraum der Zusammenarbeit eine Rolle. Bei langjährigen vertraglichen Beziehungen ohne Beanstandungen ist das Risiko der Nicht-Konformität sicherlich geringer als bei erst kürzlich aufgenommenen Lieferanten. Sollte es sich bei dem Zulieferer um ein Unternehmen handeln, deren Kunden größtenteils aus **anderen Sektoren als der Elektroindustrie** kommen, kann grundsätzlich von einem erhöhten Risiko ausgegangen werden. In der Praxis kann auch die **strategische Wichtigkeit** des Lieferanten für das eigene Unternehmen mit in die Beurteilung aufgenommen werden. Deutet sich ein Wechsel des Lieferanten an, kann das Risiko ggf. höher sein, dass der Lieferant den erforderlichen RoHS-Verpflichtungen nicht mehr nachkommt. Weiterhin kann die **Reputation** des Lieferanten herangezogen werden. Ein lange am Markt operierender Zulieferer hat unter Umständen ein besseres Verständnis der gesetzlichen Stoffbeschränkungen und auch entsprechende unternehmensinterne Abläufe implementiert als ein neu am Markt tätiger Lieferant. Außerdem spielt die **Art** des zugelieferten Teils eine Rolle. Bei einem komplexen Erzeugnis, welches bereits aus unterschiedlichen Komponenten besteht, ist das Risiko deutlich höher als bei einem halbfertigen Produkt oder bei Rohmaterialien. Ein Grund dafür ist, dass in diesen Fall der Zulieferer mit hoher Wahrscheinlichkeit bereits Komponenten von Vor-Lieferanten bekommen hat, was das Risiko deutlich erhöht. Ein weiterer Indikator kann die **Herkunft des Zulieferers** sein. Komponenten von einem Zulieferer aus dem mittelasiatischen Raum können unter Umständen ein höheres Risiko mit sich bringen als aus den USA. Im Einzelfall kann es allerdings genau umgekehrt sein. Ein chinesischer Lieferant hat ggf. aufgrund der bestehenden RoHS-Gesetzgebung im eigenen Land[107] ein ausgeprägteres Problembewusstsein als der Zulieferer aus den USA, der keine vergleichbare RoHS-Gesetzgebung aus seinem eigenen Land kennt. Bei der Beurteilung der Vertrauenswürdigkeit des Zulieferers aufgrund seiner Herkunft im Sinne eines unternehmensinternen Risikomanagements sollten daher vordergründig neutrale Kriterien eine Rolle

107 Management Methods for the Restriction of the Use of Hazardous Substances in Electrical and Electronic Products (Order Nr. 32 des Ministry of Industry and Information Technology) vom 06.01.2016 (China-RoHS II).

spielen. Dazu kann der sogenannte Korruptionswahrnehmungsindex[108] herangezogen werden, der sich auf Umfragen und Untersuchungen von verschiedenen unabhängigen Institutionen stützt.

Von großer Bedeutung ist das Vorhandensein eines **Materialdeklarationsmanagementsystems** beim Lieferanten. Es empfiehlt sich, es als entsprechendes Kriterium mit in den Lieferantenvertrag aufzunehmen.

Die Ergebnisse der Beurteilung der Vertrauenswürdigkeit des Lieferanten sollten zusammen mit der Wahrscheinlichkeit, dass beschränkte Stoffe in Materialien, Bauteilen oder Baugruppen auftreten, in eine Risikomatrix übertragen werden (Beispiel siehe Abbildung 5). Aus ihr ergibt sich dann, welche Dokumente zu Materialien, Bauteilen und/oder Baugruppen erhoben werden sollten (siehe Kapitel 7.1.2.2).

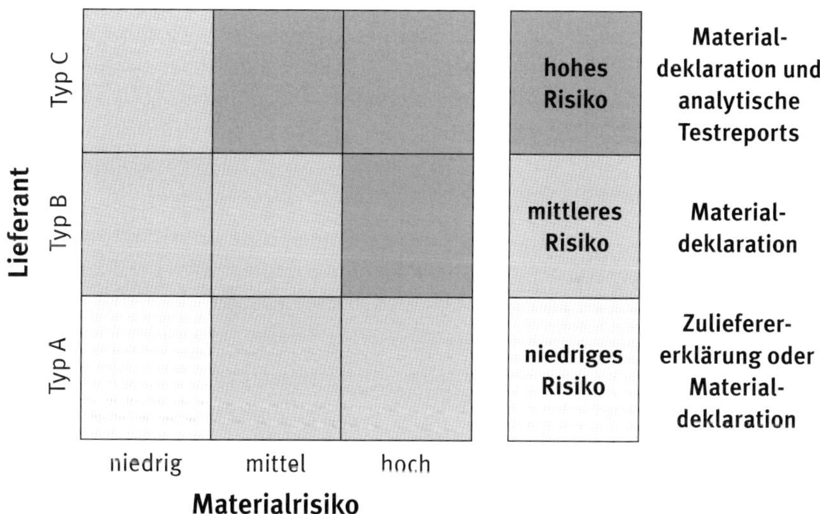

Abbildung 5: Risikomatrix aus Lieferantenbewertung und Materialrisiko[109]

108 Corruption Perceptions Index (CPI) 2016 von Transparency International, https://www.transparency.org/news/feature/corruption_perceptions_index_2016, zuletzt abgerufen am 02.07.2017.

109 In Anlehnung an *Turnbull*, Guide to Using BOMcheck and EN 50581 to Comply with RoHS2 Technical Documentation Requirements, S. 13, Juni 2015.

7.1.2.2 Erhebung der Informationen

Die EN 50581:2012 fordert gem. Kapitel 4.3.3 in Abhängigkeit der vom Unternehmen vorgenommenen Einschätzungen zu Materialrisiko und Lieferant (siehe Kapitel 7.1.2.1) die Erhebung von folgenden Informationen zu Materialien, Bauteilen und/oder Baugruppen:

- Zulieferererklärung bzw. vertragliche Vereinbarung und/oder
- Materialdeklarationen und/oder
- analytische Testergebnisse

7.1.2.2.1 Zulieferererklärung und/oder vertragliche Vereinbarung

Die Zulieferererklärung oder vertragliche Vereinbarung ist grundsätzlich der einfachste Weg für Endhersteller und Lieferanten, die RoHS-Konformität sicherzustellen bzw. zu belegen. Allerdings stellen sie nur bis zu einem gewissen Grad eine Absicherung dar, dass die Stoffbeschränkungen des Anhangs II der RoHS 2011/65/EU eingehalten worden sind. Der Empfänger einer solchen Erklärung verlässt sich nur aufgrund einer allgemein abgegebenen Erklärung oder vertraglichen Vereinbarung darauf, dass der Zulieferer seinen Pflichten nachkommt. Sie sollten daher nur für Materialien, Bauteile oder Baugruppen bzw. Zulieferer gewählt werden, von denen ein niedriges Risiko ausgeht.

Die Zulieferererklärung besteht aus einem Dokument, das bestätigt, dass die Menge der beschränkten Stoffe in dem Material, Bauteil oder der Baugruppe innerhalb der erlaubten Grenzen liegt. Des Weiteren sollte die Erklärung alle geltenden Ausnahmen mit aufführen.

Alternativ kann auch ein Vertrag zwischen den Parteien abgeschlossen werden, der bestätigt, dass die Stoffbeschränkungen des Anhangs II der RoHS 2011/65/EU eingehalten worden sind.

Beide Dokumente müssen Bezug auf das entsprechende Material, Bauteil oder Baugruppe nehmen, das von der Erklärung oder der Vereinbarung erfasst wird.

Ein Vorteil der Zulieferererklärung und der vertraglichen Vereinbarung liegt darin, dass keine dem Know-how-Schutz unterliegenden Informationen wie zur Materialzusammensetzung eines Bauteils/Materials ausgetauscht werden müssen.

7.1.2.2.2 Materialdeklaration

Die Materialdeklaration enthält Informationen über die verwendeten Substanzen in Materialen, Bauteilen oder Baugruppen. Sie bietet dem Empfänger somit die Möglichkeit, einen Überblick über die in einem Produkt enthaltenen Stoffe zu bekommen. Sie sollte für alle Materialien, Bauteile und/oder Baugruppen erstellt oder angefordert werden, von denen ein mittleres- oder hohes Risiko gem. der eigens vorgenommenen Beurteilung basierend auf Abbildung 5 ausgeht.

Bei der Materialdeklaration muss man zwischen verschiedenen Deklarationstypen und -tiefen unterscheiden. Es gibt Materialdeklarationen, die für einzelne Produkte oder Bauteile lediglich die durch gesetzliche Anforderungen beschränkten Stoffe über den gesetzlichen Konzentrationswerten aufführen. Aufgrund der Vielzahl der stoffrechtlichen Anforderungen in der EU[110] sowie weltweit wird eine solche Materialdeklaration in der Praxis mithilfe einer standardisierten Stoffliste erstellt. Möglich ist jedoch auch eine sogenannte vollständige Materialdeklaration (**Full Material Declaration** (FMD)), die alle verwendeten Stoffe in einem Produkt aufführt.

Kapitel 4.3.3 lit. b) der EN 50581:2012 verweist in Bezug auf Materialdeklarationen auf die Norm **IEC 62474**.[111] Sie dient dem Zweck, Materialien, Bauteile und/oder Baugruppen bzgl. der Einhaltung der stoffrechtlichen Anforderungen zu beurteilen und den jeweiligen Wirtschaftsakteur in die Lage zu versetzen, auf entsprechende Anfragen zu reagieren.[112] Konkret beschreibt die Norm das Verfahren, den Inhalt und die Form von Materialdeklarationen für Produkte der elektrotechnischen Industrie. Insbesondere werden in ihr inhaltliche Anforderungen an die Materialdeklaration gestellt und ein einheitliches Verfahren und Format für den Datenaustausch innerhalb der Lieferkette festgelegt.

Kernpunkt der Norm ist jedoch die sogenannte **IEC-62474-Datenbank**[113], die Lieferanten und Herstellern einen Überblick darüber gibt, welche Stoffe und Materialien Teil der Materialdeklaration sein müssen. Die Datenbank zählt alle Stoffe mit den dazugehörigen Konzentrationshöchstwerten pro homogenen Werkstoff auf, für die Verbote oder Beschränkungen existieren (**Liste der deklarationspflichtigen Stoffe und Stoffgruppen**). Sollte ein Stoff lediglich für

110 Neben den Stoffbeschränkungen durch die RoHS 2011/65/EU bestehen in der EU u.a. auch Stoffbeschränkungen und Deklarationspflichten aufgrund der REACH-Verordnung (EG) Nr. 1907/2006 des Europäischen Parlaments und des Rates vom 18.12.2006 zur Registrierung, Bewertung, Zulassung und Beschränkung chemischer Stoffe (REACH), zur Schaffung einer Europäischen Chemikalienagentur, zur Änderung der Richtlinie 1999/45/EG und zur Aufhebung der Verordnung (EWG) Nr. 793/93 des Rates, der Verordnung (EG) Nr. 1488/94 der Kommission, der Richtlinie 76/769/EWG des Rates sowie der Richtlinien 91/155/EWG, 93/67/EWG, 93/105/EG und 2000/21/EG der Kommission, ABl. EG L 396, 30.12.2006, S. 1.

111 IEC 62474:2012 „Materialdeklaration für Produkte der elektrotechnischen Industrie und für die elektrotechnische Industrie".

112 Leitfaden Materialdeklarationen innerhalb der Lieferkette, hrsg. v. Zentralverband Elektrotechnik- und Elektronikindustrie e.V., Dezember 2014, S. 13.

113 http://std.iec.ch/iec62474, zuletzt abgerufen am 09.07.2017.

eine bestimmte Verwendung beschränkt oder verboten sein, wird das ebenfalls in der Datenbank benannt. Sie bietet Herstellern und Zulieferern damit einen Überblick über die gesetzlichen Anforderungen mit Chemikalienbezug in der EU und darüber hinaus. Die IEC-62474-Datenbank ist kein direkter Bestandteil der IEC 62474:2012, sondern wird lediglich in der Norm referenziert. Sie ist online frei verfügbar und kann auf der in Fußnote 113 genannten Website abgerufen werden. Hintergrund der Trennung zwischen Norm und Datenbank sind die sich häufig ändernden Stoffanforderungen in der EU und in Drittstaaten, die durch die langsamen Änderungszyklen aufgrund der bestehenden Abstimmungsregeln von technischen Normen nicht abgebildet werden können. Die IEC-62474-Datenbank wird stattdessen von einem Validierungsteam des Technischen Komitees 111 auf dem neuesten Stand gehalten, welches von den nationalen Normungskomitees mit den entsprechenden Abstimmungsbefugnissen ausgestattet wurde.[114] Neben der Stoffliste besteht die Datenbank aus

- Liste von Referenzstoffen, die der jeweiligen Stoffgruppe zugeordnet werden können
- Liste von Materialklassen (M-001–M-015). Diese sollten in der Materialdeklaration mit angegeben werden
- XML-Schema zur Materialdeklaration (einheitliches Format zur Kommunikation in der Lieferkette)

Der Inhalt und die Form einer Materialdeklaration sind in den Kapiteln 4 und 6 der IEC 62474:2012 beschrieben. Kapitel 6 enthält Angaben, in welchem **Format** die Materialdeklaration erstellt werden muss, um eine einheitliche Kommunikation innerhalb der Lieferkette sicherzustellen. Das Kapitel richtet sich vornehmlich an Softwareentwickler, die mit den dort gegebenen Formatvorgaben **Declarationstools** programmieren können. In der Praxis nutzen viele Unternehmen Software externer Dienstleister, um eine Anleitung zu bekommen, in welchen ihrer Materialien oder Artikeln bestimmte beschränkte Stoffe enthalten sein können und um die entsprechenden Ausnahmen zu identifizieren. Des Weiteren bieten solche Softwarelösungen üblicherweise Informationen über die gesetzlichen Anforderungen und halten diese auf dem neusten Stand.

Kapitel 4 der IEC 62474:2012 beschreibt die **inhaltlichen Anforderungen**, die an die **Materialdeklaration** gestellt werden. Zweck der Materialdeklaration ist es, dem Empfänger Informationen zu geben, ob in einem Material, Bauteil oder einer Baugruppe ein Stoff aus der Liste der deklarationspflichtigen Stoffe und Stoffgruppen der IEC-62474-Datenbank enthalten ist. Die in der deklarations-

114 Leitfaden Materialdeklarationen innerhalb der Lieferkette, hrsg. v. Zentralverband Elektrotechnik- und Elektronikindustrie e. V., Dezember 2014, S. 14.

pflichtigen Liste der IEC-62474-Datenbank enthaltenen Stoffe und Stoffgruppen der Kategorie 1 und 2 (beschränkt aufgrund einer gesetzlichen Anforderung)[115] müssen Teil der Materialdeklaration sein, wenn sie in einem Produkt oder Bauteil über den angegebenen Grenzwerten pro homogenen Werkstoff enthalten sind. Dazu gehören auch die Stoffbeschränkungen des Anhang II der RoHS 2011/65/EU. Im Gegensatz dazu ist die Angabe der Stoffe und Stoffgruppen der Kategorie 3 (beschränkt aufgrund anderer Anforderungen)[116] in der Materialdeklaration lediglich optional.

Welche Angaben im Detail Einzug in die Materialdeklaration gem. IEC 62474:2012 finden müssen, kann Kapitel 4 sowie exemplarisch Anhang A der Norm IEC 62474:2012 entnommen werden. Des Weiteren können auch zusätzliche Angaben nach Absprache mit dem jeweiligen Vertragspartner vereinbart werden. Als Orientierungshilfe lässt sich jedoch sagen, dass die Materialdeklaration mindestens folgende Angaben beinhalten sollte:

- Allgemeine Informationen über das Produkt/Material (Identifikation, Produktdatum, Gewicht, Produktgruppe etc.)
- Nennung des deklarationspflichtigen Stoffes/Stoffgruppe samt dazugehörigem Masseanteil am Gesamtprodukt (falls Produkt aus mehreren Teilen besteht) sowie entsprechender Masseanteil bezogen auf das jeweilige Produkt/Produktgruppe/Material
- Falls anwendbar, Benennung der Ausnahmen gem. Anhang III und IV der RoHS 2011/65/EU

Die Materialdeklaration aufgrund einer Stoffliste (IEC 62474:2012) versetzt den Empfänger in die Lage, eine Einschätzung eines jeden Teils vorzunehmen und die Einhaltung der stoffrechtlichen Anforderungen für sein Endprodukt sicherzustellen.[117]

Neben der Materialdeklaration basierend auf einer Stoffliste kann auch eine vollständige Stoffdeklaration (FMD) angefertigt werden. Sie führt das prozentuale Gewicht eines jeden verwendeten Stoffes auf, der in einem Produkt oder Material verwendet wird. Der Aufwand zur Erstellung einer solchen FMD ist

115 Dabei handelt es sich um Stoffe oder Stoffgruppen, die gesetzlichen Anforderungen unterliegen (siehe dazu Kapitel 5.2 Tabelle 1 der IEC 62474:2012).

116 Dabei handelt es sich um Stoffe oder Stoffgruppen, die keinen gesetzlichen Anforderungen unterliegen, jedoch durch Industrienormen und freiwillige Vereinbarungen in der Elektroindustrie beschränkt sind (siehe dazu Kapitel 5.2 Tabelle 1 der IEC 62474:2012).

117 Zu beachten ist, dass neben der Stoffliste der IEC 62474 Datenbank weitere sektorspezifische Stofflisten existieren. So z. B. die Global Automotive Declarable Substance List (GADSL) für die Automobilindustrie, http://www.gadsl.org, zuletzt abgerufen am 23.07.2017.

dementsprechend höher. Das Offenlegen der kompletten Materialzusammensetzung kann außerdem die Geschäftsinteressen des eigenen Unternehmens tangieren, wenn es sich dabei um spezielle Geschäftsgeheimnisse handelt. In dem Fall sollten sensible Informationen anonymisiert werden. Die FMD hat allerdings den Vorteil, dass sie nicht laufend aktualisiert werden muss, wenn neue gesetzliche Anforderungen in Kraft treten.[118] Weiterhin bietet sie Endherstellern den Vorteil, einen Überblick über die Zusammensetzung der eigenen Produkte zu haben und somit flexibel auf neue gesetzliche Stoffanforderungen zu reagieren.[119] Aus diesem Grund verlangen viele Hersteller von ihren Zulieferern eine FMD.

7.1.2.2.3 Analytische Testergebnisse

Für Materialien, Bauteile oder Baugruppen, von denen in Abhängigkeit mit dem jeweiligen Lieferanten gem. Abbildung 5 ein hohes Risiko ausgeht, sollten zusätzlich zur Materialdeklaration analytische Tests durchgeführt oder verlangt werden, um die Konformität mit den Stoffbeschränkungen des Anhang II der RoHS 2011/65/EU sicherzustellen. Dazu hat die International Electrotechnical Commission (IEC) die Normenreihe IEC 62321-x veröffentlicht, die für die unter der RoHS 2011/65/EU beschränkten Stoffe die entsprechenden Testmethoden beinhaltet (siehe Tabelle 10).

118 Hersteller haben beispielsweise gegenüber einem Abnehmer eines Erzeugnisses gewisse Informationspflichten gem. Art. 33 der REACH-Verordnung (EG) Nr. 1907/2006, wenn ein sogenannter SVHC-Kandidatenstoff in der Konzentration von mehr als 0,1 % in diesem Erzeugnis enthalten ist. Die SVHC-Kandidatenliste wird üblicherweise alle sechs Monate überarbeitet, was auch eine Überarbeitung der Materialdeklaration aufgrund einer vorgegebenden Stoffliste (z. B. IEC 62474:2012) erforderlich macht. Bei der Verwendung einer FMD ist das nicht notwendig.

119 Beispielsweise wird ab dem 01.07.2017 in Schweden eine Steuer auf bestimmte Elektrogeräte erhoben, wenn das betroffene EEE ausgewählte Chlor-, Brom- und Phosphorverbindungen enthält, Swedish Act (2016:1067) concerning tax levied on chemicals in certain electronic items vom 24.11.2016. Der Act eröffnet in § 4 den betroffenen Unternehmen die Möglichkeit, eine 50 % bzw. 90 % Steuererleichterung zu beantragen, wenn bestimmte Chlor-, Brom- und Phosphorverbindungen nicht in dem Gerät enthalten sind. Eine FMD gibt dem Hersteller sofort einen Überblick über die enthaltenen Stoffe seines Produktes, während die Materialdeklaration aufgrund einer Stoffliste (z. B. IEC 62474:2012) diese Möglichkeit nicht bietet.

Tabelle 10: Übersicht über die Normreihe IEC 62321-x

IEC 62321-1:2013	Determination of certain substances in electrotechnical products – Part 1: Introduction and overview
IEC 62321-2:2013	Determination of certain substances in electrotechnical products – Part 2: Disassembly, disjunction and mechanical sample preparation
IEC 62321-3-1:2013	Determination of certain substances in electrotechnical products – Part 3-1: Screening – Lead, mercury, cadmium, total chromium and total bromine using X-ray fluorescence spectrometry
IEC 62321-3-2:2013	Determination of certain substances in electrotechnical products – 3-2: Screening – Total bromine in polymers and electronics by Combustion – Ion Chromatography
IEC 62321-4:2013/ AMD1:2017	Determination of certain substances in electrotechnical products – Part 4: Mercury in polymers, metals and electronics by CV-AAS, CV-AFS, ICP-OES and ICP-MS
IEC 62321-5:2013	Determination of certain substances in electrotechnical products – Part 5: Cadmium, lead and chromium in polymers and electronics and cadmium and lead in metals by AAS, AFS, ICP-OES and ICP-MS
IEC 62321-6:2015	Determination of certain substances in electrotechnical products – Part 6: Polybrominated biphenyls and polybrominated diphenyl ethers in polymers by gas chromatography-mass spectometry (GC-MS)
IEC 62321-7-1:2015	Determination of certain substances in electrotechnical products – Part 7-1: Hexavalent chromium – Presence of hexavalent chromium (Cr(VI)) in colourless and coloured corrosion-protected coatings on metals by the colorimetric method
IEC 62321-7-2:2017	Determination of certain substances in electrotechnical products – Part 7-2: Hexavalent chromium – Determination of hexavalent chromium (Cr(VI)) in polymers and electronics by the colorimetric method
IEC 62321-8:2017	Determination of certain substances in electrotechnical products – Part 8: Phthalates in polymers by gas chromatography-mass spectrometry (GC-MS), gas chromatography-mass spectrometry using a pyrolyzer/thermal desorption accessory (Py-TD-GC-MS)

7.1.2.3 Beurteilung der Informationen

Die in Kapitel 7.1.2.2 aufgezählten Informationen werden in der Regel von Dritten bezogen und sollten daher vom Hersteller auf deren **Qualität und Vertrauenswürdigkeit untersucht** werden.[120] Der Hersteller sollte jedes Dokument, das ihm von seinem Zulieferer oder von einer dritten Partei übermittelt wurde, lesen und daraufhin beurteilen, ob es im ausreichenden Maße die Einhaltung der Stoffbeschränkungen dokumentiert. Erst dann können die erhaltenen Dokumente Einzug in die eigene technische Dokumentation finden. Dabei muss die Beurteilung in Abhängigkeit der erhobenen Informationen vorgenommen werden.

Zuliefererklärung bzw. vertragliche Vereinbarung:

Bei der Zuliefererklärung bzw. vertraglichen Vereinbarung muss darauf geachtet werden, dass mindestens folgende Angaben enthalten sind:

- Die Bestätigung, dass die beschränkten Stoffe nicht über den Grenzwerten in dem jeweiligen Material, Bauteil und/oder Baugruppe enthalten sind. Bei Inanspruchnahme einer verwendungsspezifischen Ausnahme muss diese benannt werden.
- Aus der Zuliefererklärung bzw. vertraglichen Vereinbarung muss ersichtlich sein, welche Materialien, Bauteile und/oder Baugruppen der Zulieferer für sein Produkt verwendet hat, um die Rückverfolgbarkeit zu gewährleisten.[121]

Materialdeklaration:

Die Materialdeklaration sollte dahingehend überprüft werden, ob sie die in der IEC 62474:2012 geforderten Informationen enthält. Dazu gehören insbesondere die Identifikation des entsprechenden Bauteils sowie die Angabe des deklarationspflichtigen Stoffes/Stoffgruppe samt dazugehörigem Masseanteil. Weiterhin sollte darauf geachtet werden, dass die Deklaration keinen Haftungsausschluss enthält.[122]

Analytische Testergebnisse:

In vielen Fällen wird die Konformität mit den Stoffbeschränkungen der RoHS 2011/65/EU durch analytische Testreports nachgewiesen. Sie stellen das

---

120 Gem. Kapitel 4.3.4 „Beurteilung der Informationen" der EN 50581:2012.

121 *Turnbull*, Guide to Using BOMcheck and EN 50581 to Comply with RoHS2 Technical Documentation Requirements, S. 16. Juni 2015.

122 Ebenda.

sicherste Mittel dar, den Nachweis der Einhaltung der Grenzwerte bezogen auf ein Produkt, Material, Bauteil und/oder Baugruppe gegenüber den Marktaufsichtsbehörden nachzuweisen. Es ist jedoch risikobehaftet, sich ohne eigene Beurteilung auf die vom Zulieferer zur Verfügung gestellten Testergebnisse zu verlassen und diese in die eigene technische Dokumentation zu übernehmen.

Um eine Beurteilung der Qualität und Vertrauenswürdigkeit des erhaltenen Testreports vorzunehmen, sollte der Report in Englisch, Deutsch oder einer anderen im Unternehmen verständlichen **Sprache** abgefasst sein. In der Praxis sind viele analytische Testergebnisse mindestens teilweise in Chinesisch verfasst, was einer entsprechenden Beurteilung im Weg stehen kann.[123] Außerdem sollte darauf geachtet werden, dass das Labor nach **DIN EN ISO/IEC 17025**[124] akkreditiert ist. Des Weiteren sollte überprüft werden, ob der Testreport aktuell ist. Abschließend muss eine Untersuchung vorgenommen werden, ob die **Ergebnisse** des Testreports wirklich alle entsprechenden Materialien, Bauteile und/ oder Baugruppen erfassen und die Einhaltung der Konzentrationshöchstwerte der jeweiligen Stoffe bestätigen.[125]

Nach Abschluss der Beurteilung zu der Qualität und Vertrauenswürdigkeit der erhaltenen Informationen können die erhaltenen Dokumente entweder in die technische Dokumentation übernommen werden oder es müssen bei Vorliegen von Zweifeln an der Qualität und Vertrauenswürdigkeit weitere Maßnahmen ergriffen werden, um die Konformität nachzuweisen. Dazu können beispielsweise die Anforderung zusätzlicher Informationen vom Zulieferer gehören, die Beauftragung einer eigenen Laboranalyse oder ein Lieferantenaudit.

Die Untersuchung der erhaltenen Informationen sollte Teil eines standardisierten Prozesses innerhalb des eigenen Unternehmens sein und ggf. in ein bestehendes Managementsystem integriert werden. Die EN 50581:2012 verweist bzgl. der Beurteilung von Informationen auf den technischen Report **IEC/TR 62476**[126], der einen Rahmen für die Anwendung von international akzeptieren Normen, Werkzeugen und Methoden darstellt, um Elektro- und Elektronikgeräte hinsichtlich beschränkter Stoffe zu beurteilen. Die Norm kann als

123 RoHS Guidance Producer Support Booklet, hrsg. v. National Measurement Office (Marktüberwachungsbehörde des Vereinigten Königreichs), S. 3, 2010.

124 DIN EN ISO/IEC 17025:2005-08 „Allgemeine Anforderungen an die Kompetenz von Prüf- und Kalibrierlaboratorien". Die Norm befindet sich derzeit in Überarbeitung.

125 *Turnbull*, Guide to Using BOMcheck and EN 50581 to Comply with RoHS2 Technical Documentation Requirements, S. 20, Juni 2015.

126 IEC/TR 62476:2010 „Leitlinie zur Beurteilung von Produkten hinsichtlich Anwendungsbeschränkungen von Substanzen in elektrischen und elektronischen Produkten".

Hilfestellung herangezogen werden, einen Prozess zur Beurteilung der Qualität und Vertrauenswürdigkeit der erhaltenen Dokumente im eigenen Unternehmen zu implementieren.

7.1.3 Informationen zum Zusammenhang der Dokumente und den Materialien/Bauteilen und -gruppen

In Kapitel 4.2 der Norm EN 50581:2012 werden als weiterer Bestandteil der technischen Dokumentation Informationen verlangt, die den Zusammenhang zwischen den erstellten und bezogenen Dokumenten und den entsprechenden Materialien, Bauteilen und/oder Baugruppen des Produkts aufzeigen. Da die Dokumente in der Praxis zu einem großen Teil von externen Quellen bezogen werden, die ggf. andere Bezeichnungen verwenden, ist eine Zuordenbarkeit zu den eigenen Produkten oder Bauteilen/Baugruppen nicht immer gegeben. Daher sollte überprüft werden, ob beispielsweise gegenüber Marktüberwachungsbehörden ein schlüssiger Zusammenhang zwischen den Dokumenten und den Materialien, Bauteilen und/oder Baugruppen nachgewiesen werden kann. Das kann mithilfe von eindeutigen **Identifikationsmerkmalen** sichergestellt werden, die von den Dokumenten auf die jeweiligen Materialien, Bauteile und/oder Baugruppen verweisen.

7.1.4 Aufstellung der verwendeten Normen/Spezifikationen

Ein Bestandteil der technischen Dokumentation sollte des Weiteren eine Aufstellung der verwendeten Normen und Spezifikationen sein, die zur Erstellung der Dokumente zu Materialien/Bauteilen und -gruppen herangezogen worden sind.[127]

Der Zusammenhang der einzelnen in diesem Kapitel beschriebenen Anforderungen und den dazugehörigen Normen kann Abbildung 6 entnommen werden.

127 So auch Kapitel 4.2 der EN 50581:2012.

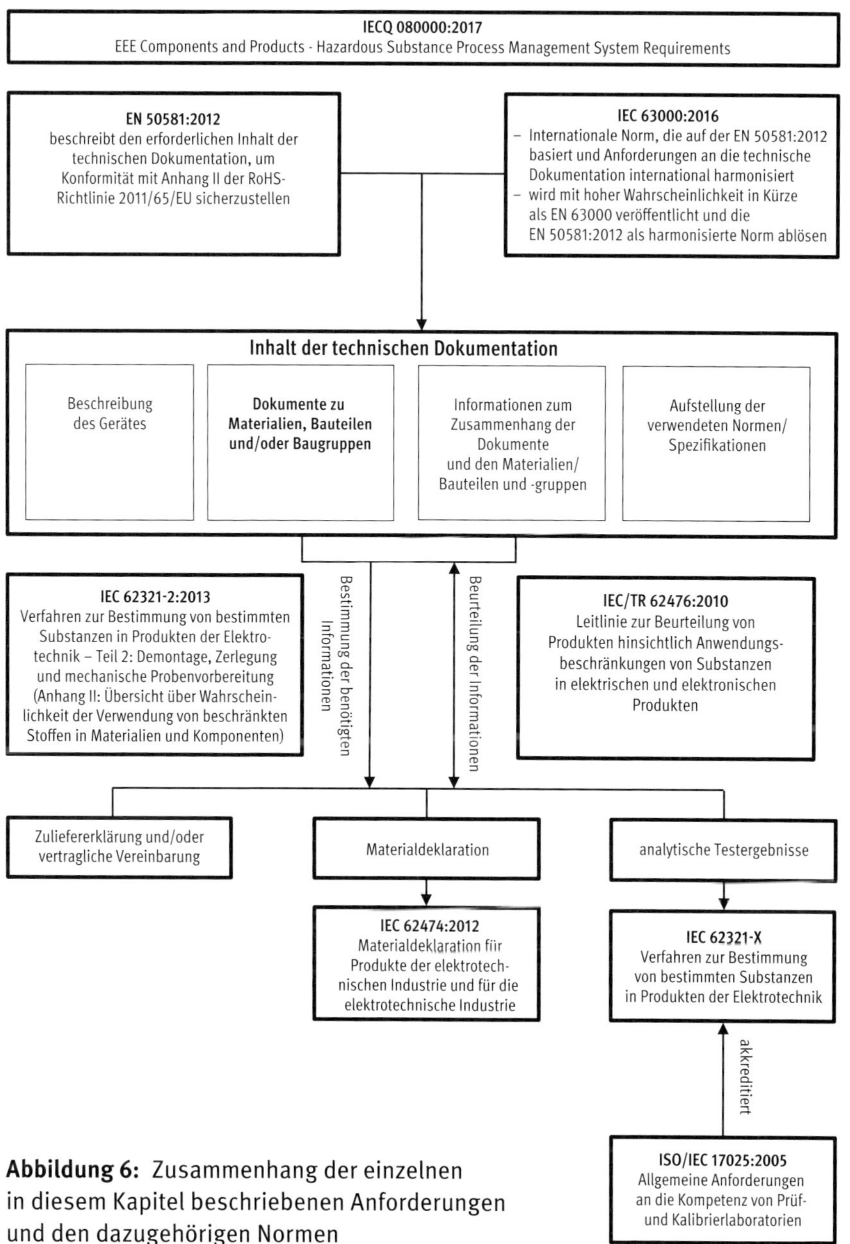

Abbildung 6: Zusammenhang der einzelnen in diesem Kapitel beschriebenen Anforderungen und den dazugehörigen Normen

7.1.5 Überprüfung der technischen Dokumentation

Eine weitere Verpflichtung der Hersteller ist es, gem. Art. 7 lit. e) der RoHS 2011/65/EU die Konformität bei Serienfertigung sicherzustellen. Das beinhaltet die Änderung der technischen Dokumentation im Fall von Änderungen an Materialien, Bauteilen oder Baugruppen. Solche Änderungen können auftreten, wenn Teile von einem neuen (Unter-)Lieferanten bezogen werden und/oder sich das Design des Geräts verändert.

In dem Fall muss die Komponentenliste der im eigenen Endprodukt enthaltenen Teile (BOM) auf den neuesten Stand gebracht werden. Für die neu hinzugekommenen Materialien, Bauteile und/oder Baugruppen muss anschließend eine Risikobewertung des Materials und ggf. eine Neubewertung der Vertrauenswürdigkeit des Lieferanten vorgenommen werden (siehe Kapitel 7.1.2.1). Auf Grundlage dieser Beurteilung müssen dann die entsprechenden Informationen erhoben werden (siehe Kapitel 7.1.2.2).[128]

Die Überprüfung der technischen Dokumentation sollte regelmäßig vorgenommen werden, um sicherzustellen, dass sie laufend auf dem neusten Stand ist.[129]

7.2 Best Practice im Unternehmen

Die Einhaltung der stoffrechtlichen Anforderungen für die eigenen Produkte stellt für die verantwortlichen Personen eine große Herausforderung dar. Es müssen nicht nur die Stoffbeschränkungen des Anhang II der RoHS 2011/65/EU beachtet werden, sondern eine Vielzahl weiterer stoffbezogener Gesetze.[130] Noch schwieriger wird es, wenn der Warenvertrieb in Drittstaaten erfolgt und die dort geltenden Vorschriften ermittelt und umgesetzt werden müssen.[131]

Daher sollten im eigenen Unternehmen Prozesse eingeführt werden, die nachhaltig und dauerhaft die Konformität mit den stoffrechtlichen Anforderungen sicherstellen. Wichtig ist in diesem Zusammenhang, alle beteiligten **Abteilungen** in den Prozess zu integrieren. Die **Entwicklung** sollte bereits entsprechend unterwiesen sein und beim Design der eigenen Geräte darauf achten, dass

128 *Turnbull*, Guide to Using BOMcheck and EN 50581 to Comply with RoHS2 Technical Documentation Requirements, S. 23, Juni 2015.

129 Siehe Kapitel 4.3.5 der EN 50581:2012.

130 Neben den Stoffbeschränkungen durch die RoHS 2011/65/EU bestehen in der EU u. a. auch Stoffbeschränkungen und Deklarationspflichten aufgrund der REACH-Verordnung (EG) Nr. 1907/2006.

131 Beispielsweise California Assembly Bill No. 826 – Perchlorate Contamination Prevention Act vom 01.07.2006.

keine Notwendigkeit zur Verwendung von Teilen besteht, die typischerweise beschränkte Stoffe enthalten. In der **Produktion** muss darauf geachtet werden, dass keine Teile oder Prozesschemikalien (z.B. Schmierstoffe) zum Einsatz kommen, die einem Verbot oder einer gesetzlichen Beschränkung unterliegen. Der **Einkauf** sollte nur bei Zulieferern bestellen, die ein hohes Maß an Vertrauenswürdigkeit bei der Umsetzung von stoffrechtlichen Anforderungen besitzen und dies durch entsprechende Dokumentation nachweisen können. Zusätzlich sollte bereits im Lastenheft bzw. in den Lieferbedingungen festgelegt sein, welche stoffrechtliche Beschaffenheit die Materialien, Bauteile und/oder Baugruppen besitzen müssen. Der **Vertrieb** muss dahingehend geschult werden, dass der Verkauf der Produkte in zusätzliche Regionen oder Länder neue stoffrechtliche Anforderungen mit sich bringen kann, die vor dem Abschluss des Kaufvertrags ermittelt werden müssen. Die **Qualitätssicherung** oder die für Environmental Compliance zuständige Fachabteilung sollte die entsprechenden Anforderungen ermitteln und sicherstellen, dass diese auf dem neusten Stand gehalten werden und den jeweiligen Fachabteilungen zur Verfügung gestellt werden. Eine Möglichkeit, das sicherzustellen, ist, verpflichtende **Leitfäden** für die einzelnen Abteilungen zu erstellen. Für die **Lieferkettenkommunikation** existieren auch Softwarelösungen, die bei der Beurteilung von Dokumenten und Lieferanten eine Hilfestellung sein können. Das alles sollte mit Unterstützung und Kenntnis der **Unternehmensleitung** durchgeführt werden, da diese letztendlich dafür verantwortlich ist, rechtskonforme Produkte in den Verkehr zu bringen.[132]

Zur Integration der erforderlichen Prozesse in den jeweiligen Fachabteilungen sollte zuallererst eine **Analyse der Ist-Situation** und der unternehmensspezifischen Anforderungen vorgenommen werden. Auf Basis dieser Analyse können die Schwachstellen ermittelt werden und Verbesserungsvorschläge mit festen Meilensteinen und Verantwortlichkeiten umgesetzt werden.[133]

Eine praktische Hilfe stellen dabei **Checklisten** dar, die die jeweiligen Aufgaben und Zuständigkeiten festhalten. Alternativ kann auf ein **Managementsystem** zurückgegriffen werden. Die Internationale Elektrotechnische Kommission (IEC) hat auf Grundlage der **ISO 9001** das sogenannte IEC Quality Assessment System for Electronic Components (**IECQ QC 080000**[134]) entwickelt, welches u.a für

132 Zu den einzelnen Verantwortlichkeiten im Unternehmen siehe auch *Loerzer/Schacht*, Konformitätsverantwortung, S. 45 ff.

133 *Nieser*, Leitfaden zur Umsetzung von ROHS II gem. DIN EN 50581, S. 11.

134 IECQ 080000:2017 „Electrical and Electronic Components and Products – Hazardous Substance Process Management System Requirements".

Hersteller und Zulieferer Vorgaben zur Erstellung eines **Managementsystems** zur Identifikation, Kontrolle und Quantifizierung von gefährlichen Stoffen in EEE macht.

Eine weitere Alternative der Sicherstellung der stoffrechtlichen Anforderungen in der Lieferkette ist die Erstellung einer **Unternehmensnorm**. Viele Unternehmen der Elektroindustrie[135] nutzen dieses Instrument, um die Material Compliance der eigenen Produkte zu gewährleisten. Eine solche Norm definiert typischerweise die stoffrechtlichen Vorgaben gegenüber Lieferanten. Der Aufbau sollte sich insbesondere an den gesetzlichen Anforderungen orientieren und könnte wie folgt aussehen:

1) **Einleitung:** Beschreibung des Zwecks der Norm
2) **Anwendungsbereich:** genaue Beschreibung, auf welche zugelieferten Teile und Materialien die Norm Anwendung findet
3) **Definitionen:** Definition der in der Norm verwendeten Begrifflichkeiten (homogenes Material, CAS-Nummer, PPM, FMD etc.)
4) **Liste der beschränkten und/oder verbotenen Stoffe:** Aufzählung der beschränkten und/oder verbotenen Stoffe mit den dazugehörigen Konzentrationshöchstwerten sowie der Gesetzesreferenz. Neben den stoffrechtlichen Anforderungen für EEE können hier auch Vorgaben für Verpackungen oder Batterien definiert werden. Weiterhin sollte in diesem Kapitel definiert werden, für welche Stoffe und Materialien analytische Tests verlangt werden
5) **Liste der zukünftig beschränkten und/oder verbotenen Stoffe:** Aufzählung der zukünftig beschränkten und/oder verbotenen Stoffe mit den dazugehörigen Konzentrationshöchstwerten, der Gesetzesreferenz sowie des Datums des Inkrafttretens. Dies dient insbesondere dazu, die Zulieferer über zukünftige Entwicklungen zu informieren
6) **Schlussbestimmungen:** Kontakt, Gültigkeit, unternehmensspezifische Bestimmungen
7) **Anhang:** Begriffsbestimmungen, Abkürzungen, referenzierte Dokumente und Gesetze

135 Z. B. Philips Regulated Substances List, Version 9 vom 15.05.2017, http://www.philips.com/b-dam/corporate/about-philips/sustainability/sustainable-planet/green-operations/chemicals-management/rsl.pdf, zuletzt abgerufen am 23.07.2017; Sony Management Regulations for the Environment-related substances to be controlled which are included in parts and materials (SS-00259), 15. Edition vom 01.03.2017, https://www.sony.net/SonyInfo/procurementinfo/ss00259/ss_00259ec_General_use_15EC.pdf, zuletzt abgerufen am 23.07.2017.

Aufgrund der sich schnell ändernden internationalen Chemikaliengesetzgebung muss ein solcher Standard in vorher fest definierten Zyklen überarbeitet bzw. auf dem neuesten Stand gehalten werden. Des Weiteren empfiehlt es sich, die Norm auf Englisch zu erstellen und zum Bestandteil der Lieferantenverträge zu machen.

8 Berührungspunkte der RoHS 2011/65/EU mit der REACH-Verordnung (EG) Nr. 1907/2006

Carsten Ebeling

Die REACH-Verordnung (EG) Nr. 1907/2006 legt Anforderungen an die Registrierung, Bewertung, Zulassung und Beschränkung von Chemikalien fest und hat den Zweck, das Stoffrecht europaweit zu harmonisieren. Ziel der Verordnung ist es u. a., negative Auswirkungen von Chemikalien auf Mensch und Umwelt zu vermeiden und den Wissensstand zu denen in der EU verwendeten Stoffen zu verbessern. Die Verordnung sieht dafür verschiedene Bewertungsverfahren[136] vor, aus denen sich je nach Risiko für die menschliche Gesundheit und/oder Umwelt weitergehende Maßnahmen ergeben können.

Wird eine Substanz als **besonders besorgniserregender Stoff (SVHC)** identifiziert, wird sie von der Europäischen Chemikalienagentur (ECHA) in die sogenannte **Kandidatenliste**[137] aufgenommen. Stoffe, die auf der Kandidatenliste stehen, dürfen zwar erst einmal weiter hergestellt, verarbeitet, verwendet oder in den Verkehr gebracht werden. Für Hersteller gehen damit jedoch gem. Art. 33 REACH-Verordnung (EG) Nr. 1907/2006 bestimmte Informationspflichten einher. Nachgeschaltete Anwender sowie Verbraucher können zum Zweck der sicheren Verwendung von Herstellern und Importeuren Auskunft verlangen, ob ein SVHC in einer Konzentration von mehr als 0,1 Massenprozent in einem Erzeugnis enthalten ist. Hier ergibt sich der **erste Berührungspunkt** der RoHS 2011/65/EU mit der REACH-Verordnung (EG) Nr. 1907/2006. Um dieser Pflicht nachzukommen, müssen Hersteller von ihren Lieferanten Informationen darüber erheben, ob ein SVHC in einer höheren Konzentration als 0,1 % in den zugelieferten Materialien, Bauteilen und/oder Baugruppen zu finden ist. Dazu kann bzgl. der SVHC dieselbe Lieferanten- und Materialbewertung vorgenommen werden, wie sie für die von der RoHS 2011/65/EU beschränkten Stoffe durchgeführt wird (siehe Kapitel 7).[138]

Ist ein Stoff in der Kandidatenliste aufgenommen worden, kann er am Ende eines mehrstufigen Prozesses in Anhang XIV der REACH-Verordnung (EG) Nr. 1907/2006 überführt werden, womit er der Zulassungspflicht unterliegt. Neben dem beschriebenen Zulassungsverfahren[139] sieht die REACH-Verordnung

136 Dossierbewertung gem. Art. 40–43 und Stoffbewertung gem. Art. 44 – 28 REACH-VO (EG) Nr. 1907/2006.

137 https://echa.europa.eu/de/candidate-list-table, zuletzt abgerufen am 30.07.2017.

138 Beispielsweise Materialdeklaration anhand einer Stoffliste (IEC 62474:2012).

139 Zum Zulassungsverfahren siehe detailliert *Führ*, ZUR 2014, 270, 274.

(EG) Nr. 1907/2006 auch die **Beschränkung** der Herstellung, des Inverkehrbringens und der Verwendung bestimmter gefährlicher Stoffe, Gemische und Erzeugnisse vor. Die beschränkten Stoffe sind in Anhang XVII der REACH-Verordnung (EG) Nr. 1907/2006 aufgelistet. An dieser Stelle ergibt sich der **zweite Berührungspunkt** der RoHS 2011/65/EU mit der REACH-Verordnung. Gem. Art. 6 Abs. 1 der RoHS 2011/65/EU nimmt die Europäische Kommission regelmäßig eine **Überprüfung** und in der Folge **Änderungen**[140] der Liste der beschränkten Stoffe in Anhang II der RoHS 2011/65/EU vor.[141] Diese soll im Einklang mit anderen Rechtsvorschriften über chemische Stoffe, insbesondere mit den Anhängen XIV (Zulassung) und XVII (Beschränkung) der REACH-Verordnung erfolgen. Die Überprüfung stützt sich dabei auf öffentlich zugängliche Informationen, die infolge der Bewertungsverfahren der REACH-Verordnung verfügbar sind. Die ab dem 22.07.2019 durch Anhang II der RoHS 2011/65/EU beschränkten Stoffe DEHP, BBP, DBP und DIBP[142] wurden von der REACH-Verordnung als besonders besorgniserregende Stoffe identifiziert[143] und sind bereits durch Eintrag 51 und 52 in Anhang XVII Beschränkungen[144] sowie dem Zulassungsverfahren nach Anhang XIV REACH-Verordnung unterworfen. Der Anhang II der RoHS 2011/65/EU wurde an dieser Stelle den Erkenntnissen der REACH-Verordnung angepasst.

Des Weiteren berücksichtigt die Europäische Kommission bei Überprüfung und Änderung des Anhang II der RoHS 2011/65/EU, ob ein Stoff

- sich negativ auf die Abfallbewirtschaftung in Bezug auf EEE auswirken könnte
- aufgrund seiner Verwendung bei der Vorbereitung für die Wiederverwendung, das Recycling oder eine andere Behandlung von Werkstoffen aus EEE (Altgeräten) unter den derzeitigen Betriebsbedingungen mit einer unkontrol-

140 Durch delegierte Rechtsakte gem. Art. 6 Abs. 3 RL 2011/65/EU.

141 Zusätzlich können Änderungen auch von einem Mitgliedstaat vorgeschlagen werden, Art. 6 Abs.1 RL 2011/65/EU.

142 Durch die Delegierte Richtlinie (EU) 2015/863 der Kommission vom 31.03.2015 zur Änderung von Anhang II der Richtlinie 2011/65/EU des Europäischen Parlaments und des Rates hinsichtlich der Liste der Stoffe, die Beschränkungen unterliegen, ABl. EU L 137, 04.06.2015, S. 10–12.

143 Inhärente Eigenschaft nach Art. 57 der REACH-Verordnung (EG) Nr. 1907/2006: fortpflanzungsgefährdend (Kategorie 1B).

144 Die Beschränkung betrifft das Inverkehrbringen von Spielzeug und Babyartikeln, die DEHP, BBP und DBP in Konzentrationen von mehr als 0,1 Gewichtsprozent enthalten. DIDP darf nicht als Stoff oder in Gemischen in Konzentrationen von mehr als 0,1 Gewichtsprozent in Spielzeug und Babyartikeln verwendet werden, die von Kindern in den Mund genommen werden können.

lierten oder diffusen Freisetzung des Stoffs in die Umwelt verbunden sein oder zu schädlichen Rückständen oder zu Transformations- oder Zerfallsprodukten führen könnte

- zu einer unannehmbaren Exposition von Arbeitnehmern, die im Bereich der Sammlung oder Behandlung von EEE (Altgeräten) tätig sind, führen könnte;
- durch Substitutionsprodukt oder alternative Technologien ersetzt werden könnte, die weniger negative Auswirkungen haben

Einen Überblick über die Stoffe, die bisher im Auftrag der Europäischen Kommission einer Überprüfung unterzogen wurden, bietet u. a. die Studie des österreichischen Umweltbundesamtes zur Überprüfung der Liste der beschränkten Substanzen unter RoHS 2011/65/EU.[145] Sie gibt Hinweise darauf, welche Stoffe unter Umständen zukünftig in Anhang II der RoHS 2011/65/EU aufgenommen werden und damit einer Beschränkung durch die RoHS 2011/65/EU unterliegen würden (siehe Tabelle 11).

Tabelle 11: Überblick über die in Zukunft potenziell beschränkten Stoffe des Anhang II der RoHS 2011/65/EU[146]

Priorität	Stoff
1	Hexabromocyclododecane (HBCDD)[147]
	Tris(2-chloroethyl)-phosphate (TCEP)
	Dibromo-neopentyl-glycol
	2,3-Dibromo-1-propanol (Dibromo-propanol)
2	Antimontrioxid
	Diethyl-phthalate (DEP)
	Tetrabromobisphenol A
	MCCP (medium chained chlorinated paraffins)

145 Study for the review of the list of restricted substances under RoHS 2 des Umweltbundesamt Österreichs, hrsg. von der Generaldirektion Umwelt der Europäischen Kommission, 21.10.2015, S. 12.

146 Die bereits durch die Delegierte Richtlinie (EU) 2015/863 in den Anhang II der RL 2011/65/EU aufgenommen Stoffe DEHP, BBP, DBP und DIBP sind nicht in der Tabelle enthalten.

147 Bereits aufgenommen in Verordnung (EG) Nr. 850/2004 des Europäischen Parlaments und des Rates vom 29.04.2004 über persistent organische Schadstoffe und zur Änderung der Richtlinie 79/117/EWG, ABl. EG L 158 vom 30.04.2004, S. 7. Daher wahrscheinlich keine Aufnahme in den Anhang II der RL 2011/65/EU vorgesehen.

Priorität	Stoff
3	Polyvinylchlorid (PVC)[148]
4	Nickel sulphate
	Nickel bis(sulfamidate); Nickel sulfamate
	Beryllium metal
	Beryllium oxide (BeO)
	Indium phosphide
5	Di-arsenic pentoxide; (i.e. Arsenic pentoxide; Arsenic oxide)
	Di-arsenic trioxide
	Cobalt dichloride
	Cobalt sulphate
6	Cobalt metal
	Nonylphenol

148 So auch *Ahlhaus/Woschech*, CE-Newsletter, 9/2011, Kapitel II.

9 Verwendungsspezifische Ausnahmen

Carsten Ebeling

Die RoHS 2011/65/EU sieht für bestimmte Verwendungszwecke Ausnahmen von den Stoffbeschränkungen des Anhang II[149] vor, welche in Anhang III und IV aufgeführt sind. Das bedeutet, dass einige Stoffe ungeachtet der eigentlichen Beschränkung für bestimmte Verwendungen weiterhin genutzt werden können oder in einer höheren Konzentration[150] verwendet werden dürfen. Hintergrund dieser Regelung ist, dass aufgrund des breiten Anwendungsspektrums der RoHS 2011/65/EU auf nahezu alle EEE bestimmte Geräteanwendungen ohne die verwendungsspezifischen Ausnahmen in ihrer Existenz bedroht wären, da für sie aus wissenschaftlicher und technischer Sicht **keine geeigneten Alternativen (Substitute)** verfügbar sind.[151] So dürfen beispielsweise einseitig gesockelte (Kompakt-)Leuchtstofflampen mangels geeigneter Substitute weiterhin eine höhere Quecksilberkonzentration als 0,1 % pro homogenen Werkstoff enthalten.[152]

Nimmt ein Hersteller eine der in Anhang III und IV der RoHS 2011/65/EU aufgeführten Ausnahmen für sein EEE in Anspruch, ist er lediglich von den Stoffbeschränkungen des Anhang II befreit. Es entbindet ihn nicht von der **Pflicht**, die **technischen Unterlagen** zu erstellen und eine **interne Fertigungskontrolle** durchzuführen. Ebenfalls muss in diesem Fall die **CE-Kennzeichnung** angebracht werden und eine **EU-Konformitätserklärung** erstellt werden. Auf Letzterer müssen die in Anspruch genommenen Ausnahmen jedoch nicht aufgezählt werden. Allerdings sollte in der beiliegenden Dokumentation darauf hingewiesen werden, dass das Gerät für die ausgenommene Verwendung vorgesehen ist.[153]

9.1 Gültigkeit der verwendungsspezifischen Ausnahmen

Anhang III der Richtlinie listet die verwendungsspezifischen Ausnahmen für alle Gerätekategorien des Anhang I der RoHS 2011/65/EU auf, Anhang IV dagegen lediglich Ausnahmen für die Gerätekategorien 8 (medizinische Geräte) und 9 (Überwachungs- und Kontrollinstrumente).[154] Die dort genannten Ausnahmen

149 Gem. Art. 4 Abs. 6 RoHS 2011/65/EU.

150 Als in Anhang II der RoHS 2011/65/EU festgelegt.

151 Definition der Verfügbarkeit eines Substitutionsprodukts siehe Art. 3 Nr. 25 RoHS 2011/65/EU.

152 Siehe dazu Anhang III Nr. 1 RoHS 2011/65/EU.

153 *Ahlhaus/Mayer*, StoffR 5 2011, 209, 212.

154 Einen Überblick über die unterschiedlichen Gerätekategorien bietet Kapitel 4.2.

sind jedoch **zeitlich begrenzt**, auch wenn in den Anhängen oftmals kein Auslaufdatum angegeben wird. Sie haben gem. Art. 5 Abs. 2 RoHS 2011/65/EU eine allgemeine **Geltungsdauer** von bis zu **fünf Jahren** für die Gerätekategorien 1 bis 7, 10 und 11 und von bis zu **sieben Jahren** für die Kategorien 8 und 9 (ab dem jeweiligen Inkrafttreten der entsprechenden Gerätekategorie). Wird eine bestehende Ausnahme aufgrund eines Antrages erneuert, sind die in Art. 5 Abs. 2 UAbs. 2 RoHS 2011/65/EU genannten Fristen maßgeblich.[155] Die Geltungsdauer einer Ausnahme kann jedoch auch **individuell festgelegt werden**. Außerdem können Ausnahmen im Hinblick auf den wissenschaftlichen und technologischen Fortschritt auch vor Ende des Auslaufdatums **zurückgezogen** werden.

Einen Überblick über die allgemeine Gültigkeitsdauer der einzelnen Gerätekategorien gibt Abbildung 7.

Exemptions / EEE categories	Exemptions listed in Annex III as at 21 July 2011		Exemptions listed in Annex IV as at 21 July 2011	
	Expiry date specified	No expiry date specified	Expiry date specified	No expiry date specified
Categories 1 to 7 and 10	22 July 2011–specified date	22 July 2011–21 July 2016	not applicable	not applicable
Categories 8 and 9 general	22 July 2014–specified date	22 July 2014–21 July 2021	22 July 2014–specified date	22 July 2014–21 July 2021
Category 8 in vitro	22 July 2016–specified date	22 July 2016–21 July 2023	22 July 2016–specified date	22 July 2016–21 July 2023
Category 9 industrial	22 July 2017–specified date	22 July 2017–21 July 2024	22 July 2017–specified date	22 July 2017–21 July 2024

Abbildung 7: Allgemeine Gültigkeit der verwendungsspezifischen Ausnahmen in Anhängigkeit der Gerätekategorie[156]

155 Bei den in Art. 5 Abs. 2 UAbs. 2 RL 2011/65/EU genannten Fristen ist für Kategorie 11 keine maximale Geltungsdauer genannt, weshalb der Vorschlag der EU-Kommission für eine Richtlinie des Europäischen Parlaments und des Rates zur Änderung der Richtlinie 2011/65/EU zur Beschränkung der Verwendung bestimmter gefährlicher Stoffe in Elektro- und Elektronikgeräten, 26.01.2017, COM (2017) 38 final für Kategorie 11 höchstens fünf Jahre ab dem 22.07.2019 als erneuerbare Geltungsdauer vorsieht.

156 Aus RoHS 2 FAQ der Europäischen Union, hrsg. v. der Generaldirektion Umwelt der Europäischen Kommission, 12.12.2012, S. 26.

EXPERTENTIPP

Ein Großteil der in Anhang III genannten Ausnahmen mit Ablaufdatum 21.07.2016 (Kategorien 1–7 und 10) ist immer noch gültig, da die Europäische Kommission noch nicht über deren Erneuerung entschieden hat. Selbst bei einer Ablehnung läuft die Ausnahme frühestens 12 Monate und spätestens 18 Monate nach dem Datum der Entscheidung aus. Es empfiehlt sich, die von der Europäischen Kommission zu erwartenden Entscheidungen zu beobachten, um im Fall einer Ablehnung die erforderlichen Maßnahmen schnellstmöglich umzusetzen.

9.2 Antrag auf Erteilung, Erneuerung oder Widerruf einer Ausnahme

Vor **Ablauf einer bestehenden Ausnahme** kann vom Hersteller, Bevollmächtigten oder einem Wirtschaftsakteur in der Lieferkette bei der Europäischen Kommission[157] ein **Antrag auf Erneuerung** eingereicht werden.[158] Die Kommission entscheidet gem. Art. 5 Abs. 5 UAbs. 2 Satz 1 RoHS 2011/65/EU spätestens sechs Monate vor Auslaufen einer bestehenden Ausnahme über einen Antrag auf Erneuerung der Ausnahme, es sei denn, eine andere Frist ist aufgrund besonderer Umstände gerechtfertigt. In der Praxis hat sich diese Frist als zu kurz herausgestellt, weshalb der aktuelle Vorschlag der EU-Kommission zur Änderung der RoHS 2011/65/EU[159] vorsieht, die Frist zu streichen, sodass die bestehende Ausnahme so lange gültig bleibt, bis die Kommission über den Antrag auf Erneuerung entschieden hat. Substanziell geht damit jedoch keine Veränderung einher, da auch bisher die bestehenden Ausnahmen so lange gültig blieben, bis die Kommission eine Entscheidung getroffen hatte.

Weiterhin besteht die Möglichkeit, Anträge auf **Gewährung** oder **Widerruf** einer Ausnahme bei der Kommission zu stellen.

157 RoHS Policy Officer, European Commission DG ENVIRONMENT Unit ENV/A2 Waste Management und Recycling, Avenue de Beaulieu (BU) 9 05/106, B-1160 Brussels/Belgium, E-Mail: ENV-ROHS@ec.europa.eu.

158 Ein Antrag auf Erneuerung einer Ausnahme muss spätestens 18 Monate vor Auslaufen der Ausnahme gestellt werden, Art. 5 Abs. 5 RoHS 2011/65/EU.

159 Vorschlag der EU-Kommission für eine Richtlinie des Europäischen Parlaments und des Rates zur Änderung der Richtlinie 2011/65/EU zur Beschränkung der Verwendung bestimmter gefährlicher Stoffe in Elektro- und Elektronikgeräten, 26.01.2017, COM (2017) 38 final.

Die Anträge müssen gem. Anhang V der RoHS 2011/65/EU folgende Angaben enthalten:

- Namen, Anschrift und Kontaktdaten des Antragstellers
- Angaben über den Werkstoff oder das Bauteil und die spezifischen Verwendungen des Stoffes im Werkstoff oder Bauteil, für den eine Ausnahme bzw. dessen Widerruf beantragt wird, sowie über seine besonderen Eigenschaften
- eine überprüfbare und belegte Begründung für eine Ausnahme oder deren Widerruf, in Übereinstimmung mit den gem. Art. 5 RoHS 2011/65/EU festgelegten Bedingungen
- eine am Lebenszykluskonzept ausgerichtete Analyse möglicher alternativer Stoffe, Werkstoffe oder Designs, einschließlich – soweit verfügbar – Informationen über unabhängige wissenschaftliche Untersuchungen, nach dem Peer-Review-Verfahren erstellte Studien und die Entwicklungstätigkeiten des Antragstellers sowie eine Analyse der Verfügbarkeit solcher Alternativen
- Informationen zur möglichen Vorbereitung von Werkstoffen aus EEE (Altgeräten) zur Wiederverwendung oder zum Recycling und zu den Vorschriften über die angemessene Behandlung von Abfällen gem. Anhang VII der Richtlinie 2012/19/EU
- sonstige relevante Informationen
- die vorgeschlagenen Schritte zur Entwicklung, zur Anforderung der Entwicklung und/oder zur Verwendung möglicher Alternativen einschließlich eines Zeitplans für solche Schritte durch den Antragsteller
- ggf. die Angabe der Informationen, die als proprietär angesehen werden sollten, wobei eine nachprüfbare Begründung zu geben ist
- bei der Beantragung einer Ausnahme, einen Vorschlag für einen präzisen und eindeutigen Wortlaut der Ausnahme
- eine Zusammenfassung des Antrags

Das Antragsformular kann auf der Seite der Europäischen Kommission abgerufen werden.[160]

160 http://ec.europa.eu/environment/waste/rohs_eee/pdf/RoHS_V_Application_Form.docx, zuletzt abgerufen am 23.07.2017.

Die Europäische Kommission nimmt selbst keine fachliche Bewertung der Anträge vor, sondern mandatiert Forschungseinrichtungen mit der Bearbeitung.[161] Diese geben auf Grundlage festgelegter Kriterien eine Empfehlung ab, ob eine Ausnahme gewährt, verlängert oder widerrufen werden kann. Die Kriterien sind in Art. 5 Abs. 1 der RoHS 2011/65/EU festgelegt und können dem Ablaufdiagramm in Abbildung 8 entnommen werden.

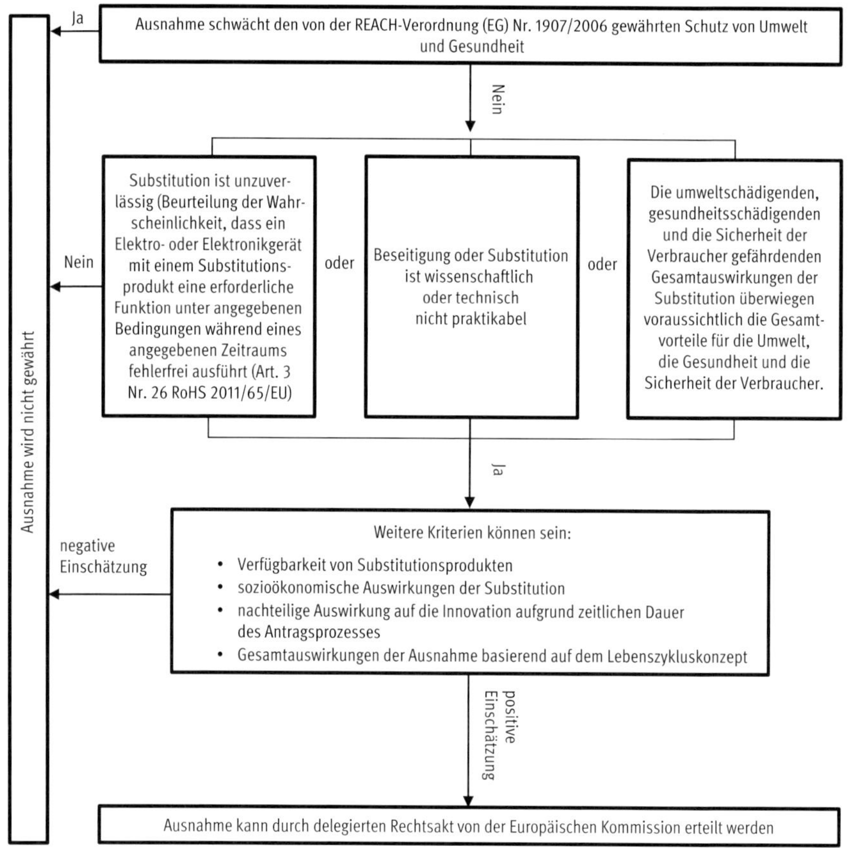

Abbildung 8: Entscheidungsdiagramm zur Erteilung einer verwendungsspezifischen Ausnahme durch die Europäische Kommission

161 Fraunhofer-Institut für Zuverlässigkeit und Mikrointegration (IZM) und Institut für angewandte Ökologie e. V.

Die Europäische Kommission trifft dann auf Basis der Empfehlung eine Entscheidung über Gewährung, Verlängerung oder Widerruf einer Ausnahme und erlässt ggf. einen delegierten Rechtsakt gem. Art. 5 Abs. 1 RoHS 2011/65/EU. Wird der Antrag auf Erneuerung einer Ausnahme abgelehnt oder wird eine Ausnahme widerrufen, läuft die Ausnahme frühestens 12 Monate und spätestens 18 Monate nach dem Datum der Entscheidung aus (Art. 5 Abs. 6 RoHS 2011/65/EU). Alle Anträge, Berichte und Bewertungen sowie die dazugehörigen Empfehlungen sind auf der Webseite des Öko-Instituts e.V. abrufbar.[162]

162 http://rohs.exemptions.oeko.info/index.php?id=127, zuletzt abgerufen am 22.07.2017.

10 Risiken bei Verstößen gegen die gesetzlichen Anforderungen

Carsten Ebeling

Ordnungsbehördliche Sanktionen bei Verstößen gegen die RoHS 2011/65/EU sind in der deutschen Umsetzung der Richtlinie (ElektroStoffV) geregelt. Daneben bestehen beim Inverkehrbringen von nicht-konformen Geräten auch wettbewerbsrechtliche Risiken aus dem Gesetz gegen den unlauteren Wettbewerb (UWG).

10.1 ElektroStoffV

Zuwiderhandlungen gegen die ElektroStoffV sind gem. § 14 Ordnungswidrigkeiten und werden mit **Bußgeld** sanktioniert. Bei einem vorsätzlichen oder fahrlässigen Verstoß gegen die Stoffverbote[163] kann ein Bußgeld von bis zu 100 000 € verhängt werden.[164] Die gleiche Höhe an Bußgeld droht[165], wenn vorsätzlich oder fahrlässig

- keine (ordnungsgemäße) EU-Konformitätserklärung ausgestellt wurde[166]
- vom Hersteller keine Kennzeichnung zur Sicherstellung der Rückverfolgbarkeit (Typen-, Chargen- oder Seriennummer) vorgenommen wurde[167]
- der Name und die Adresse des Herstellers bzw. des Importeurs nicht im Sinne des § 5 Abs. 2 S. 1 bzw. § 7 Abs. 5 ElektroStoffV angegeben sind[168] oder
- den Behörden nicht, nicht vollständig oder nicht rechtzeitig Informationen und Unterlagen zur Verfügung gestellt oder ausgehändigt werden, die erforderlich sind, um die Konformität des in Verkehr gebrachten EEE mit den Anforderungen des § 3 ElektroStoffV nachzuweisen[169]

Der Vollzug der aufgezählten Sanktionen fällt dabei in den Verantwortungsbereich der einzelnen Bundesländer.[170]

163 Gem. § 3 Abs. 1 ElektroStoffV bzw. Anhang II RoHS-Richtlinie 2011/65/EU.

164 Gem. § 14 Abs. 1 ElektroStoffV i. V. m. § 69 Abs. 1 Nr. 8 und Abs. 3 KrWG.

165 Gem. § 14 Abs. 2 ElektroStoffV i. V. m. § 39 Abs. 1 Nr. ProdSG.

166 Gem. § 14 Abs. 2 Nr. 1 i. V. m. § 3 Abs. 2 S. 1 Nr. 3 ElektroStoffV.

167 Gem. § 14 Abs. 2 Nr. 2 i. V. m. § 5 Abs. 1 S. 1 ElektroStoffV.

168 Gem. § 14 Abs. 2 Nr. 3 i. V. m. § 5 Abs. 2 S. 1 bzw. § 7 Abs. 5 ElektroStoffV.

169 Gem. § 14 Abs. 2 Nr. 4 i. V. m. § 5 Abs. 3 S. 1, § 7 Abs. 6 S. 1 oder § 8 Abs. 3 S. 1 ElektroStoffV.

170 In Niedersachsen sind beispielsweise gem. § 4 Abs. 1 Nr. 7 lit. h) ZustVO-Abfall die Gewerbeaufsichtsämter zuständig.

10.2 Gesetz gegen den unlauteren Wettbewerb (UWG)

Hersteller sehen sich bei Zuwiderhandlungen gegen die Anforderungen der RoHS 2011/65/EU nicht nur der Gefahr von Sanktionen durch die ElektroStoffV ausgesetzt, sondern müssen auch mit wettbewerbsrechtlichen Konsequenzen aus dem Gesetz gegen den unlauteren Wettbewerb (UWG) rechnen. Das bedeutet, dass Hersteller bei bestimmten Verstößen gegen die ElektroStoffV von Wettbewerbern oder Verbraucherschutzverbänden auf Beseitigung oder Unterlassung in Anspruch genommen werden können. Praktisch gehen damit erhebliche Risiken für den eigenen Warenvertrieb einher.

Gem. § 8 Abs. 1 UWG kann jemand, der eine **unzulässige (unlautere) geschäftliche Handlung** vornimmt, auf **Beseitigung** und bei Wiederholungsgefahr auf **Unterlassung** in Anspruch genommen werden. Unlauterkeit liegt vor, wenn gegen eine gesetzliche Vorschrift gehandelt wird, die im Interesse der Marktteilnehmer das **Marktverhalten** regelt und der Verstoß geeignet ist, die **Interessen von Verbrauchern, sonstigen Marktteilnehmern oder Mitbewerbern** spürbar zu beeinträchtigen.[171] Das Interesse von Verbrauchern und sonstigen Marktteilnehmern ist dann beeinträchtigt, wenn der Verstoß gegen eine gesetzliche Vorschrift eine informierte und freie geschäftliche Entscheidung beeinflusst.[172] Die deutschen Gerichte haben in einer Reihe von Urteilen bestimmte Produktanforderungen als Wettbewerbsverstöße im Sinne des UWG eingestuft.[173]

Das betrifft formale Anforderungen wie die der **CE-Kennzeichnung**. Sie signalisiert den zuständigen Behörden der Mitgliedstaaten und anderen Marktteilnehmern wie Verbrauchern, dass ein Produkt den EU-Rechtsvorschriften entspricht.[174] Ein Verstoß gegen die CE-Kennzeichnungsanforderungen des § 12 Abs. 2 ElektroStoffV beeinträchtigt nach Ansicht der deutschen Gerichte demnach die geschäftliche Entscheidung des jeweiligen Abnehmers und damit das Marktverhalten.[175]

171 Gem. § 3a UWG.

172 *Köhler/Bornkamm*, § 3a UWG, Rn. 1.98.

173 BGH Urteil vom 21.09.2016 – I ZR 234/15; BGH, GRUR 2015, 672; OLG Düsseldorf, Urteil v.om 24.09.2015 – I-2 U3/15; OLG Köln, Urteil vom 16.08.2013 – 6 U 18/13.

174 Leitfaden für die Umsetzung der Produktvorschriften der Europäischen Union. (Blue Guide), hrsg. v. der Generaldirektion „Binnenmarkt, Industrie, Unternehmertum und KMU“ der Europäischen Kommission, 26.07.2016, S. 59.

175 OLG Köln, Urteil vom 16.08.2013 – 6 U 18/13; OLG Frankfurt a. M., Urteil vom 20.01.2011 – 6 U 203/09.

Gleiches gilt für die **Identifikationskennzeichnung** (Name und Anschrift des Herstellers bzw. des Importeurs[176]). Obwohl diese Angaben gem. dem Blue Guide der Europäischen Kommission in erster Linie an die nationalen Marktüberwachungsbehörden adressiert sind,[177] dient die Kennzeichnung nach Ansicht des deutschen Gesetzgebers u.a. auch Verbraucher- und Verbraucherinnen zur Identifikation des Herstellers/Importeurs zu Zwecken der Kontaktaufnahme.[178] Damit kann die Identifikationskennzeichnung potenziell ebenfalls als Marktverhaltensregel im Sinne des § 3a UWG angesehen werden und die Nichtanbringung als Wettbewerbsverstoß im Sinne des UWG.

Strittig ist, inwieweit die Pflicht des Herstellers zur Erstellung einer **EU-Konformitätserklärung** (§ 11 ElektroStoffV) als Marktverhaltensregel im Sinne des § 3a UWG eingestuft werden kann. Da die EU-Konformitätserklärung gem. § 11 ElektroStoffV lediglich zur Vorlage gegenüber den Marktüberwachungsbehörden vorgehalten werden muss, sind die Interessen von Verbrauchern, sonstigen Marktteilnehmern oder Mitbewerbern nicht direkt beeinträchtigt und eine Geltung des § 3a UWG nicht anzunehmen. Das gilt zumindest hinsichtlich der Verpflichtung zur Erstellung einer EU-Konformitätserklärung nach der RoHS 2011/65/EU. Es existieren jedoch weitere ggf. auf das eigene Produkt anwendbare Vorschriften, nach denen die EU-Konformitätserklärung dem Produkt beizufügen ist.[179] In diesen Fällen stellt nach Meinung deutscher Gerichte[180] die EU-Konformitätserklärung eine Marktverhaltensregel im Interesse von Verbrauchern dar.[181] Das gilt unabhängig davon, ob das Produkt für den B2C- oder B2B-Bereich bestimmt ist.[182]

Ein Wettbewerbsverstoß im Sinne des § 3a UWG ist auch dann anzunehmen, wenn der Schutzzweck einer gesetzlichen Anforderung verletzt wird.[183] Das Ziel der ElektroStoffV ist es, den Schadstoffgehalt in Elektro- und Elektronikgeräten

176 Gem. § 5 Abs. 2 ElektroStoffV Name und Anschrift des Herstellers sowie gem. § 7 Abs. 5 ElektroStoffV Name und Anschrift des Importeurs.

177 Leitfaden für die Umsetzung der Produktvorschriften der Europäischen Union. (Blue Guide), hrsg. v. der Generaldirektion „Binnenmarkt, Industrie, Unternehmertum und KMU" der Europäischen Kommission, 26.07.2016, S. 52.

178 BT-Drs. 17/11836, S. 23.

179 Beispielsweise gem. § 20 Abs. 2 FuAG, § 3 Abs. 2 Nr. 5 9. ProdSV.

180 OLG Düsseldorf, Urteil vom 11.02.2014 – 20 U 188/13, BeckRS 2014, 17560, OLG Frankfurt a. M., Urteil vom 25.09.2014 – 6 U 99/14, GRUR-RS 2015, 08504.

181 Vgl. zu wettbewerbsrechtlichen Folgen von Verstößen gegen formale Produktanforderungen auch *Hartmannsberger/Herzig*, GRUR-RR 2016, 433–439.

182 *Bornkamm/Feddersen*, § 5 UWG, Rn. 0.75.

183 *Köhler*/Bornkamm UWG § 3a Rn. 1.98.

zu reduzieren, um u.a. einen Beitrag zum Schutz der menschlichen Gesundheit zu leisten.[184] In diesem Sinne regeln die **Stoffbeschränkungen** im Interesse der Marktteilnehmer das Marktverhalten und ein Verstoß eignet sich, die Schutzinteressen von Verbrauchern zu beeinträchtigen. Der BGH hat daher folgerichtig im Jahr 2016 die wettbewerbsrechtliche Bedeutung der Stoffbeschränkungen der ElektroStoffV in einem Fall bestätigt.[185]

Zur Verminderung des Risikos auf Beseitigung oder Unterlassung gem. § 8 UWG in Anspruch genommen zu werden, sollten Hersteller sowie Importeure und Händler sicherstellen, dass die stoffrechtlichen und formalen Produktanforderungen eingehalten werden. Zuwiderhandlungen werden dabei nicht von den zuständigen Marktüberwachungsbehörden geahndet, sondern in Form von Beseitigungs- und Unterlassungsansprüchen gem. § 8 Abs. 3 UWG von Mitbewerbern, Verbänden, sogenannten qualifizierten Einrichtungen[186], und den Industrie- und Handelskammern oder den Handwerkskammern.

184 BT-Drs. 17/11836, S. 12.

185 BGH Urteil vom 21.09.2016 – I ZR 234/15; *Ahlhaus*, StoffR I 2017, 44.

186 Liste der qualifizierten Einrichtungen gem. § 4 des Unterlassungsklagengesetzes (UKlaG) siehe https://www.bundesjustizamt.de/DE/SharedDocs/Publikationen/Verbraucherschutz/Liste_qualifizierter_Einrichtungen.pdf?__blob=publicationFile&v=32, zuletzt abgerufen am 16.07.2017.

11 Fazit und Ausblick

Carsten Ebeling

Die RoHS 2011/65/EU stellt für einen Großteil der in der EU vertriebenen Geräte eine verpflichtende Voraussetzung zum Inverkehrbringen dar. Damit hat die Richtlinie eine hohe praktische Relevanz. Die am Herstellungsprozess und Warenvertrieb beteiligten Wirtschaftsakteure sollten sich daher der stoffrechtlichen und administrativen Anforderungen bewusst sein, um das Risiko von behördlichen- und wettbewerbsrechtlichen Sanktionen zu minimieren.

Eine Besonderheit im Vergleich zu anderen Harmonisierungsrechtsvorschriften der EU sind die Anforderungen an die Kommunikation innerhalb der Lieferkette. Alle an der Wertschöpfung eines EEE beteiligten Akteure müssen Informationen bereitstellen, die den Endhersteller in die Lage versetzen, die stoffrechtlichen Anforderungen der Richtlinie zu erfüllen. Das Risiko bei Zuwiderhandlungen trägt dabei der Endhersteller, der aus diesem Grund bei der Erhebung der erforderlichen Informationen entsprechende Sorgfalt walten lassen sollte.

Die RoHS 2011/65/EU ist dynamischen Entwicklungen unterworfen, die von den betroffenen Wirtschaftakteuren verfolgt werden müssen. Dazu zählt der nach und nach erweiterte Anwendungsbereich, der mit der sogenannten Catch-all-Klausel ab dem 22.07.2019 schlussendlich alle nicht explizit ausgenommenen EEE erfassen wird. Eine hohe praktische Relevanz für Hersteller haben weiterhin die Ausnahmen des Anhang III und IV der RoHS 2011/65/EU. Sie erlauben anwendungsspezifisch die weitere Verwendung der beschränkten Stoffe, allerdings abhängig vom wissenschaftlichen und technischen Fortschritt und nur für einen festgelegten Zeitraum. Des Weiteren sind auch die eigentlichen Stoffbeschränkungen des Anhangs II der Richtlinie einer fortlaufenden Anpassung unterworfen. Es ist davon auszugehen, dass zu den bereits beschränkten Stoffen weitere hinzukommen werden, was die Industrie vor zusätzliche Herausforderungen stellen wird.

Die RoHS 2011/65/EU wird außerdem zum Zeitpunkt der Erstellung dieses Buches einer **Revision** unterzogen,[187] welche zum Großteil die bestehenden Unklarheiten und Schwächen der bisherigen Richtlinie beseitigen soll, die sich weder durch die Substitution von Stoffen noch durch Ausnahmen und Leitlinien

187 Vorschlag der EU-Kommission für eine Richtlinie des Europäischen Parlaments und des Rates zur Änderung der Richtlinie 2011/65/EU zur Beschränkung der Verwendung bestimmter gefährlicher Stoffe in Elektro- und Elektronikgeräten, 26.01.2017, COM (2017) 38 final.

lösen lassen.[188] Im **Jahr 2021** ist dann ein weiterer **RoHS recast** durch die Europäische Kommission geplant, der einige Veränderungen mit sich bringen wird. Der Fokus des RoHS recast wird aller Voraussicht nach auf einer verbesserten Kreislaufwirtschaft liegen und eine weitere Verringerung der bestehenden verwendungsspezifischen Ausnahmen herbeiführen.

188 Dies gilt insbesondere für bestimmte Produktgruppen mit permanenten Konformitätsproblemen oder Fälle, in denen der Geltungsbereich zu Marktverzerrungen führt, insbesondere in Bezug auf Sekundärmarkttätigkeiten, Ersatzteilen, nicht für den Straßenverkehr bestimmte bewegliche Maschinen mit Antrieb über Netzkabel und Pfeifenorgeln.

Anhang

Anhang I: Muster EU-Konformitätserklärung[189]

Anhang II: Geräte-Zuordnungsliste des österreichischen Bundesministerium für Land- und Forstwirtschaft, Umwelt und Wasserwirtschaft (BMLFUW)[190]

189 Konformitätserklärung mit gefordertem Inhalt gem. EN ISO/IEC 17050-1.

190 Zuordnungsliste der Geräte (Beispiele) RoHS-Bezug, hrsg. vom österreichischen Bundesministerium für Land- und Forstwirtschaft, Umwelt und Wasserwirtschaft (BMLFUW), Januar 2017.

Anhang I: Muster EU-Konformitätserklärung

EU-Konformitätserklärung
Dokument-Nr. (optional):

Wir

Firma:	**<Hersteller/Bevollmächtigter>**
PLZ, Stadt:	
Postanschrift:	
Telefonnummer (optional):	
E-Mail (optional):	

erklären, dass die EU-Konformitätserklärung in alleiniger Verantwortung für das nachfolgend bezeichnete Produkt ausgestellt wurde:

Produktkategorie	
Produktbezeichnung	
Modell-/Typennummer	
Chargen-/Seriennummer	
Foto (optional)	

Das oben beschriebene Produkt erfüllt die nachfolgend genannten einschlägigen **Harmonisierungsrechtsvorschriften** der Union:

Richtlinie 2014/30/EU – EMV-Richtlinie (ABl. L 96 vom 29.03.2014, S. 79)
Richtlinie 2014/35/EU – Niederspannungsrichtlinie (ABl. ABl. L 96 vom 29.03.2014, S. 357)
Richtlinie 2009/125/EG – ErP-Richtlinie (ABl. L 285 vom 31.10.2009, S. 10)
Richtlinie 2011/65/EU – RoHS-Richtlinie (ABl. L 174 vom 01.07.2011, S. 88)

Nachfolgend werden die **harmonisierten Normen** und **Durchführungsmaßnahmen** angegeben, die zugrunde gelegt wurden:

Fundstelle der angewandten harmonisierten Norm (mit Ausgabedatum)	grundlegende Anforderung (Zusatzinformation)
EN 55032:2012-05	Störaussendung (EMV-Richtlinie)
EN 55024:2010-11 +A1:2015-06	Störfestigkeit (EMV-Richtlinie)
EN 61000-3-2:2014-08	Störaussendung (EMV-Richtlinie)
EN 61000-3-3:2013-08	Störaussendung (EMV-Richtlinie)
EN 62368-1:2014-08	Sicherheit (Niederspannungsrichtlinie)
EN 62479:2010-09	Sicherheit von Personen in elektromagnetischen Feldern (Niederspannungsrichtlinie)
Verordnung (EU) Nr. 617/2013 (ABl. L 176 vom 27.06.2013, S. 13), geändert durch Verordnung (EU) Nr. 2016/2282 (ABl. L 346 vom 20.12.2016, S. 51) und EN 62623:2013-01	umweltgerechte Gestaltung von Computern (ErP-Richtlinie)
EN 50581:2012-09	Beschränkung gefährlicher Stoffe (RoHS-Richtlinie)

Berlin, 21.08.2017

Ort/Datum

Max Muster, Product Compliance Officer, Unterschrift

Anhang II: Zuordnungsliste des österreichischen Bundesministeriums für Land- und Forstwirtschaft, Umwelt und Wasserwirtschaft (BMLFUW)

Die nachfolgende Tabelle gibt einen detaillierten Überblick über einzelne EEE-Gerätearten (alphabetisch geordnet), die dazugehörigen Kategorien sowie die entsprechenden Übergangsfristen. Sie basiert auf der Zuordnungsliste des österreichischen Bundesministeriums für Land- und Forstwirtschaft, Umwelt und Wasserwirtschaft (BMLFUW). Es ist zu beachten, dass im Zweifel die Meinung der örtlich zuständigen Marktaufsicht maßgeblich ist und die nachfolgende Tabelle lediglich eine Orientierungshilfe bietet.

Stand August 2017

Geräteart	Im AWB der RL 2011/65/EU	Anmerkungen	Gerätekategorie gem. Anhang I RL 2011/65/EU	G-Kat-Nr.	IVS-Verbot ab
3D-Brille, aktiv, Shutterbrille	ja		Geräte der Unterhaltungs-elektronik	4	gültig (2019 für Geräte < 2006)
Abfalleimer (elektrisch)	ja		Haushaltskleingeräte	2	gültig (2019 für Geräte < 2006)
Abfallsammelbehälter mit Verdichter (öffentlich, gewerblich/industriell)	ja	„Big Belly Solar“	EE-Werkzeuge	6	gültig (2019 für Geräte < 2006)
Absauggerät (z. B. Pool, Teich)	ja		EE-Werkzeuge	6	gültig (2019 für Geräte < 2006)
Adressiermaschine	ja		IT & Telekommunikations-geräte	3	gültig (2019 für Geräte < 2006)
Adventkalender mit Musik (Batterie)	ja	siehe „zumindest eine beabsichtigte Funktion“	Sonstige Elektro- und Elektronikgeräte (nicht zuordenbar)	11	22.07.2019 (nicht in Anhang I)
Akku pack (mobile Energiestation)	ja		EE-Werkzeuge	6	gültig (2019 für Geräte < 2006)
Akku-Pack mit eingebauter Lade-zustandsüberwachung	nein	durch Batterie-RL abgedeckt	–	–	–
Aktenvernichter	ja		EE-Werkzeuge	6	gültig (2019 für Geräte < 2006)
Akustisches Signalgerät (Signalhupe, Sirene etc.) (Teil einer Anlage)	ja	nur wenn speziell als Teil für eine „Ausnahme“ konzipiert, dann ausgenommen	Überwachungs- und Kontrollinstrumente	9	22.07.2014
Alarmanlage (ortsfest montiert)	ja	Einbau in Gebäude kein Ausschließungs-grund	Überwachungs- und Kontrollinstrumente	9	22.07.2014

Geräteart	Im AWB der RL 2011/65/EU	Anmerkungen	Gerätekategorie gem. Anhang I RL 2011/65/EU	G-Kat-Nr.	IVS-Verbot ab
Alarmanlage für Fahrräder	ja		Spiel-, Sport- und Freizeitgeräte	7	gültig (2019 für Geräte < 2006)
Alarmanlage, Alarmanlage im Set	ja		Überwachungs- und Kontrollinstrumente	9	22.07.2014
All-in-One Computer	ja		IT & Telekommunikationsgeräte	3	gültig (2019 für Geräte < 2006)
Amalgam-Mischgerät	ja		Medizinische Geräte	8	22.07.2014
Ampel und Signalanlage (gewerblich/industriell)	ja		Überwachungs- und Kontrollinstrumente – industriell	9	22.07.2017
Ampel und Signalanlage als Teil einer Anlage (gewerblich/industriell)	ja	nur wenn speziell konzipierter Teil für eine ortsfeste Großanlage, dann nicht im Geltungsbereich – siehe Kriterien für ‚groß', siehe z. B. Verkehrsleitanlage	Überwachungs- und Kontrollinstrumente – industriell	9	22.07.2017
Analysegerät (z. B. Laboranalysegerät)	ja		Medizinische Geräte	8	22.07.2014
Analysen- und Präzisionswaagen (z. B. im Lebensmittelhandel oder in Laboratorien) (gewerblich/industriell)	ja		Überwachungs- ‚und' Kontrollinstrumente – industriell	9	22.07.2017
Anrufbeantworter	ja		IT & Telekommunikationsgeräte	3	gültig (2019 für Geräte < 2006)
Anstrichgerät/-pinsel, Malergerät (elektrisch)	ja		EE-Werkzeuge	6	gültig (2019 für Geräte < 2006)

Geräteart	Im AWB der RL 2011/65/EU	Anmerkungen	Gerätekategorie gem. Anhang I RL 2011/65/EU	G-Kat-Nr.	IVS-Verbot ab
Antenne für Funk und Radiosender bzw. -empfänger z. B. für Multimediaanwendungen (ohne Verstärker)	ja	benötigt zwar keinen Strom aber Kernfunktion ist Empfang und Übertragung elektromagnetischer Wellen	Geräte der Unterhaltungselektronik	4	22.07.2019 (zuvor nicht im AWB)
Antenne für Funk und Radiosender bzw. -empfänger z. B. für Multimediaanwendungen (mit Verstärker)	ja		Geräte der Unterhaltungselektronik	4	gültig (2019 für Geräte < 2006)
Antenne mit Verstärker	ja		Geräte der Unterhaltungselektronik	4	gültig (2019 für Geräte < 2006)
Aquariumzubehör (elektrisch, z. B. Regelheizer und/oder Beleuchtungskörper)	siehe EEE		–	–	siehe EEE
Arbeitsgeräte selbstfahrend (benzinbetrieben), z. B. Kehrgerät, Mähtraktor, Schneeräumgerät mit elektrischem Funken für Zündung	ja	siehe ‚zumindest eine beabsichtigte Funktion‘	EE-Werkzeuge	6	22.07.2019 (zuvor nicht im AWB)
Arbeitsgeräte selbstfahrend (elektrisch)	ja		EE-Werkzeuge	6	gültig (2019 für Geräte < 2006)
Armbanduhr (elektrisch)	ja		Haushaltskleingeräte	2	gültig (2019 für Geräte < 2006)
Armbanduhr (kinetisch, Batterie/Akku)	ja		Haushaltskleingeräte	2	gültig (2019 für Geräte < 2006)
Arzneimittelpumpe (implantierbar)	nein	Beispiel für Ausnahme ‚aktive implantierbare medizinische Geräte‘	–	–	–
Aufnahmestudio (ortsfest montiert)	nein	Annahme, dass Kriterien für ortsfeste Großanlage erfüllt – siehe Kriterien für ‚groß‘	–	–	–

Geräteart	Im AWB der RL 2011/65/EU	Anmerkungen	Gerätekategorie gem. Anhang I RL 2011/65/EU	G-Kat-Nr.	IVS-Verbot ab
Aufsatzklimagerät für Reisemobil bzw. Wohnwagen	nein	Gerät als Teil von Ausnahme ‚Verkehrsmittel zur Personenbeförderung' konzipiert	–	–	–
Ausgabeautomat (z. B. Flugtickets, ...)	ja		Automatische Ausgabegeräte	10	gültig (2019 für Geräte < 2006)
Außenbordmotoren (elektrisch)	nein	Gerät als Teil von Ausnahme ‚Verkehrsmittel zur Personenbeförderung' konzipiert	–	–	–
Auswuchtmaschine (ortsfest montiert, gewerblich/industriell)	ja	Einbau in Gebäude kein Ausschließungsgrund, nur wenn ortsfestes industrielles Großwerkzeug, dann nicht im Geltungsbereich	EE-Werkzeuge	6	22.07.2019 (zuvor nicht im AWB)
Autoadapter – Spannungswandler	ja		EE-Werkzeuge	6	gültig (2019 für Geräte < 2006)
Autoalarmanlage, -rückfahrwarner, -rückfahrvideosystem	nein	Gerät als Teil von Ausnahme ‚Verkehrsmittel zur Personenbeförderung' konzipiert	–	–	–
Autobatterienladegerät (12 V)	ja	nicht eingebaut, wird nicht dauerhaft mit dem Fahrzeug verbunden	EE-Werkzeuge	6	gültig (2019 für Geräte < 2006)
Autofunkgerät für Taxifunk	nein	Gerät als Teil von Ausnahme ‚Verkehrsmittel zur Personenbeförderung' konzipiert	–	–	–
Autokabel mit Gleichrichter (Ladekabel für Handy, Notebook ...)	ja	nicht eingebaut, wird nicht dauerhaft mit dem Fahrzeug verbunden	Haushaltskleingeräte	2	gültig (2019 für Geräte < 2006)

Geräteart	Im AWB der RL 2011/65/EU	Anmerkungen	Gerätekategorie gem. Anhang I RL 2011/65/EU	G-Kat-Nr.	IVS-Verbot ab
Autokaffeemaschine (12 V)	ja	nicht eingebaut, wird nicht dauerhaft mit dem Fahrzeug verbunden	Haushaltskleingeräte	2	gültig (2019 für Geräte < 2006)
Autoradio (Anlage mit/ohne Radio, MC-, CD- MD- oder DVD-Player)	nein	Gerät als Teil von Ausnahme ‚Verkehrsmittel zur Personenbeförderung' konzipiert	–	–	–
Autorennbahn – Fahrbahn	ja	Schienen in Fahrbahn leiten Strom; siehe ‚zumindest eine beabsichtigte Funktion'	Spiel-, Sport- und Freizeitgeräte	7	22.07.2019 (zuvor nicht im AWB)
Autorennbahn – Trafo, Autos	ja		Spiel-, Sport- und Freizeitgeräte	7	gültig (2019 für Geräte < 2006)
Autostaubsauger (12 V)	ja	nicht eingebaut, wird nicht dauerhaft mit dem Fahrzeug verbunden	Haushaltskleingeräte	2	gültig (2019 für Geräte < 2006)
Autowaschanlage	ja		EE-Werkzeuge	6	gültig (2019 für Geräte < 2006)
Autozubehör generell (12-Volt Anschluss über Zigarettenanzünder, wie Klimaanlage, Wasserkocher ...)	ja	nicht eingebaut, wird nicht dauerhaft mit dem Fahrzeug verbunden	nach Geräteart: v. a. Haushaltskleingeräte	2	gültig (2019 für Geräte < 2006)
Baby Wippe (elektrisch)	ja		Haushaltsgroßgeräte	1	gültig (2019 für Geräte < 2006)
Babykostwärmer	ja		Haushaltskleingeräte	2	gültig (2019 für Geräte < 2006)
Babyphon	ja		IT & Telekommunikationsgeräte	3	gültig (2019 für Geräte < 2006)
Backofen/Backrohr (elektrisch)	ja		Haushaltsgroßgeräte	1	gültig (2019 für Geräte < 2006)

Geräteart	Im AWB der RL 2011/65/EU	Anmerkungen	Gerätekategorie gem. Anhang I RL 2011/65/EU	G-Kat-Nr.	IVS-Verbot ab
Backofen/Backrohr (elektrisch) (ortsfest montiert, gewerblich/industriell)	ja	Einbau in Gebäude kein Ausschließungsgrund, nur wenn ortsfeste Großanlage, dann nicht im Geltungsbereich – siehe Kriterien für ‚groß'	Haushaltsgroßgeräte	1	22.07.2019 (zuvor nicht im AWB)
Backofen/Backrohr (Gas, elektrische Zündung)	ja	siehe ‚zumindest eine beabsichtigte Funktion'	Haushaltsgroßgeräte	1	22.07.2019 (zuvor nicht im AWB)
Baggergerät (elektrisch, gewerblich/industriell)	nein	Beispiel für Ausnahme ‚bewegliche Maschine für professionelle Nutzung'	–	–	–
Bandschleifer	ja		EE-Werkzeuge	6	gültig (2019 für Geräte < 2006)
Bandschleifer (ortsfest montiert, gewerblich/industriell)	ja	Einbau in Gebäude kein Ausschließungsgrund, nur wenn ortsfestes industrielles Großwerkzeug, dann nicht im Geltungsbereich	EE-Werkzeuge	6	22.07.2019 (zuvor nicht im AWB)
Banknotenprüfgerät mit UV Lampe (gewerblich/industriell)	ja		Überwachungs- und Kontrollinstrumente – industriell	9	22.07.2017
Barometer (Batterie/Akku)	ja		Überwachungs- und Kontrollinstrumente	9	22.07.2014
Bartschneidegerät (Netz/Akku)	ja		Haushaltskleingeräte	2	gültig (2019 für Geräte < 2006)
Basisstation für Handynetzwerke (z. B. für öffentliche Netze) (ortsfest montiert, gewerblich/industriell)	nein	Annahme, dass Kriterien für ortsfeste Großanlage erfüllt – siehe Kriterien für ‚groß'	–	–	–

Geräteart	Im AWB der RL 2011/65/EU	Anmerkungen	Gerätekategorie gem. Anhang I RL 2011/65/EU	G-Kat-Nr.	IVS-Verbot ab
Basisstation für interne Unternehmens-Handynetzwerke (Sender, Receiver) (ortsfest montiert, gewerblich/industriell)	ja	Einbau in Gebäude kein Ausschließungsgrund, Annahme, dass Kriterien für ortsfeste Großanlage nicht erfüllt – siehe Kriterien für ‚groß'	IT & Telekommunikationsgeräte	3	22.07.2019 (zuvor nicht im AWB)
Basisstation für Schnurlostelefone	ja	Kompaktgerät im Small Office/Home-Bereich	IT & Telekommunikationsgeräte	3	gültig (2019 für Geräte < 2006)
Baukran (elektrisch, gewerblich/industriell)	nein	Annahme, dass ortsfestes industrielles Großwerkzeug oder bewegliche Maschine für professionelle Nutzung	–	–	–
Baustromverteiler mit Zusatzfunktion (Leitungsschutz)	ja		EE-Werkzeuge	6	gültig (2019 für Geräte < 2006)
Bauteilsatz (z. B. für ferngesteuerten elektrischen Helikopter)	ja		Spiel-, Sport- und Freizeitgeräte	7	gültig (2019 für Geräte < 2006)
Beatmungsgerät	ja		Medizinische Geräte	8	22.07.2014
Beertender, Bierzapfgerät (Haushalt) mit elektronischen Bauteilen	ja		Haushaltskleingeräte	2	gültig (2019 für Geräte < 2006)
Beschriftungsgerät (elektrisch)	ja		IT & Telekommunikationsgeräte	3	gültig (2019 für Geräte < 2006)
Betriebsfernmelde-Anlage (Teil einer Anlage)	ja	Annahme, dass Kriterien für ortsfeste Großanlage nicht erfüllt – siehe Kriterien für ‚groß'	IT & Telekommunikationsgeräte	3	22.07.2019 (zuvor nicht im AWB)
Betriebskommunikationssystem für Bahnbetrieb (ortsfest montiert, gewerblich/industriell)	nein	Annahme, dass Kriterien für ortsfeste Großanlage erfüllt – siehe Kriterien für ‚groß'	–	–	–

Geräteart	Im AWB der RL 2011/65/EU	Anmerkungen	Gerätekategorie gem. Anhang I RL 2011/65/EU	G-Kat-Nr.	IVS-Verbot ab
Bett (elektrisch verstellbar, Bauteile integriert)	ja	siehe ‚zumindest eine beabsichtigte Funktion' (Möbel)	Sonstige Elektro- und Elektronikgeräte (Möbel u. ä.)	11	22.07.2019 (nicht in Anhang I)
Bewässerungscomputer	ja		EE-Werkzeuge	6	gültig (2019 für Geräte < 2006)
Bewässerungscomputer (Teil einer Anlage)	ja		EE-Werkzeuge	6	22.07.2019 (zuvor nicht im AWB)
Bewegungsmelder (mit/ohne Leuchte)	ja		Überwachungs- und Kontrollinstrumente	9	22.07.2014
Bewegungsmelder (Teil einer Anlage)	ja	auch wenn Teil einer Großanlage – nicht speziell dafür konzipiert	Überwachungs- und Kontrollinstrumente	9	22.07.2014
Bidetbrille, WC-Brille (elektrisch)	ja		Haushaltsgroßgeräte	1	gültig (2019 für Geräte < 2006)
Bilderrahmen mit Beleuchtung (Teile trennbar)	siehe EEE	wenn Möbel und EEE getrennt werden kann und beide getrennt voll funktionsfähig sind, gilt Möbel außerhalb des Geltungsbereichs, das EEE ist im Geltungsbereich	–	–	siehe EEE
Bilderrahmen, Fotorahmen (digital)	ja		IT & Telekommunikationsgeräte	3	gültig (2019 für Geräte < 2006)
Bildschirm (groß, für den Außeneinsatz)	ja		IT & Telekommunikationsgeräte	3	gültig (2019 für Geräte < 2006)
Bildschirm für Schaltschrank, Industrieanlage, o. ä.	ja	auch wenn Teil einer Großanlage – nicht speziell dafür konzipiert	IT & Telekommunikationsgeräte	3	22.07.2019 (zuvor nicht im AWB)

Geräteart	Im AWB der RL 2011/65/EU	Anmerkungen	Gerätekategorie gem. Anhang I RL 2011/65/EU	G-Kat-Nr.	IVS-Verbot ab
Bildschirm, Monitor – EDV (Röhre, Flachbildschirm)	ja		IT & Telekommunikationsgeräte	3	gültig (2019 für Geräte < 2006)
Blechschere (Netz/Akku)	ja		EE-Werkzeuge	6	gültig (2019 für Geräte < 2006)
Bleistiftspitzer (elektrisch)	ja		IT & Telekommunikationsgeräte	3	gültig (2019 für Geräte < 2006)
Blitzgerät für Fotoapparat	ja		Geräte der Unterhaltungselektronik	4	gültig (2019 für Geräte < 2006)
Bluetooth Headset	ja		IT & Telekommunikationsgeräte	3	gültig (2019 für Geräte < 2006)
Bluetooth Sender/Empfänger	ja		IT & Telekommunikationsgeräte	3	gültig (2019 für Geräte < 2006)
Blutdruckmessgerät (Netz/Akku)	ja		Medizinische Geräte	8	22.07.2014
Blutzuckermessgerät	ja		Medizinische Geräte	8	22.07.2014
Boden-/Teppichreinigungsgerät (elektrisch)	ja		Haushaltsgroßgeräte	1	gültig (2019 für Geräte < 2006)
Bodenpoliergerät	ja		Haushaltsgroßgeräte	1	gültig (2019 für Geräte < 2006)
Bodenreinigungsgerät/-wascher (gewerblich/industriell)	ja		Haushaltsgroßgeräte	1	gültig (2019 für Geräte < 2006)
Bodenreinigungsgerät, Bodenwascher	ja		EE-Werkzeuge	6	gültig (2019 für Geräte < 2006)
Bodenschleifgerät (gewerblich/industriell)	ja		EE-Werkzeuge	6	gültig (2019 für Geräte < 2006)

Geräteart	Im AWB der RL 2011/65/EU	Anmerkungen	Gerätekategorie gem. Anhang I RL 2011/65/EU	G-Kat-Nr.	IVS-Verbot ab
Bodenschutzmatte mit Antistatikfunktion	nein	kein EEE	–	–	–
Bohrhammer	ja		EE-Werkzeuge	6	gültig (2019 für Geräte < 2006)
Bohrmaschine (Netz/Akku), ggf. mit gesamtem Bohrerset der Erstausstattung	ja		EE-Werkzeuge	6	gültig (2019 für Geräte < 2006)
Boiler, Kleinspeicher (klein, z. B. unter Tisch, < 50 cm, elektrisch, ortsfest montiert)	ja	Einbau in Gebäude kein Ausschließungsgrund	Haushaltskleingeräte	2	22.07.2019 (zuvor nicht im AWB)
Boiler, Wasserheizboiler (groß, elektrisch, ortsfest montiert)	ja	Einbau in Gebäude kein Ausschließungsgrund	Haushaltsgroßgeräte	1	22.07.2019 (zuvor nicht im AWB)
Brandmelder, Rauchmelder	ja		Überwachungs- und Kontrollinstrumente	9	22.07.2014
Brandmelder, Rauchmelder (gewerblich/industriell)	ja	z. B. Melder, die mit EN54 gekennzeichnet sind	Überwachungs- und Kontrollinstrumente – industriell	9	22.07.2017
Brandmelder, Rauchmelder (Teil einer Anlage)	ja	auch wenn Teil einer Großanlage – nicht speziell dafür konzipiert	Überwachungs- und Kontrollinstrumente	9	22.07.2014
Brieffalzmaschinen	ja		EE-Werkzeuge	6	gültig (2019 für Geräte < 2006)
Brieftauben Zeiterfassungsgerät	ja		Spiel-, Sport- und Freizeitgeräte	7	gültig (2019 für Geräte < 2006)
Briefwaage (elektrisch, gewerblich/industriell)	ja		Überwachungs- und Kontrollinstrumente – industriell	9	22.07.2017

Geräteart	Im AWB der RL 2011/65/EU	Anmerkungen	Gerätekategorie gem. Anhang I RL 2011/65/EU	G-Kat-Nr.	IVS-Verbot ab
Brot-/Brötchenröster	ja		Haushaltskleingeräte	2	gültig (2019 für Geräte < 2006)
Brotbackautomat (groß, ortsfest montiert, gewerblich/industriell)	ja	Einbau in Gebäude kein Ausschließungsgrund, nur wenn ortsfeste Großanlage, dann nicht im Geltungsbereich – siehe Kriterien für ‚groß‘	Haushaltsgroßgeräte	1	22.07.2019 (zuvor nicht im AWB)
Brotbackautomat (klein, Haushalt)	ja		Haushaltskleingeräte	2	gültig (2019 für Geräte < 2006)
Brückenwaage (ortsfest montiert, gewerblich/industriell)	nein	Annahme, dass Kriterien für ortsfeste Großanlage erfüllt – siehe Kriterien für ‚groß‘	–	–	–
Bügelbrett mit Steckdose (und Kabel)	ja	siehe ‚zumindest eine beabsichtigte Funktion‘	Haushaltsgroßgeräte	1	22.07.2019 (zuvor nicht im AWB)
Bügeleisen (elektrisch)	ja		Haushaltskleingeräte	2	gültig (2019 für Geräte < 2006)
Bügelmaschine (Haushalt)	ja		Haushaltsgroßgeräte	1	gültig (2019 für Geräte < 2006)
Bügelmaschine (ortsfest montiert, gewerblich/industriell)	ja	Einbau in Gebäude kein Ausschließungsgrund, nur wenn ortsfeste Großanlage, dann nicht im Geltungsbereich – siehe Kriterien für ‚groß‘	Haushaltsgroßgeräte	1	22.07.2019 (zuvor nicht im AWB)
Bügelpresse (z. B. für Hosen)	ja		Haushaltsgroßgeräte	1	gültig (2019 für Geräte < 2006)
CardBus PC Card Adapter	ja		IT & Telekommunikationsgeräte	3	gültig (2019 für Geräte < 2006)

Geräteart	Im AWB der RL 2011/65/EU	Anmerkungen	Gerätekategorie gem. Anhang I RL 2011/65/EU	G-Kat-Nr.	IVS-Verbot ab
Cassettenspieler, Cassettenrecorder	ja		Geräte der Unterhaltungselektronik	4	gültig (2019 für Geräte < 2006)
CD-Brenner (extern)	ja		IT & Telekommunikationsgeräte	3	gültig (2019 für Geräte < 2006)
CD-Laufwerk (extern)	ja		IT & Telekommunikationsgeräte	3	gültig (2019 für Geräte < 2006)
CD-Player	ja		Geräte der Unterhaltungselektronik	4	gültig (2019 für Geräte < 2006)
Chipkarten mit Batterie	ja		Sonstige Elektro- und Elektronikgeräte (nicht zuordenbar)	11	22.07.2019 (nicht in Anhang I)
Comfortstuhl, Comfortfernsehsessel, Massagestuhl (elektrisch verstellbar, Bauteile integriert)	ja	siehe ‚zumindest eine beabsichtigte Funktion' (Möbel)	Sonstige Elektro- und Elektronikgeräte (Möbel u. ä.)	11	22.07.2019 (nicht in Anhang I)
Computerspiel, Spielesoftware – CD (z. B. für Gameboy)	nein	CDs nicht im Geltungsbereich	–	–	–
Computerspiel, Spielesoftware – Steckkarte (z. B. für Gameboy)	ja	als ‚endgefertigtes Produkt' verkauft	Spiel-, Sport- und Freizeitgeräte	7	22.07.2019 (zuvor nicht im AWB)
Computerspielkonsole	ja		Spiel-, Sport- und Freizeitgeräte	7	gültig (2019 für Geräte < 2006)
Computertomographiegerät (ortsfest montiert, gewerblich/industriell)	nein	Annahme, dass Kriterien für ortsfeste Großanlage – siehe Kriterien für ‚groß'	–	–	–
Crêpegerät	ja		Haushaltskleingeräte	2	gültig (2019 für Geräte < 2006)

Geräteart	Im AWB der RL 2011/65/EU	Anmerkungen	Gerätekategorie gem. Anhang I RL 2011/65/EU	G-Kat-Nr.	IVS-Verbot ab
Crosstrainer (nur mechanisch)	nein	kein EEE	–	–	–
Cryo-Kammer zum Ultramikrotom	ja		EE-Werkzeuge	6	gültig (2019 für Geräte < 2006)
Dampfbügeleisen (+/– Dampfstation)	ja		Haushaltskleingeräte	2	gültig (2019 für Geräte < 2006)
Dampfdusche mit elektronischen Bauteilen (Bauteile integriert, ortsfest montiert)	ja	Einbau in Gebäude kein Ausschließungsgrund, siehe ‚zumindest eine beabsichtigte Funktion'	Sonstige Elektro- und Elektronikgeräte (Möbel u. ä.)	11	22.07.2019 (nicht in Anhang I)
Dampfgarer	ja		Haushaltskleingeräte	2	gültig (2019 für Geräte < 2006)
Dampfgarer (ortsfest montiert, gewerblich/industriell)	ja	Einbau in Gebäude kein Ausschließungsgrund, nur wenn ortsfeste Großanlage, dann nicht im Geltungsbereich – siehe Kriterien für ‚groß'	Haushaltsgroßgeräte	1	22.07.2019 (zuvor nicht im AWB)
Dampfreiniger	ja		Haushaltskleingeräte	2	gültig (2019 für Geräte < 2006)
Dartscheibe (elektrisch)	ja		Spiel-, Sport- und Freizeitgeräte	7	gültig (2019 für Geräte < 2006)
Datenübertragungsgerät (multifunktionell)	ja		IT & Telekommunikationsgeräte	3	gültig (2019 für Geräte < 2006)
Defibrillator	ja		Medizinische Geräte	8	22.07.2014
Dentalbohrgerät	ja		Medizinische Geräte	8	22.07.2014
Dermatoskop	ja		Medizinische Geräte	8	22.07.2014
Desorientiertenanlage	ja		Medizinische Geräte	8	22.07.2014

Geräteart	Im AWB der RL 2011/65/EU	Anmerkungen	Gerätekategorie gem. Anhang I RL 2011/65/EU	G-Kat-Nr.	IVS-Verbot ab
Developmentboard	ja	für Hard- und Softwareentwicklung bzw. – testung	IT & Telekommunikationsgeräte	3	gültig (2019 für Geräte < 2006)
DI Schutzstecker	ja		Haushaltskleingeräte	2	gültig (2019 für Geräte < 2006)
Dialysegerät (ortsfest montiert, gewerblich/industriell)	ja	Einbau in Gebäude kein Ausschließungsgrund, nur wenn ortsfeste Großanlage, dann nicht im Geltungsbereich – siehe Kriterien für ‚groß'	Medizinische Geräte	8	22.07.2014
Diamantbohrgerät	ja		EE-Werkzeuge	6	gültig (2019 für Geräte < 2006)
Diaprojektor	ja		Geräte der Unterhaltungselektronik	4	gültig (2019 für Geräte < 2006)
Diebstahlsicherung (elektronisch), RFID Anwendung	ja	siehe RFID tags, wenn nicht auf Gerät/Produkt verbleibend	Überwachungs- und Kontrollinstrumente	9	22.07.2014
Digitalkamera	ja		Geräte der Unterhaltungselektronik	4	gültig (2019 für Geräte < 2006)
Digitalmessschieber	ja		Überwachungs- und Kontrollinstrumente	9	22.07.2014
Diktiergerät	ja		IT & Telekommunikationsgeräte	3	gültig (2019 für Geräte < 2006)
Dimmeranlage (mobil, gewerblich/industriell)	ja		Überwachungs- und Kontrollinstrumente – industriell	9	22.07.2017

Geräteart	Im AWB der RL 2011/65/EU	Anmerkungen	Gerätekategorie gem. Anhang I RL 2011/65/EU	G-Kat-Nr.	IVS-Verbot ab
Dimmeranlage (ortsfest montiert, Teil einer Anlage, gewerblich/industriell)	ja	Einbau in Gebäude kein Ausschließungsgrund, nur wenn speziell konzipierter Teil für eine ortsfeste Großanlage, dann nicht im Geltungsbereich – siehe Kriterien für ‚groß'	Überwachungs- und Kontrollinstrumente – industriell	9	22.07.2017
Docking-Station, Andockstation	ja		IT & Telekommunikationsgeräte	3	gültig (2019 für Geräte < 2006)
Document Reader, Belegleser (gewerblich/industriell)	ja		IT & Telekommunikationsgeräte	3	gültig (2019 für Geräte < 2006)
Dörrautomat	ja		Haushaltskleingeräte	2	gültig (2019 für Geräte < 2006)
Dosen-/Büchsenöffner (Netz/Akku)	ja		Haushaltskleingeräte	2	gültig (2019 für Geräte < 2006)
Dosiergerät für Waschmittel (gewerblich/industriell)	ja		Haushaltsgroßgeräte	1	gültig (2019 für Geräte < 2006)
Drehbank (ortsfest montiert, gewerblich/industriell)	ja	Einbau in Gebäude kein Ausschließungsgrund, nur wenn ortsfestes industrielles Großwerkzeug, dann nicht im Geltungsbereich	EE-Werkzeuge	6	22.07.2019 (zuvor nicht im AWB)
Drehbank für Heimwerker	ja		EE-Werkzeuge	6	gültig (2019 für Geräte < 2006)
Drucker (Nadel-, Tintenstrahl- u. a.) (Standgerät, gewerblich/industriell)	ja		IT & Telekommunikationsgeräte	3	gültig (2019 für Geräte < 2006)
Drucker (Nadel-, Tintenstrahl- u. a.) (Tischgerät)	ja		IT & Telekommunikationsgeräte	3	gültig (2019 für Geräte < 2006)

Geräteart	Im AWB der RL 2011/65/EU	Anmerkungen	Gerätekategorie gem. Anhang I RL 2011/65/EU	G-Kat-Nr.	IVS-Verbot ab
Druckermodul (Teil einer Anlage)	ja	nur wenn speziell konzipierter Teil für eine ortsfeste Großanlage, dann nicht im Geltungsbereich – siehe Kriterien für ‚groß'	IT & Telekommunikationsgeräte	3	22.07.2019 (zuvor nicht im AWB)
Druckermodul als eigenständiges Gerät (z. B. zur Etikettierung)	ja		IT & Telekommunikationsgeräte	3	gültig (2019 für Geräte < 2006)
Druckerpatrone mit elektronischem Bauteil (z. B. Chip)	ja	Tonerkartuschen/Druckerpatronen als Beispiel für Zubehör, das von elektrischer Energie ‚abhängig' ist – ‚im Geltungsbereich'	Sonstige Elektro- und Elektronikgeräte (Teile)	11	22.07.2019 (nicht in Anhang I)
Druckluftwerkzeug	nein	nicht elektrisch betrieben	–	–	–
Druckluftwerkzeuganlage, Druckluftwerkzeugmaschine (gewerblich/industriell)	ja	nur wenn ortsfestes industrielles Großwerkzeug, dann nicht im Geltungsbereich	EE-Werkzeuge	6	22.07.2019 (zuvor nicht im AWB)
Druckpolymerisationsgerät	ja		Medizinische Geräte	8	22.07.2014
Duftstecker, Lufterfrischer	ja		Haushaltskleingeräte	2	gültig (2019 für Geräte < 2006)
Dunstabzugshaube	ja		Haushaltsgroßgeräte	1	gültig (2019 für Geräte < 2006)
Durchlauferhitzer (elektrisch, ortsfest montiert)	ja	Einbau in Gebäude kein Ausschließungsgrund	Haushaltsgroßgeräte	1	22.07.2019 (zuvor nicht im AWB)
Durchlauferhitzer (Gas, elektrische Zündung)	ja	siehe ‚zumindest eine beabsichtigte Funktion'	Haushaltsgroßgeräte	1	22.07.2019 (zuvor nicht im AWB)
Durchreichebox	ja	erlaubt sterile Übergabe z. B. in Operationsräumen	EE-Werkzeuge	6	gültig (2019 für Geräte < 2006)

Geräteart	Im AWB der RL 2011/65/EU	Anmerkungen	Gerätekategorie gem. Anhang I RL 2011/65/EU	G-Kat-Nr.	IVS-Verbot ab
Durchreichefenster	ja		EE-Werkzeuge	6	gültig (2019 für Geräte < 2006)
DVD-Laufwerk (extern)	ja		IT & Telekommunikationsgeräte	3	gültig (2019 für Geräte < 2006)
DVD-Player (extern)	ja		Geräte der Unterhaltungselektronik	4	gültig (2019 für Geräte < 2006)
DVD-Recorder	ja		Geräte der Unterhaltungselektronik	4	gültig (2019 für Geräte < 2006)
E-Bike (Fahren auch ohne Zusatzmotor möglich), nicht typengenehmigt	ja	nicht typengenehmigte elektrische Zweirad-Fahrzeuge dezidiert im Geltungsbereich	Spiel-, Sport- und Freizeitgeräte	7	22.07.2019 (zuvor nicht im AWB)
E-Bike-Nachrüstsatz (für E-Bike nicht typengenehmigt)	ja	nicht typengenehmigte elektrische Zweirad-Fahrzeuge dezidiert im Geltungsbereich	Spiel-, Sport- und Freizeitgeräte	7	22.07.2019 (zuvor nicht im AWB)
E-book reader	ja		IT & Telekommunikationsgeräte	3	gültig (2019 für Geräte < 2006)
EDV Verlängerungskabel (USB; PS/2, usw.)	ja		Haushaltskleingeräte	2	22.07.2019 (zuvor nicht im AWB)
Eierkocher	ja		Haushaltskleingeräte	2	gültig (2019 für Geräte < 2006)
Einlegesohle beheizbar (elektrisch)	ja		Haushaltskleingeräte	2	gültig (2019 für Geräte < 2006)
Einwegkamera (mit Batterie)	ja		Geräte der Unterhaltungselektronik	4	gültig (2019 für Geräte < 2006)

Geräteart	Im AWB der RL 2011/65/EU	Anmerkungen	Gerätekategorie gem. Anhang I RL 2011/65/EU	G-Kat-Nr.	IVS-Verbot ab
Eisbrecher (Crusher)	ja		Haushaltskleingeräte	2	gültig (2019 für Geräte < 2006)
Eisenbahnsignalanlage, – infrastruktur	nein	Beispiel für ortsfeste Großanlage	–	–	–
Eisflockenautomat	ja		Haushaltsgroßgeräte	1	gültig (2019 für Geräte < 2006)
Eismaschine (groß, gewerblich/industriell)	ja		Haushaltsgroßgeräte	1	gültig (2019 für Geräte < 2006)
Eismaschine mit Kältemittel	ja		Haushaltsgroßgeräte	1	gültig (2019 für Geräte < 2006)
Eismaschine ohne Kältemittel	ja		Haushaltsgroßgeräte	1	gültig (2019 für Geräte < 2006)
Elektroakupunkturgerät (ohne Laser, Impedanzmessung, ohne Nadel)	ja		Medizinische Geräte	8	22.07.2014
Elektrobürste	ja		Haushaltskleingeräte	2	gültig (2019 für Geräte < 2006)
Elektrocaddy (Golf), Golfwagen	ja		Spiel-, Sport- und Freizeitgeräte	7	gültig (2019 für Geräte < 2006)
Elektrofahrrad, Elektroroller (Fahren nur mit Motor möglich)	ja	vgl. E-Bike	Spiel-, Sport- und Freizeitgeräte	7	gültig (2019 für Geräte < 2006)
Elektro-Installationsmaterial	siehe Teile	siehe Kabel, Schalter etc.	–	siehe Teile	siehe Teile
Elektrokontaktspiel	ja		Spiel-, Sport- und Freizeitgeräte	7	gültig (2019 für Geräte < 2006)

Geräteart	Im AWB der RL 2011/65/EU	Anmerkungen	Gerätekategorie gem. Anhang I RL 2011/65/EU	G-Kat-Nr.	IVS-Verbot ab
Elektromesser (Netz/Akku)	ja		Haushaltskleingeräte	2	gültig (2019 für Geräte < 2006)
Elektromotoren für Modellbau (Antriebs-, Getriebe- und Servomotoren)	ja		Spiel-, Sport- und Freizeitgeräte	7	gültig (2019 für Geräte < 2006)
Elektronikbaukästen	ja		Spiel-, Sport- und Freizeitgeräte	7	gültig (2019 für Geräte < 2006)
Elektronikbaukästen (Brennstoffzelle, Windgeneratoren, etc.)	ja		Spiel-, Sport- und Freizeitgeräte	7	gültig (2019 für Geräte < 2006)
Elektronikmodul in Schaltschränken (ortsfest montiert, Teil einer Anlage)	ja	Einbau in Gebäude kein Ausschließungsgrund, siehe Schaltschrank im Geltungsbereich, vgl. Regler, nur wenn speziell konzipierter Teil für eine ortsfeste Großanlage, dann nicht im Geltungsbereich – siehe Kriterien für ‚groß‘	Überwachungs- und Kontrollinstrumente	9	22.07.2014
Elektrostimulatoren	ja		Spiel-, Sport- und Freizeitgeräte	7	gültig (2019 für Geräte < 2006)
Elektrotacker	ja		EE-Werkzeuge	6	gültig (2019 für Geräte < 2006)
Elektro-Trolley	ja		Spiel-, Sport- und Freizeitgeräte	7	gültig (2019 für Geräte < 2006)
Elektrowandsäge	ja		EE-Werkzeuge	6	gültig (2019 für Geräte < 2006)
Energieverteilungssystem	nein	Beispiel für ortsfeste Großanlage	–	–	–
Entsafter	ja		Haushaltskleingeräte	2	gültig (2019 für Geräte < 2006)

Geräteart	Im AWB der RL 2011/65/EU	Anmerkungen	Gerätekategorie gem. Anhang I RL 2011/65/EU	G-Kat-Nr.	IVS-Verbot ab
Epiliergerät (Netz/Akku)	ja		Haushaltskleingeräte	2	gültig (2019 für Geräte < 2006)
Equalizer	ja		Geräte der Unterhaltungselektronik	4	gültig (2019 für Geräte < 2006)
Erdkabel	nein	Beispiel für Ausnahme von Kabeln	–	–	–
Erdschlußkompensationsregler (EFC)	ja	nur wenn speziell konzipierter Teil für eine ortsfeste Großanlage, dann nicht im Geltungsbereich – siehe Kriterien für ‚groß'	Überwachungs- und Kontrollinstrumente	9	22.07.2014
Ergometer – mit medizinischer Zusatzfunktion (mit elektrischen Bauteilen, elektr. Strom für Primärfunktion nötig)	ja		Medizinische Geräte	8	22.07.2014
Ergometer – Sportgerät (elektrisch) (elektrischer Strom für Primärfunktion nötig)	ja		Spiel-, Sport- und Freizeitgeräte	7	gültig (2019 für Geräte < 2006)
Ergometer- Sportgerät (mit elektrischen Bauteilen – elektr. Strom für Primärfunktion nicht nötig)	ja	siehe ‚zumindest eine beabsichtigte Funktion'	Spiel-, Sport- und Freizeitgeräte	7	22.07.2019 (zuvor nicht im AWB)
Espressomaschine (klein)	ja		Haushaltskleingeräte	2	gültig (2019 für Geräte < 2006)
Espressomaschine, Kaffeemaschine (groß, gewerblich/industriell)	ja		Haushaltsgroßgeräte	1	gültig (2019 für Geräte < 2006)
Fahrradanhänger elektrisch	ja		Spiel-, Sport- und Freizeitgeräte	7	gültig (2019 für Geräte < 2006)
Fahrraddynamo	nein	rein mechanischer Teil	–	–	–

Geräteart	Im AWB der RL 2011/65/EU	Anmerkungen	Gerätekategorie gem. Anhang I RL 2011/65/EU	G-Kat-Nr.	IVS-Verbot ab
Fahrscheinautomat	ja		Automatische Ausgabegeräte	10	gültig (2019 für Geräte < 2006)
Fahrscheinautomat in Fahrzeug eingebaut	nein	Gerät als Teil von Ausnahme ‚Verkehrsmittel zur Personenbeförderung' konzipiert	–	–	–
Fahrzeugdiagnosegerät	ja		EE-Werkzeuge	6	gültig (2019 für Geräte < 2006)
Fahrzeuggerät zur Mautabbuchung, Go-Box	ja		IT & Telekommunikationsgeräte	3	gültig (2019 für Geräte < 2006)
Fasspumpe	ja		EE-Werkzeuge	6	gültig (2019 für Geräte < 2006)
Faxgerät	ja		IT & Telekommunikationsgeräte	3	gültig (2019 für Geräte < 2006)
Fenster mit elektrisch betriebener Sonnenschutzrollo	nach Bauart	zwei getrennt zu betrachtende Teile Fenster und Sonnenschutzrollo, wenn als ein Teil gefertigt, dann im Geltungsbereich; vgl. Möbel	Sonstige Elektro- und Elektronikgeräte (Möbel u. ä.)	11	22.07.2019 (nicht in Anhang I)
Fenster mit elektrischem Fensteröffner oder mit Fernbedienung funktionierend etc.	ja	siehe ‚zumindest eine beabsichtigte Funktion' (vgl. Möbel)	Sonstige Elektro- und Elektronikgeräte (Möbel u. ä.)	11	22.07.2019 (nicht in Anhang I)
Fernbedienung	ja		Geräte der Unterhaltungselektronik	4	gültig (2019 für Geräte < 2006)
Fernregler für Heizstab für Warmwasserheizkörper	ja		Überwachungs- und Kontrollinstrumente	9	22.07.2014

Geräteart	Im AWB der RL 2011/65/EU	Anmerkungen	Gerätekategorie gem. Anhang I RL 2011/65/EU	G-Kat-Nr.	IVS-Verbot ab
Fernschreiber	ja		IT & Telekommunikationsgeräte	3	gültig (2019 für Geräte < 2006)
Fernseh- o. Videoschrank in dem eine Steckdosenleiste eingebaut ist (Teile trennbar)	siehe EEE Definition	wenn Möbel und EEE getrennt werden kann und beide getrennt voll funktionsfähig sind, gilt Möbel außerhalb des Geltungsbereichs, das EEE ist im Geltungsbereich	–	–	siehe EEE
Fernsehgerät, TV-Gerät, Monitor – TV (Röhre bzw. Flachbildschirm – TFT, LCD, Plasma etc.)	ja		Geräte der Unterhaltungselektronik	4	gültig (2019 für Geräte < 2006)
Fernsehgerät-Kombinationen (mit DVD, Tuner, Video, ...)	ja		Geräte der Unterhaltungselektronik	4	gültig (2019 für Geräte < 2006)
Fernsteuerung (Unterhaltungselektronik)	ja		Geräte der Unterhaltungselektronik	4	gültig (2019 für Geräte < 2006)
Fernsteuerungskonsole (Spiele)	ja		Spiel-, Sport- und Freizeitgeräte	7	gültig (2019 für Geräte < 2006)
Festplatte (extern)	a		IT & Telekommunikationsgeräte	3	gültig (2019 für Geräte < 2006)
Fettmessgerät, Fettmesswaage	ja		Medizinische Geräte	8	22.07.2014
Fettpresse (Netz/Akku)	ja		EE-Werkzeuge	6	gültig (2019 für Geräte < 2006)
Fieberthermometer (elektrisch, digital, Batterie/Akku)	ja		Medizinische Geräte	8	22.07.2014

Geräteart	Im AWB der RL 2011/65/EU	Anmerkungen	Gerätekategorie gem. Anhang I RL 2011/65/EU	G-Kat-Nr.	IVS-Verbot ab
Filmentwicklungsmaschine (ortsfest montiert, gewerblich/industriell)	ja	Einbau in Gebäude kein Ausschließungsgrund, nur wenn ortsfestes industrielles Großwerkzeug, dann nicht im Geltungsbereich	EE-Werkzeuge	6	22.07.2019 (zuvor nicht im AWB)
Filmentwicklungsmaschine (groß, gewerblich/industriell)	ja		EE-Werkzeuge	6	gültig (2019 für Geräte < 2006)
Filmkamera (analog)	ja		Geräte der Unterhaltungselektronik	4	gültig (2019 für Geräte < 2006)
Filmprojektor (elektrisch)	ja		Geräte der Unterhaltungselektronik	4	gültig (2019 für Geräte < 2006)
Filmvorführapparate (Kino) (ortsfest montiert, gewerblich/industriell)	ja	Einbau in Gebäude kein Ausschließungsgrund, nur wenn ortsfeste Großanlage, dann nicht im Geltungsbereich – siehe Kriterien für ‚groß‘	Geräte der Unterhaltungselektronik	4	22.07.2019 (zuvor nicht im AWB)
Filteranlage (für Swimmingpool)	ja		EE-Werkzeuge	6	gültig (2019 für Geräte < 2006)
FI-Schalter, Leitungsschutzschalter, Sicherungsautomat (elektronisch) (= Verteilereinbaugerät)	ja/nein	‚nein‘ wenn ausschließlich als Bauteil für ein Elektrogerät in Verkehr gesetzt und das Gesamt-EEE wird entpflichtet; ‚ja‘ wenn als Einzelgerät/-teil verkauft, gelten nicht als speziell konzipierte Teile	Überwachungs- und Kontrollinstrumente	9	22.07.2014
Fitnessgerät bzw. Sportgerät (elektrisch, elektrischer Strom für Primärfunktion nötig)	ja		Spiel-, Sport- und Freizeitgeräte	7	gültig (2019 für Geräte < 2006)

Geräteart	Im AWB der RL 2011/65/EU	Anmerkungen	Gerätekategorie gem. Anhang I RL 2011/65/EU	G-Kat-Nr.	IVS-Verbot ab
Fitnessgerät bzw. Sportgerät wie Heimtrainer, Crosstrainer, Elliptical, Stepper, Rudergerät, Multifunktionsgerät u. ä. (mit elektronischen Bauteilen, elektrischer Strom für Primärfunktion nicht nötig)	ja	siehe ‚zumindest eine beabsichtigte Funktion'	Spiel-, Sport- und Freizeitgeräte	7	22.07.2019 (zuvor nicht im AWB)
Fläschchenwärmer (Baby-)	ja		Haushaltskleingeräte	2	gültig (2019 für Geräte < 2006)
Flaschenkühler, Weinkühler (elektrisch)	ja		Haushaltskleingeräte	2	gültig (2019 für Geräte < 2006)
Flaschenrücknahmeautomat	ja		Automatische Ausgabegeräte	10	gültig (2019 für Geräte < 2006)
Flaschenrücknahmesystem	nein	Annahme, dass Kriterien für ortsfeste Großanlage erfüllt – siehe Kriterien für ‚groß'	–	–	–
Flaschenzug (mit Elektromotor)	ja		EE-Werkzeuge	6	gültig (2019 für Geräte < 2006)
Flash-Card	ja		IT & Telekommunikationsgeräte	3	gültig (2019 für Geräte < 2006)
Fleischwolf (elektrisch)	ja		Haushaltskleingeräte	2	gültig (2019 für Geräte < 2006)
Fliesenschneidemaschine (elektrisch)	ja		EE-Werkzeuge	6	gültig (2019 für Geräte < 2006)
Flipper (elektrisch)	ja		Spiel-, Sport- und Freizeitgeräte	7	gültig (2019 für Geräte < 2006)

Geräteart	Im AWB der RL 2011/65/EU	Anmerkungen	Gerätekategorie gem. Anhang I RL 2011/65/EU	G-Kat-Nr.	IVS-Verbot ab
Flugschreiber	nein	Gerät als Teil von Ausnahme ‚Verkehrsmittel zur Personenbeförderung' konzipiert	–	–	–
Flugsimulator (Anlage)	nein	Annahme, dass Kriterien für ortsfeste Großanlage erfüllt – siehe Kriterien für ‚groß'	–	–	–
Flüssigkeitschromatograph	ja		EE-Werkzeuge	6	gültig (2019 für Geräte < 2006)
Folienschweißgerät (groß, ortsfest montiert, gewerblich/industriell)	ja	Einbau in Gebäude kein Ausschließungsgrund, nur wenn ortsfestes industrielles Großwerkzeug, dann nicht im Geltungsbereich	EE-Werkzeuge	6	22.07.2019 (zuvor nicht im AWB)
Folienschweißgerät (klein, Haushalt)	ja		Haushaltskleingeräte	2	gültig (2019 für Geräte < 2006)
Förderband- bzw. Fließbandanlage (ortsfest montiert, gewerblich/industriell)	nein	Beispiel für ortsfeste Großanlage	–	–	–
Förderbandantrieb (elektrisch, gewerblich/industriell)	ja	nur wenn speziell konzipierter Teil für eine ortsfeste Großanlage/Teil eines ortsfesten industriellen Großwerkzeuges, dann nicht im Geltungsbereich – siehe Kriterien für ‚groß'	EE-Werkzeuge	6	gültig (2019 für Geräte < 2006)
Formularschneidemaschinen (elektrisch)	ja		EE-Werkzeuge	6	gültig (2019 für Geräte < 2006)
Fotoapparat (Akku/Batterie)	ja		Geräte der Unterhaltungselektronik	4	gültig (2019 für Geräte < 2006)

Geräteart	Im AWB der RL 2011/65/EU	Anmerkungen	Gerätekategorie gem. Anhang I RL 2011/65/EU	G-Kat-Nr.	IVS-Verbot ab
Fotodrucker	ja		Geräte der Unterhaltungselektronik	4	gültig (2019 für Geräte < 2006)
Fotoscanner	ja		IT & Telekommunikationsgeräte	3	gültig (2019 für Geräte < 2006)
Frankiermaschine	ja		IT & Telekommunikationsgeräte	3	gültig (2019 für Geräte < 2006)
Fräsgerät (gewerblich/industriell)	ja		EE-Werkzeuge	6	gültig (2019 für Geräte < 2006)
Fräsgerät (Netz/Akku)	ja		EE-Werkzeuge	6	gültig (2019 für Geräte < 2006)
Freisprechanlage Einbau in Autos, auch Nachrüstsatz wenn ausschließlich für Einbau in Auto konzipiert	nein	Gerät als Teil von Ausnahme ‚Verkehrsmittel zur Personenbeförderung' konzipiert	–	–	–
Fritteuse (klein)	ja		Haushaltskleingeräte	2	gültig (2019 für Geräte < 2006)
Fritteuse (ortsfest montiert, gewerblich/industriell)	ja	Einbau in Gebäude kein Ausschließungsgrund	Haushaltsgroßgeräte	1	22.07.2019 (zuvor nicht im AWB)
Frontlader für Fahrzeuge (Baggerschaufel, Schneepflug etc.)	nein	als Teil eines Fahrzeuges konzipiert	–	–	–
Frostwächter, Frostschutzgerät	ja		Überwachungs- und Kontrollinstrumente	9	22.07.2014
Frucht-/Saftpresse (elektrisch)	ja		Haushaltskleingeräte	2	gültig (2019 für Geräte < 2006)

Geräteart	Im AWB der RL 2011/65/EU	Anmerkungen	Gerätekategorie gem. Anhang I RL 2011/65/EU	G-Kat-Nr.	IVS-Verbot ab
Funkdatenübertragungsgerät	ja	Kompaktgerät für Video- oder Audioübertragung im Home-Bereich	IT & Telekommunikationsgeräte	3	gültig (2019 für Geräte < 2006)
Funkdatenübertragungsgerät (gewerblich/industriell)	ja	Kompaktgerät im Unternehmensbereich z. B. Barcodelesegeräte in einem	IT & Telekommunikationsgeräte	3	gültig (2019 für Geräte < 2006)
Funkdatenübertragungsgerät (Teil einer Anlage)	ja	nur wenn speziell konzipiertes Gerät als Teil für eine ortsfeste Großanlage, dann nicht im Geltungsbereich – siehe Kriterien für ‚groß'	IT & Telekommunikationsgeräte	3	22.07.2019 (zuvor nicht im AWB)
Funkfernsteuergerät	ja		Überwachungs- und Kontrollinstrumente	9	22.07.2014
Funkgerät in Helmen	ja		Geräte der Unterhaltungselektronik	4	gültig (2019 für Geräte < 2006)
Funk-Gong	ja		Haushaltskleingeräte	2	gültig (2019 für Geräte < 2006)
Funkmotor mit Handsender (z. B. für Sonnenschutzrollo) (ortsfest montiert)	ja	Einbau in Gebäude kein Ausschließungsgrund	EE-Werkzeuge	6	22.07.2019 (zuvor nicht im AWB)
Funkmotor mit Handsender (z. B. für Sonnenschutzrollo) (z. B. Selbstbausatz)	ja		EE-Werkzeuge	6	gültig (2019 für Geräte < 2006)
Funknavigationsgerät, GPS (mobil)	ja		IT & Telekommunikationsgeräte	3	gültig (2019 für Geräte < 2006)
Funknavigationsgerät, GPS für Einbau in Autos, auch Nachrüstsatz wenn ausschließlich für Einbau in Auto konzipiert	nein	Gerät als Teil von Ausnahme ‚Verkehrsmittel zur Personenbeförderung' konzipiert	–	–	–

Geräteart	Im AWB der RL 2011/65/EU	Anmerkungen	Gerätekategorie gem. Anhang I RL 2011/65/EU	G-Kat-Nr.	IVS-Verbot ab
Funkschalter, Infrarotschalter, Wandfunkschalter (nicht verdrahtet)	ja	als endgefertigtes Produkt in Verkehr gesetzt	Haushaltskleingeräte	2	gültig (2019 für Geräte < 2006)
Funksprechgerät (Hand-)	ja		IT & Telekommunikationsgeräte	3	gültig (2019 für Geräte < 2006)
Funksprechgerät (Tischgerät)	ja		IT & Telekommunikationsgeräte	3	gültig (2019 für Geräte < 2006)
Funksprechgerät ausschließlich für Polizei, Rettung, Feuerwehr	ja		IT & Telekommunikationsgeräte	3	gültig (2019 für Geräte < 2006)
Funksteckdosenleiste	ja		Haushaltskleingeräte	2	gültig (2019 für Geräte < 2006)
Funksteckdosenset	ja		Haushaltskleingeräte	2	gültig (2019 für Geräte < 2006)
Fußbad, Fußsprudelbad	ja		Haushaltskleingeräte	2	gültig (2019 für Geräte < 2006)
Fußschalter für Geräte (z. B. kleine Tippschalter) – Funktion mechanisch	ja	Teil; siehe Schalter mit elektronischer Funktion unter Gerätekategorie 9	Sonstige Elektro- und Elektronikgeräte (Teile)	11	22.07.2019 (nicht in Anhang I)
Fußschalter für Geräte, der eindeutig einem Gerät zuordenbar ist (z. B. Fußschalter für Nähmaschine)	ja		siehe EEE-Definition	siehe EEE	siehe EEE
Fußwärmer (elektrisch)	ja		Haushaltskleingeräte	2	gültig (2019 für Geräte < 2006)
Gabelstapler (elektrisch), Elektrostapler (gewerblich industriell)	nein	siehe bewegliche Maschine für professionelle Nutzung	–	–	–

Geräteart	Im AWB der RL 2011/65/EU	Anmerkungen	Gerätekategorie gem. Anhang I RL 2011/65/EU	G-Kat-Nr.	IVS-Verbot ab
Garagentorantrieb (ortsfest montiert)	ja	Einbau in Gebäude kein Ausschließungsgrund	EE-Werkzeuge	6	22.07.2019 (zuvor nicht im AWB)
Garagentorantrieb (z. B. Selbstbausatz)	ja		EE-Werkzeuge	6	gültig (2019 für Geräte < 2006)
Gartengrill (elektrisch)	ja		Haushaltskleingeräte	2	gültig (2019 für Geräte < 2006)
Gartenhäcksler (elektrisch)	ja		EE-Werkzeuge	6	gültig (2019 für Geräte < 2006)
Gas- und Dieselheizkanonen (elektrisch und/oder elektronische Bauteile)	ja		Haushaltsgroßgeräte	1	gültig (2019 für Geräte < 2006)
Gasherd mit elektrischer Zündung	ja	siehe ‚zumindest eine beabsichtigte Funktion'	Haushaltsgroßgeräte	1	22.07.2019 (zuvor nicht im AWB)
Gasherd mit elektronischen Bauteilen (z. B. Uhr o. ä.)	ja	siehe ‚zumindest eine beabsichtigte Funktion'	Haushaltsgroßgeräte	1	22.07.2019 (zuvor nicht im AWB)
Gasturbine für die Stromerzeugung (mobil)	ja		EE-Werkzeuge	6	gültig (2019 für Geräte < 2006)
Gaswarnanlage als Teil einer Anlage (gewerblich/industriell)	ja	nur wenn speziell konzipiertes Gerät als Teil für eine ortsfeste Großanlage, dann nicht im Geltungsbereich – siehe Kriterien für ‚groß'	Überwachungs- und Kontrollinstrumente – industriell	9	22.07.2017
Gefahrengutschrank mit Absaugung (ortsfest montiert)	ja	Einbau in Gebäude kein Ausschließungsgrund, nur wenn ortsfeste Großanlage, dann nicht im Geltungsbereich – siehe Kriterien für ‚groß'; vgl. Möbel	Sonstige Elektro- und Elektronikgeräte (nicht zuordenbar)	11	22.07.2019 (nicht in Anhang I)

Geräteart	Im AWB der RL 2011/65/EU	Anmerkungen	Gerätekategorie gem. Anhang I RL 2011/65/EU	G-Kat-Nr.	IVS-Verbot ab
Gefriergerät	ja		Haushaltsgroßgeräte	1	gültig (2019 für Geräte < 2006)
Gefriergerät (gewerblich/industriell)	ja	nur wenn ortsfeste Großanlage, dann nicht im Geltungsbereich – siehe Kühlsysteme/-anlage – ortsfeste Großanlage	Haushaltsgroßgeräte	1	gültig (2019 für Geräte < 2006)
Gefriergerät (Medizin), mit Kältemittel	ja		Medizinische Geräte	8	22.07.2014
Gefriergerät (Medizin), ohne Kältemittel	ja		Medizinische Geräte	8	22.07.2014
Gefriergerät (ortsfest montiert)	ja	Einbau in Gebäude kein Ausschließungsgrund	Haushaltsgroßgeräte	1	22.07.2019 (zuvor nicht im AWB)
Gegensprechanlage	ja	Einbau in Gebäude kein Ausschließungsgrund	IT & Telekommunikationsgeräte	3	22.07.2019 (zuvor nicht im AWB)
Gegensprechanlage mit Telefon und Videofunktion	ja		IT & Telekommunikationsgeräte	3	22.07.2019 (zuvor nicht im AWB)
Gegenstromanlage (Schwimmbad)	siehe	siehe Pumpe	–	–	–
Geldautomat (Bankomat, Wechselautomat)	ja		Automatische Ausgabegeräte	10	gültig (2019 für Geräte < 2006)
Geldsortier-, Geldzähl- oder Geldeinwickelmaschinen	ja		IT & Telekommunikationsgeräte	3	gültig (2019 für Geräte < 2006)
Gelsenstecker	ja		Haushaltskleingeräte	2	gültig (2019 für Geräte < 2006)
Generator (Stromerzeuger) (gewerblich/industriell)	ja		EE-Werkzeuge	6	gültig (2019 für Geräte < 2006)
Generator (Stromerzeuger) (Haushalt)	ja		EE-Werkzeuge	6	gültig (2019 für Geräte < 2006)

Geräteart	Im AWB der RL 2011/65/EU	Anmerkungen	Gerätekategorie gem. Anhang I RL 2011/65/EU	G-Kat-Nr.	IVS-Verbot ab
Generator (Stromerzeuger) (ortsfest montiert, Teil einer Anlage, gewerblich/industriell)	ja	Einbau in Gebäude kein Ausschließungsgrund, nur wenn speziell konzipierter Teil für eine ortsfeste Großanlage/Teil eines ortsfesten industriellen Großwerkzeuges, dann nicht im Geltungsbereich – siehe Kriterien für ‚groß'	EE-Werkzeuge	6	22.07.2019 (zuvor nicht im AWB)
Gerät zum Einsatz im Weltraum	nein	eine definierte Ausnahme	–	–	–
Gerät zum Putten-Üben	ja		Spiel-, Sport- und Freizeitgeräte	7	gültig (2019 für Geräte < 2006)
Gerät zum Zweck der Forschung und Entwicklung entworfen	nein	eine definierte Ausnahme	–	–	–
Gerät zur Wahrung von Sicherheitsinteressen	nein	eine definierte Ausnahme	–	–	–
Gerüstaufzug, Seilwinde und Hochbauwinde, Schrägaufzug	ja		EE-Werkzeuge	6	gültig (2019 für Geräte < 2006)
Geschirrspüler (groß, gewerblich/industriell)	ja		Haushaltsgroßgeräte	1	gültig (2019 für Geräte < 2006)
Geschirrspüler (Haushalt)	ja		Haushaltsgroßgeräte	1	gültig (2019 für Geräte < 2006)
Geschirrspüler (ortsfest montiert, gewerblich/industriell)	ja	nur wenn ortsfeste Großanlage, dann nicht im Geltungsbereich – siehe Kriterien für ‚groß'	Haushaltsgroßgeräte	1	22.07.2019 (zuvor nicht im AWB)
Gesellschaftsspiel mit Batterie/Akku und/oder elektronischen Bauteilen – auch ohne Batterie/Akku spielbar	ja	siehe ‚zumindest eine beabsichtigte Funktion'	Spiel-, Sport- und Freizeitgeräte	7	22.07.2019 (zuvor nicht im AWB)

Geräteart	Im AWB der RL 2011/65/EU	Anmerkungen	Gerätekategorie gem. Anhang I RL 2011/65/EU	G-Kat-Nr.	IVS-Verbot ab
Gesellschaftsspiel mit Batterie/Akku und/oder elektronischen Bauteilen – ohne Batterie/Akku nicht spielbar	ja		Spiel-, Sport- und Freizeitgeräte	7	gültig (2019 für Geräte < 2006)
Gesichtsbräunungsgerät	ja		Haushaltskleingeräte	2	gültig (2019 für Geräte < 2006)
Gesichtssauna/-dampfgerät	ja		Haushaltskleingeräte	2	gültig (2019 für Geräte < 2006)
Getränkeabfüllanlage	nein	Beispiel für ortsfeste Großanlage	–	–	–
Getreidemühle (elektrisch)	ja		Haushaltskleingeräte	2	gültig (2019 für Geräte < 2006)
Gewindebohrmaschine	ja		EE-Werkzeuge	6	gültig (2019 für Geräte < 2006)
Gitarre (elektrisch)	ja		Geräte der Unterhaltungselektronik	4	gültig (2019 für Geräte < 2006)
Glasfaserleitungstestgerät	ja		EE-Werkzeuge	6	gültig (2019 für Geräte < 2006)
Globus beleuchtet	ja	siehe ‚zumindest eine beabsichtigte Funktion'	Spiel-, Sport- und Freizeitgeräte	7	22.07.2019 (zuvor nicht im AWB)
Glückwunschkarte mit Geräuschfunktion (Batterie)	ja	siehe ‚zumindest eine beabsichtigte Funktion'	Sonstige Elektro- und Elektronikgeräte (nicht zuordenbar)	11	22.07.2019 (nicht in Anhang I)
Golfcart, Golfcar, Mehrzweckfahrzeuge (Golf), Behindertenfahrzeug (elektrisch)	nein	Ausnahme ‚Verkehrsmittel zur Personen- und Güterbeförderung'	–	–	–

Geräteart	Im AWB der RL 2011/65/EU	Anmerkungen	Gerätekategorie gem. Anhang I RL 2011/65/EU	G-Kat-Nr.	IVS-Verbot ab
Grafik Chip, GPU	abhängig – ja/nein	Leiterplatten und Bauteile im Geltungsbereich wenn als ‚endgefertigtes Produkt' verkauft, Leiterplatten/Karten, die für weitere Produktionsschritte oder einen Einbau gedacht sind, gelten nicht als ‚fertiges Produkt'	IT & Telekommunikationsgeräte	3	22.07.2019 (zuvor nicht im AWB)
Grillgerät, Backofen (elektrisch, Tischgerät)	ja		Haushaltskleingeräte	2	gültig (2019 für Geräte < 2006)
Großrechner	ja		IT & Telekommunikationsgeräte	3	gültig (2019 für Geräte < 2006)
Ground Power Unit (Stromversorgungsanlage für Flugzeuge)	ja		EE-Werkzeuge	6	gültig (2019 für Geräte < 2006)
Haarschneidegerät (Netz/Akku)	ja		Haushaltskleingeräte	2	gültig (2019 für Geräte < 2006)
Haartrockner	ja		Haushaltskleingeräte	2	gültig (2019 für Geräte < 2006)
Haartrockner (Wandmontage im Hotelzimmer – gewerblich/industriell)	ja		Haushaltskleingeräte	2	gültig (2019 für Geräte < 2006)
Halbleitertestsystem (gewerblich/industriell)	ja		Überwachungs- und Kontrollinstrumente – industriell	9	22.07.2017
Händetrockner (Wandmontage, gewerblich/industriell)	ja		Haushaltskleingeräte	2	gültig (2019 für Geräte < 2006)
Handheld (Pocket PCs)	ja		IT & Telekommunikationsgeräte	3	gültig (2019 für Geräte < 2006)

Geräteart	Im AWB der RL 2011/65/EU	Anmerkungen	Gerätekategorie gem. Anhang I RL 2011/65/EU	G-Kat-Nr.	IVS-Verbot ab
Handhubwagen mit elektrischer Waage	ja	siehe ‚zumindest eine beabsichtigte Funktion'	Sonstige Elektro- und Elektronikgeräte (nicht zuordenbar)	11	22.07.2019 (nicht in Anhang I)
Handspielzeug wie Feuerwehrauto, Spielzeugeisenbahn etc. mit elektr. Zusatzfunktion (Licht und/oder Ton, z. B. Blinklicht)	ja	siehe ‚zumindest eine beabsichtigte Funktion'	Spiel-, Sport- und Freizeitgeräte	7	22.07.2019 (zuvor nicht im AWB)
Handstaubsauger (Netz/Akku)	ja		Haushaltskleingeräte	2	gültig (2019 für Geräte < 2006)
Handtuchwärmer, Handtuchtrockner (Wandmontage und steckerfertig)	ja		Haushaltsgroßgeräte	1	gültig (2019 für Geräte < 2006)
Härteprüfgerät (gewerblich/industriell)	ja		Überwachungs- und Kontrollinstrumente – industriell	9	22.07.2017
Hausantenne	ja	benötigt zwar keinen Strom aber Kernfunktion ist Empfang und Übertragung elektromagnetischer Wellen	Geräte der Unterhaltungselektronik	4	22.07.2019 (zuvor nicht im AWB)
Headset für Telefone	ja		IT & Telekommunikationsgeräte	3	gültig (2019 für Geräte < 2006)
Heckenschere	ja		EE-Werkzeuge	6	gültig (2019 für Geräte < 2006)
Heftmaschine (elektrisch)	ja		IT & Telekommunikationsgeräte	3	gültig (2019 für Geräte < 2006)
Heißluftgebläse, Heizkanone (groß, gewerblich/industriell)	ja		Haushaltsgroßgeräte	1	gültig (2019 für Geräte < 2006)

Geräteart	Im AWB der RL 2011/65/EU	Anmerkungen	Gerätekategorie gem. Anhang I RL 2011/65/EU	G-Kat-Nr.	IVS-Verbot ab
Heizdecke	ja		Haushaltskleingeräte	2	gültig (2019 für Geräte < 2006)
Heizgerät (ortsfest montiert)	ja	nur wenn speziell konzipiertes Gerät als Teil für eine ortsfeste Großanlage, dann nicht im Geltungsbereich – siehe Heizsysteme/-anlagen	Haushaltsgroßgeräte	1	22.07.2019 (zuvor nicht im AWB)
Heizgerät (transportabel)	ja		Haushaltsgroßgeräte	1	gültig (2019 für Geräte < 2006)
Heizkissen	ja		Haushaltskleingeräte	2	gültig (2019 für Geräte < 2006)
Heizkissen (für Auto, 12-Volt Anschluss über Zigarettenanzünder)	ja	nicht eingebaut, wird nicht dauerhaft mit dem Fahrzeug verbunden	Haushaltskleingeräte	2	gültig (2019 für Geräte < 2006)
Heizkörper (elektrisch bzw. mit elektronischen Bauteilen)	ja		Haushaltsgroßgeräte	1	gültig (2019 für Geräte < 2006)
Heizkörper (elektrisch, ortsfest montiert), wahlweise auch mit Hilfe eines elektrischen Elektroheizstabes betrieben	ja	Einbau in Gebäude kein Ausschließungsgrund	Haushaltsgroßgeräte	1	22.07.2019 (zuvor nicht im AWB)
Heizlüfter	ja		Haushaltskleingeräte	2	gültig (2019 für Geräte < 2006)
Heizpistole (Heißluftpistole)	ja		EE-Werkzeuge	6	gültig (2019 für Geräte < 2006)
Heizsohle	ja		Haushaltskleingeräte	2	gültig (2019 für Geräte < 2006)
Heizstab für Warmwasserheizkörper (Teil einer Anlage)	ja		Haushaltsgroßgeräte	1	22.07.2019 (zuvor nicht im AWB)

Geräteart	Im AWB der RL 2011/65/EU	Anmerkungen	Gerätekategorie gem. Anhang I RL 2011/65/EU	G-Kat-Nr.	IVS-Verbot ab
Heizsystem/-anlage – ortsfeste Großanlage	nein	Beispiel für ortsfeste Großanlage	–	–	–
Heizungsregulatoren (ortsfest montiert)	ja	Einbau in Gebäude kein Ausschließungsgrund	Überwachungs- und Kontrollinstrumente	9	22.07.2014
Helm mit Stirnleuchte (Batterie/Akku)	ja	siehe ‚zumindest eine beabsichtigte Funktion'	Sonstige Elektro- und Elektronikgeräte (nicht zuordenbar)	11	22.07.2019 (nicht in Anhang I)
Herd (Elektro-, inkl. Gas-Kombiherd)	ja		Haushaltsgroßgeräte	1	gültig (2019 für Geräte < 2006)
Herzschrittmacher	nein	Beispiel für Ausnahme ‚aktive implantierbare medizinische Geräte'	–	–	–
HIFI-Anlage	ja		Geräte der Unterhaltungselektronik	4	gültig (2019 für Geräte < 2006)
Hilferufanlage, Hilferufsystem	ja		Medizinische Geräte	8	22.07.2014
Hilferuf-Kleingerät	ja		Medizinische Geräte	8	22.07.2014
Hobelgerät (elektrisch)	ja		EE-Werkzeuge	6	gültig (2019 für Geräte < 2006)
Hobelgerät (elektrisch, ortsfest montiert, gewerblich/industriell)	ja	Einbau in Gebäude kein Ausschließungsgrund, nur wenn ortsfestes industrielles Großwerkzeug, dann nicht im Geltungsbereich	EE-Werkzeuge	6	22.07.2019 (zuvor nicht im AWB)
Hochdruckreiniger	ja		EE-Werkzeuge	6	gültig (2019 für Geräte < 2006)

Geräteart	Im AWB der RL 2011/65/EU	Anmerkungen	Gerätekategorie gem. Anhang I RL 2011/65/EU	G-Kat-Nr.	IVS-Verbot ab
Hochspannungsgenerator für Weidezaun	ja		EE-Werkzeuge	6	gültig (2019 für Geräte < 2006)
Höhenmesser (elektrisch)	ja		Spiel-, Sport- und Freizeitgeräte	7	gültig (2019 für Geräte < 2006)
Höhensonne (klein)	ja		Haushaltskleingeräte	2	gültig (2019 für Geräte < 2006)
Holzspaltgerät (elektrisch)	ja		EE-Werkzeuge	6	gültig (2019 für Geräte < 2006)
Home-Manager (zentrales Hausmanagement) (ortsfest montiert)	ja	Einbau in Gebäude kein Ausschließungsgrund	Überwachungs- und Kontrollinstrumente	9	22.07.2014
Hörgerät	ja		Medizinische Geräte	8	22.07.2014
Hörprothese (Implantat)	nein	siehe Ausnahme ‚aktive implantierbare medizinische Geräte‘	–	–	–
Hotdog-Maschine (gewerblich/industriell)	ja		Haushaltskleingeräte	2	gültig (2019 für Geräte < 2006)
Hotelfernsehanlage – Verteiler	ja		Geräte der Unterhaltungselektronik	4	gültig (2019 für Geräte < 2006)
Hubwagen	nein	siehe bewegliche Maschine für professionelle Nutzung	–	–	–
Hühnernassrupfmaschine	ja		EE-Werkzeuge	6	gültig (2019 für Geräte < 2006)
Hygienespender sensorbetrieben (z. B. für Handtücher, Seife)	ja		Haushaltskleingeräte	2	gültig (2019 für Geräte < 2006)

Geräteart	Im AWB der RL 2011/65/EU	Anmerkungen	Gerätekategorie gem. Anhang I RL 2011/65/EU	G-Kat-Nr.	IVS-Verbot ab
IndustriePC – speziell für Großanlage gebaut	nein	wenn speziell konzipiertes Gerät als Teil für eine ortsfeste Großanlage, dann nicht im Geltungsbereich – siehe Kriterien für ‚groß'	–	–	–
IndustriePC – Standard PC, mit spezieller Software betrieben (Teil einer Anlage)	ja	nur wenn speziell konzipierter Teil für eine ortsfeste Großanlage/Teil eines ortsfesten industriellen Großwerkzeuges, dann nicht im Geltungsbereich – siehe Kriterien für ‚groß'	IT & Telekommunikationsgeräte	3	22.07.2019 (zuvor nicht im AWB)
IndustriePC (gewerblich/industriell)	ja		IT & Telekommunikationsgeräte	3	gültig (2019 für Geräte < 2006)
Industriestaubsauger (gewerblich/industriell)	ja		Haushaltsgroßgeräte	1	gültig (2019 für Geräte < 2006)
Industriestaubsauger (Haushalt)	ja		Haushaltsgroßgeräte	1	gültig (2019 für Geräte < 2006)
Infrarotbestrahlungsgerät (klein, Haushalt)	ja		Medizinische Geräte	8	22.07.2014
Infrarotempfänger für Konferenz- und Dolmetschanlage	ja		IT & Telekommunikationsgeräte	3	gültig (2019 für Geräte < 2006)
Infrarotheizgerät	ja		Haushaltsgroßgeräte	1	gültig (2019 für Geräte < 2006)
Infrarotkabine Selbstbausatz – elektrische Heizelemente	ja		Haushaltsgroßgeräte	1	gültig (2019 für Geräte < 2006)
Inhalationsgerät	ja		Medizinische Geräte	8	22.07.2014

Geräteart	Im AWB der RL 2011/65/EU	Anmerkungen	Gerätekategorie gem. Anhang I RL 2011/65/EU	G-Kat-Nr.	IVS-Verbot ab
Insektenkiller (elektrisch, klein)	ja		Haushaltskleingeräte	2	gültig (2019 für Geräte < 2006)
Insektenkiller (groß, gewerblich/industriell)	ja		Haushaltsgroßgeräte	1	gültig (2019 für Geräte < 2006)
Interface Card (externes Gerät)	ja		IT & Telekommunikationsgeräte	3	gültig (2019 für Geräte < 2006)
Interface Card (im PC eingebaut)	abhängig – ja/nein	Leiterplatten und Bauteile im Geltungsbereich wenn als ‚endgefertigtes Produkt' verkauft, Leiterplatten/Karten, die für weitere Produktionsschritte oder einen Einbau gedacht sind, gelten nicht als ‚fertiges Produkt'	IT & Telekommunikationsgeräte	3	22.07.2019 (zuvor nicht im AWB)
In-vitro Diagnostikgerät	ja		Medizinische Geräte/In-vitro	8	22.07.2016
Joghurtbereiter	ja		Haushaltskleingeräte	2	gültig (2019 für Geräte < 2006)
Jojo mit Lichteffekt	ja	siehe ‚zumindest eine beabsichtigte Funktion'	Spiel-, Sport- und Freizeitgeräte	7	22.07.2019 (zuvor nicht im AWB)
Joystick	ja		IT & Telekommunikationsgeräte	3	gültig (2019 für Geräte < 2006)
Juke-box	ja		Geräte der Unterhaltungselektronik	4	gültig (2019 für Geräte < 2006)
Kabel – Starkstrom	nein	siehe Def. ‚Kabel' Nennspannung < 250 V	–	–	–

Geräteart	Im AWB der RL 2011/65/EU	Anmerkungen	Gerätekategorie gem. Anhang I RL 2011/65/EU	G-Kat-Nr.	IVS-Verbot ab
Kabel (CEE-Gerätekabel, Netzkabel o. ä.)	ja	zum Verbinden von EEE an Steckdose oder von EEE untereinander – siehe Definition ‚Kabel'	IT & Telekommunikationsgeräte	3	22.07.2019 (zuvor nicht im AWB)
Kabel/Leitungen, in Gebäude verlegt	nein	Beispiel für Ausnahme für Kabel, nicht zum Verbinden von EEE an Steckdose oder untereinander	–	–	–
Kabel mit keinem oder nur einem Verbinder/Stecker	ja		Sonstige Elektro- und Elektronikgeräte (Teile)	11	22.07.2019 (nicht in Anhang I)
Kabel mit Verbindern/Steckern an beiden Seiten	ja	zum Verbinden von EEE an Steckdose oder von EEE untereinander – siehe Definition ‚Kabel'	Haushaltskleingeräte	2	22.07.2019 (zuvor nicht im AWB)
Kabelfernsehsignalverteiler	ja		IT & Telekommunikationsgeräte	3	gültig (2019 für Geräte < 2006)
Kabelrolle, Verlängerungskabel	ja	zum Verbinden von EEE an Steckdose oder von EEE untereinander – siehe Definition ‚Kabel'	Haushaltskleingeräte	2	22.07.2019 (zuvor nicht im AWB)
Kaffee-/Teeautomat (groß, gewerblich/industriell)	ja		Automatische Ausgabegeräte	10	gültig (2019 für Geräte < 2006)
Kaffeemaschine, Kaffee-/Teeautomat (klein)	ja		Haushaltskleingeräte	2	gültig (2019 für Geräte < 2006)
Kaffeemühle	ja		Haushaltskleingeräte	2	gültig (2019 für Geräte < 2006)
Kaffeemühle (gewerblich/industriell)	ja		Haushaltskleingeräte	2	gültig (2019 für Geräte < 2006)

Geräteart	Im AWB der RL 2011/65/EU	Anmerkungen	Gerätekategorie gem. Anhang I RL 2011/65/EU	G-Kat-Nr.	IVS-Verbot ab
Kamera mit LEDs (Teil einer Anlage)	ja	auch wenn Teil einer Großanlage – nicht speziell dafür konzipiert	Geräte der Unterhaltungselektronik	4	22.07.2019 (zuvor nicht im AWB)
Kamerasystem für die Untersuchung von Kanalisation, Lüftungsanlagen und Brunnensystemen (gewerblich/industriell)	ja		Überwachungs- und Kontrollinstrumente – industriell	9	22.07.2017
Kardiologiegerät	ja		Medizinische Geräte	8	22.07.2014
Kardiologischer Messplatz (z. B. Teil eines Angiographiesystems)	ja	nur wenn speziell konzipiertes Gerät als Teil für ein ortsfeste Großanlage, dann nicht im Geltungsbereich – siehe Kriterien für ‚groß‘	Medizinische Geräte	8	22.07.2014
Kartenlesegerät (extern)	ja	Kompaktgerät im Small Office- und Homebereich allgemeine Schnittstelle z. B. USB, seriell	IT & Telekommunikationsgeräte	3	gültig (2019 für Geräte < 2006)
Kartenlesegerät (gewerblich/industriell)	ja	Kompaktgerät im Unternehmensbereich propriätäre Schnittstelle z. B. e-Card	IT & Telekommunikationsgeräte	3	gültig (2019 für Geräte < 2006)
Kartonschneidegerät (elektrisch)	ja		EE-Werkzeuge	6	gültig (2019 für Geräte < 2006)
Kartuschenpresse (Netz/Akku)	ja		EE-Werkzeuge	6	gültig (2019 für Geräte < 2006)
Käsereibe (Netz/Akku)	ja		Haushaltskleingeräte	2	gültig (2019 für Geräte < 2006)
Kassensystem	ja		IT & Telekommunikationsgeräte	3	gültig (2019 für Geräte < 2006)
Katzentür (elektromagnetisch)	ja		Haushaltskleingeräte	2	gültig (2019 für Geräte < 2006)

Geräteart	Im AWB der RL 2011/65/EU	Anmerkungen	Gerätekategorie gem. Anhang I RL 2011/65/EU	G-Kat-Nr.	IVS-Verbot ab
Keramikbrennofen	ja		EE-Werkzeuge	6	gültig (2019 für Geräte < 2006)
Keramikbrennofen für medizinische Zwecke	ja		Medizinische Geräte	8	22.07.2014
Kettensäge (benzinbetrieben) mit elektrischem Funken für Zündung	ja	siehe ‚zumindest eine beabsichtigte Funktion'	EE-Werkzeuge	6	22.07.2019 (zuvor nicht im AWB)
Kettensäge (elektrisch)	ja		EE-Werkzeuge	6	gültig (2019 für Geräte < 2006)
Key Detektor für RFID Karten (ortsfest montiert)	ja	Einbau in Gebäude kein Ausschließungsgrund	IT & Telekommunikationsgeräte	3	22.07.2019 (zuvor nicht im AWB)
Key Detektor für RFID Karten (transportabel)	ja		IT & Telekommunikationsgeräte	3	gültig (2019 für Geräte < 2006)
Keyboard/Synthesizer	ja		Geräte der Unterhaltungselektronik	4	gültig (2019 für Geräte < 2006)
Kinderlaptops	ja		Spiel-, Sport- und Freizeitgeräte	7	gültig (2019 für Geräte < 2006)
Kinderlaserpistole	ja		Spiel-, Sport- und Freizeitgeräte	7	gültig (2019 für Geräte < 2006)
Kinderreisebett (elektr. vibrierend)	ja		Haushaltsgroßgeräte	1	gültig (2019 für Geräte < 2006)
Kindertopf mit Geräuschfunktion (Batterie/Akku)	ja	siehe ‚zumindest eine beabsichtigte Funktion'	Sonstige Elektro- und Elektronikgeräte (nicht zuordenbar)	11	22.07.2019 (nicht in Anhang I)

Geräteart	Im AWB der RL 2011/65/EU	Anmerkungen	Gerätekategorie gem. Anhang I RL 2011/65/EU	G-Kat-Nr.	IVS-Verbot ab
Kinderwagen mit elektronischen Bauteilen	ja	siehe ‚zumindest eine beabsichtigte Funktion'	Sonstige Elektro- und Elektronikgeräte (nicht zuordenbar)	11	22.07.2019 (nicht in Anhang I)
Kinosessel, beweglich (mit elektronischen Bauteilen, Bauteile integriert)	ja	siehe ‚zumindest eine beabsichtigte Funktion' (Möbel)	Sonstige Elektro- und Elektronikgeräte (Möbel u. ä.)	11	22.07.2019 (nicht in Anhang I)
Kirchenorgel (elektronisch und/oder digital)	ja		Geräte der Unterhaltungselektronik	4	gültig (2019 für Geräte < 2006)
Klebebandstreifengeber	ja		EE-Werkzeuge	6	gültig (2019 für Geräte < 2006)
Klebepistole (elektrisch)	ja		EE-Werkzeuge	6	gültig (2019 für Geräte < 2006)
Kleinförderband	ja		EE-Werkzeuge	6	gültig (2019 für Geräte < 2006)
Kleinküche, Küchenkombination (z. B. Kühlgerät, Kochplatte(n), Aufbewahrungsteil)	ja		Haushaltsgroßgeräte	1	gültig (2019 für Geräte < 2006)
Kleinkühlgerät	ja	dual use	Haushaltsgroßgeräte	1	gültig (2019 für Geräte < 2006)
Kleinstromverteiler (analog Steckdose jedoch unterschiedl. Steckerformate)	ja	zum Verbinden von EEE an Steckdose oder von EEE untereinander – siehe Definition ‚Kabel'	Haushaltskleingeräte	2	22.07.2019 (zuvor nicht im AWB)
Klimagerät (groß, ortsfest montiert)	ja	Einbau in Gebäude kein Ausschließungsgrund, nur wenn ortsfeste Großanlage, dann nicht im Geltungsbereich – siehe Klimasysteme/-anlagen – ortsfeste Großanlage	Haushaltsgroßgeräte	1	22.07.2019 (zuvor nicht im AWB)

Geräteart	Im AWB der RL 2011/65/EU	Anmerkungen	Gerätekategorie gem. Anhang I RL 2011/65/EU	G-Kat-Nr.	IVS-Verbot ab
Klimagerät (klein)	ja		Haushaltsgroßgeräte	1	gültig (2019 für Geräte < 2006)
Klimasteuerungsgerät (z. B. Thermostat für Sauna)	ja		Überwachungs- und Kontrollinstrumente	9	22.07.2014
Klimasystem/-anlage – ortsfeste Großanlage	nein	Beispiel für ortsfeste Großanlage	–	–	–
Klingelanlage, z. B. Außen-Ton-Klingelanlage	ja		Haushaltskleingeräte	2	gültig (2019 für Geräte < 2006)
Knetmaschine (gewerblich/industriell)	ja		Haushaltsgroßgeräte	1	gültig (2019 für Geräte < 2006)
Knetmaschine (klein)	ja		Haushaltskleingeräte	2	gültig (2019 für Geräte < 2006)
Kochendwassergerät	ja		Haushaltsgroßgeräte	1	gültig (2019 für Geräte < 2006)
Kochfeld/-mulde	ja		Haushaltsgroßgeräte	1	gültig (2019 für Geräte < 2006)
Kochplatte (nicht Einbau-)	ja		Haushaltskleingeräte	2	gültig (2019 für Geräte < 2006)
Kombi-Holzbearbeitungsmaschine	ja		EE-Werkzeuge	6	gültig (2019 für Geräte < 2006)
Kombi-Holzbearbeitungsmaschine (groß, ortsfest montiert, gewerblich/industriell)	ja	Einbau in Gebäude kein Ausschließungsgrund, nur wenn ortsfestes industrielles Großwerkzeug, dann nicht im Geltungsbereich	EE-Werkzeuge	6	22.07.2019 (zuvor nicht im AWB)

Geräteart	Im AWB der RL 2011/65/EU	Anmerkungen	Gerätekategorie gem. Anhang I RL 2011/65/EU	G-Kat-Nr.	IVS-Verbot ab
Kombinationsgerät Drucker +/– Kopierer +/– Scanner +/– Fax (Standgerät)	ja		IT & Telekommunikationsgeräte	3	gültig (2019 für Geräte < 2006)
Kombinationsgerät Drucker +/– Kopierer +/– Scanner +/– Fax (Tischgerät)	ja		IT & Telekommunikationsgeräte	3	gültig (2019 für Geräte < 2006)
Kompass (digital, Batterie/Akku)	ja		Haushaltskleingeräte	2	gültig (2019 für Geräte < 2006)
Komponenten für PC, die an Handel geliefert werden und bei Handel zur vollständigen Gerät zusammengebaut werden	nein	Leiterplatten und Bauteile im Geltungsbereich wenn als ‚endgefertigtes Produkt‘ verkauft, Leiterplatten/Karten, die für weitere Produktionsschritte oder einen Einbau gedacht sind, gelten nicht als ‚fertiges Produkt‘	–	–	–
Kompressor (groß, ortsfest montiert, gewerblich/industriell)	ja	Einbau in Gebäude kein Ausschließungsgrund, nur wenn ortsfestes industrielles Großwerkzeug, dann nicht im Geltungsbereich	EE-Werkzeuge	6	22.07.2019 (zuvor nicht im AWB)
Kompressor (klein)	ja		EE-Werkzeuge	6	gültig (2019 für Geräte < 2006)
Kondensatoren im Bereich der Beleuchtung	ja		Beleuchtungskörper	5	22.07.2019 (zuvor nicht im AWB)
Kondensatorschutzrelais (CPR)	ja		Überwachungs- und Kontrollinstrumente – industriell	9	22.07.2017
Kopfhörer (Kabel-, Funk- und IR-Kopfhörer)	ja		Geräte der Unterhaltungselektronik	4	gültig (2019 für Geräte < 2006)

Geräteart	Im AWB der RL 2011/65/EU	Anmerkungen	Gerätekategorie gem. Anhang I RL 2011/65/EU	G-Kat-Nr.	IVS-Verbot ab
Kopiergerät (Standgerät)	ja		IT & Telekommunikations-geräte	3	gültig (2019 für Geräte < 2006)
Kopiergerät (Tischgerät)	ja		IT & Telekommunikations-geräte	3	gültig (2019 für Geräte < 2006)
Kopierschutzstecker, Dongle, Hardlock	ja	v.a. getrennt bzw. mit Software in Verkehr gesetzte IT-Teile	IT & Telekommunikations-geräte	3	gültig (2019 für Geräte < 2006)
Kran (elektrisch) (z. B. auf Anhänger, gewerblich/industriell)	ja		EE-Werkzeuge	6	gültig (2019 für Geräte < 2006)
Kranaufbauten auf LKWs	nein	speziell konzipierter Teil von Ausnahme ‚Verkehrsmittel zur Güterbeförderung'	–	–	–
Krankenbett, Pflegebetten (medizinisch)	ja		Medizinische Geräte	8	22.07.2014
Kreditkarte, Bankomatkarte mit Chip	ja	siehe ‚zumindest eine beabsichtigte Funktion'	Sonstige Elektro- und Elektronikgeräte (nicht zuordenbar)	11	22.07.2019 (nicht in Anhang I)
Kreditkarte, Bankomatkarte, Kunden-karte ohne Chip, nur Magnetstreifen	nein	vgl. mit Chip im Geltungsbereich	–	–	–
Kreissäge, Bandsäge (groß, gewerblich/industriell)	ja		EE-Werkzeuge	6	gültig (2019 für Geräte < 2006)
Kriegscomputer	nein	siehe militärische Zwecke, Wahrung von Sicherheitsinteressen	–	–	–
Küchenmaschine	ja		Haushaltskleingeräte	2	gültig (2019 für Geräte < 2006)
Kugelschreiber mit Leuchtfunktion	ja	Leuchtfunktion als wesentliche Funktion für das Schreiben	Beleuchtungskörper	5	22.07.2019 (zuvor nicht im AWB)

Geräteart	Im AWB der RL 2011/65/EU	Anmerkungen	Gerätekategorie gem. Anhang I RL 2011/65/EU	G-Kat-Nr.	IVS-Verbot ab
Kugelschreiber mit Licht- oder Blinkfunktion	ja	Beleuchtung als Werbezweck, Gag	Sonstige Elektro- und Elektronikgeräte (nicht zuordenbar)	11	22.07.2019 (nicht in Anhang I)
Kugelschreiber mit Radio	ja		Sonstige Elektro- und Elektronikgeräte (nicht zuordenbar)	11	22.07.2019 (nicht in Anhang I)
Kühl-/Gefrier-Kombination	ja		Haushaltsgroßgeräte	1	gültig (2019 für Geräte < 2006)
Kühlcontainer	ja		Haushaltsgroßgeräte	1	gültig (2019 für Geräte < 2006)
Kühlanlage (ortsfest montiert)	ja	Einbau in Gebäude kein Ausschließungsgrund, nur wenn ortsfeste Großanlage, dann nicht im Geltungsbereich – siehe Kühlsysteme/-anlage – ortsfeste Großanlage	Haushaltsgroßgeräte	1	22.07.2019 (zuvor nicht im AWB)
Kühlbox (elektrisch, mit Kühlmittel)	ja		Haushaltskleingeräte	2	gültig (2019 für Geräte < 2006)
Kühlbox (elektrisch, ohne Kühlmittel))	ja		Haushaltskleingeräte	2	gültig (2019 für Geräte < 2006)
Kühlgerät	ja		Haushaltsgroßgeräte	1	gültig (2019 für Geräte < 2006)
Kühlschrank mit eingebautem Monitor	ja		Haushaltsgroßgeräte	1	gültig (2019 für Geräte < 2006)
Kühlsystem/-anlage – ortsfeste Großanlage	nein	Beispiel für ortsfeste Großanlage	–	–	–

Geräteart	Im AWB der RL 2011/65/EU	Anmerkungen	Gerätekategorie gem. Anhang I RL 2011/65/EU	G-Kat-Nr.	IVS-Verbot ab
Kühlvitrine	ja		Haushaltsgroßgeräte	1	gültig (2019 für Geräte < 2006)
Kühlvitrine (gewerblich/industriell)	ja	nur wenn ortsfeste Großanlage, dann nicht im Geltungsbereich – siehe Kühlsysteme/-anlage – ortsfeste Großanlage	Haushaltsgroßgeräte	1	gültig (2019 für Geräte < 2006)
Kunststoffschweißmaschine, Montageschweißmaschinen	ja		EE-Werkzeuge	6	gültig (2019 für Geräte < 2006)
Ladegerät (Akkumulatoren)	ja		EE-Werkzeuge	6	gültig (2019 für Geräte < 2006)
Ladegerät ausschließlich als Zubehör für ein medizinisches Produkt	ja	wenn als ‚endgefertigtes Produkt' verkauft	Medizinische Geräte	8	22.07.2014
Ladegerät für Elektroautos	ja		EE-Werkzeuge	6	gültig (2019 für Geräte < 2006)
Ladyshaver (Netz/Akku/Batterie)	ja		Haushaltskleingeräte	2	gültig (2019 für Geräte < 2006)
Lagersystem/-anlage (automatisiert)	nein	Beispiel für ortsfeste Großanlage	–	–	–
Laminiergerät	ja		EE-Werkzeuge	6	gültig (2019 für Geräte < 2006)
Laminiergerät (groß, gewerblich/industriell)	ja		EE-Werkzeuge	6	gültig (2019 für Geräte < 2006)
Laptop, Notebook, Tablet-PC	ja		IT & Telekommunikationsgeräte	3	gültig (2019 für Geräte < 2006)
Laser Disc-player	ja		Geräte der Unterhaltungselektronik	4	gültig (2019 für Geräte < 2006)

Geräteart	Im AWB der RL 2011/65/EU	Anmerkungen	Gerätekategorie gem. Anhang I RL 2011/65/EU	G-Kat-Nr.	IVS-Verbot ab
Laserkopf	ja		Medizinische Geräte	8	22.07.2014
Laser Pointer	ja		Beleuchtungskörper	5	gültig (2019 für Geräte < 2006)
Laser-Akupunkturgerät	ja		Medizinische Geräte	8	22.07.2014
Lasermessgerät (gewerblich/industriell)	ja		Überwachungs- und Kontrollinstrumente – industriell	9	22.07.2017
Lasermessgerät (Haushalt, Heimwerker, dual use) (z. B. Entfernungsmessgerät)	ja		Überwachungs- und Kontrollinstrumente	9	22.07.2014
Laserpistole (gewerblich/industriell)	ja		Überwachungs- und Kontrollinstrumente – industriell	9	22.07.2017
Lattenrost mit Motor (Bauteile integriert)	ja	siehe ‚zumindest eine beabsichtigte Funktion' (Möbel)	Sonstige Elektro- und Elektronikgeräte (Möbel u. ä.)	11	22.07.2019 (nicht in Anhang I)
Laubgebläse, Laubsauger	ja		EE-Werkzeuge	6	gültig (2019 für Geräte < 2006)
Laufband (mit Motor)	ja		Spiel-, Sport- und Freizeitgeräte	7	gültig (2019 für Geräte < 2006)
Laufband (ohne Motor, jedoch andere elektronische Bauteile)	ja	siehe ‚zumindest eine beabsichtigte Funktion'	Spiel-, Sport- und Freizeitgeräte	7	22.07.2019 (zuvor nicht im AWB)
Lauflernwagen mit Spielbrett (elektronische Bauteile, Akku/Batterie)	ja	siehe ‚zumindest eine beabsichtigte Funktion'	Spiel-, Sport- und Freizeitgeräte	7	22.07.2019 (zuvor nicht im AWB)
Laufwerk, Floppy – diverse (extern)	ja		IT & Telekommunikationsgeräte	3	gültig (2019 für Geräte < 2006)

Geräteart	Im AWB der RL 2011/65/EU	Anmerkungen	Gerätekategorie gem. Anhang I RL 2011/65/EU	G-Kat-Nr.	IVS-Verbot ab
Lautsprecher ohne Chassis	ja	alle Bauteile von EEE müssen Materialrestriktionen erfüllen	Geräte der Unterhaltungselektronik	4	22.07.2019 (zuvor nicht im AWB)
Lautsprecherbox	ja		Geräte der Unterhaltungselektronik	4	gültig (2019 für Geräte < 2006)
Lautsprecherbox (groß, gewerblich/industriell)	ja		Geräte der Unterhaltungselektronik	4	gültig (2019 für Geräte < 2006)
Lautsprecherbox (PC)	ja		IT & Telekommunikationsgeräte	3	gültig (2019 für Geräte < 2006)
Lautsprecherbox aktiv	ja		Geräte der Unterhaltungselektronik	4	gültig (2019 für Geräte < 2006)
Lautsprecherbox passiv	ja		Geräte der Unterhaltungselektronik	4	gültig (2019 für Geräte < 2006)
Lebensmittelschneidemaschine mit Ablegemaschine bzw. -teil	ja		EE-Werkzeuge	6	gültig (2019 für Geräte < 2006)
Lebensmittelschneidemaschinen (gewerblich/industriell)	ja		Haushaltskleingeräte	2	gültig (2019 für Geräte < 2006)
Lebensmittelschneidemaschinen (Haushalt)	ja		Haushaltskleingeräte	2	gültig (2019 für Geräte < 2006)
LED Handbrause (mit Batterie)	ja	siehe ‚zumindest eine beabsichtigte Funktion'	Sonstige Elektro- und Elektronikgeräte (nicht zuordenbar)	11	22.07.2019 (nicht in Anhang I)
Lenkrad/Controller für PC-Game	ja		IT & Telekommunikationsgeräte	3	gültig (2019 für Geräte < 2006)

Geräteart	Im AWB der RL 2011/65/EU	Anmerkungen	Gerätekategorie gem. Anhang I RL 2011/65/EU	G-Kat-Nr.	IVS-Verbot ab
Lerncomputer mit Flachbildschirm	ja		Spiel-, Sport- und Freizeitgeräte	7	gültig (2019 für Geräte < 2006)
Lesegerät – Mikrofilme, Mikrofiches oder andere Mikroträger	ja		Geräte der Unterhaltungselektronik	4	gültig (2019 für Geräte < 2006)
Lesegerät für TV-Monitore	ja		Geräte der Unterhaltungselektronik	4	gültig (2019 für Geräte < 2006)
Leselupe mit Beleuchtung	ja	siehe ‚zumindest eine beabsichtigte Funktion'	Sonstige Elektro- und Elektronikgeräte (nicht zuordenbar)	11	22.07.2019 (nicht in Anhang I)
Licht- und Wärmepolymerisationsöfen	ja		Medizinische Geräte	8	22.07.2014
Lichtorgel – Steuerung	ja		Geräte der Unterhaltungselektronik	4	gültig (2019 für Geräte < 2006)
Lichtpausegerät	ja		IT & Telekommunikationsgeräte	3	gültig (2019 für Geräte < 2006)
Lichtpolymerisationsgerät	ja		Medizinische Geräte	8	22.07.2014
Lichtregler (Dimmer) in Wand (ortsfest montiert)	ja	Einbau in Gebäude kein Ausschließungsgrund	Überwachungs- und Kontrollinstrumente	9	22.07.2014
Lichtregler (z. B. Dimmer)	ja		Überwachungs- und Kontrollinstrumente	9	22.07.2014
Lichtsignale für die Eisenbahn (speziell konzipiert)	nein	Annahme, dass speziell konzipiertes/r Gerät/Teil für eine ortsfeste Großanlage (siehe Verkehrsleitanlage) – siehe Kriterien für ‚groß'	–	–	–
Lichttherapiegerät	ja		Medizinische Geräte	8	22.07.2014

Geräteart	Im AWB der RL 2011/65/EU	Anmerkungen	Gerätekategorie gem. Anhang I RL 2011/65/EU	G-Kat-Nr.	IVS-Verbot ab
Liederbuch mit Gesang, sprechendes Lese- und Lernbuch (mit Batterie/Akku)	ja	siehe ‚zumindest eine beabsichtigte Funktion‘	Sonstige Elektro- und Elektronikgeräte (nicht zuordenbar)	11	22.07.2019 (nicht in Anhang I)
Life Saver wie Sicherheitsweste, Lawinenschutzausrüstung, etc. (Multifunktionsgerät mit Licht, Alarmfunktion, etc.)	ja		Spiel-, Sport- und Freizeitgeräte	7	gültig (2019 für Geräte < 2006)
Locher (elektrisch)	ja		IT & Telekommunikationsgeräte	3	gültig (2019 für Geräte < 2006)
Lockenstab (elektrisch)	ja		Haushaltskleingeräte	2	gültig (2019 für Geräte < 2006)
Lockenwicklerset (elektrisch)	ja		Haushaltskleingeräte	2	gültig (2019 für Geräte < 2006)
Lötpistole, Lötkolben (elektrisch)	ja		EE-Werkzeuge	6	gültig (2019 für Geräte < 2006)
Luftbefeuchter (Haushalt)	ja		Haushaltsgroßgeräte	1	gültig (2019 für Geräte < 2006)
Luftbefeuchter (ortsfest montiert, gewerblich/industriell)	ja	Einbau in Gebäude kein Ausschließungsgrund	Haushaltsgroßgeräte	1	22.07.2019 (zuvor nicht im AWB)
Luftbett mit elektrischer Pumpe	ja	siehe ‚zumindest eine beabsichtigte Funktion‘ (Möbel)	Sonstige Elektro- und Elektronikgeräte (Möbel u. ä.)	11	22.07.2019 (nicht in Anhang I)
Luftentfeuchter (groß, gewerblich/industriell)	ja		Haushaltsgroßgeräte	1	gültig (2019 für Geräte < 2006)
Luftentfeuchter (Haushalt)	ja		Haushaltsgroßgeräte	1	gültig (2019 für Geräte < 2006)

Geräteart	Im AWB der RL 2011/65/EU	Anmerkungen	Gerätekategorie gem. Anhang I RL 2011/65/EU	G-Kat-Nr.	IVS-Verbot ab
Luftentfeuchter ohne Kühlmittel	ja		Haushaltsgroßgeräte	1	gültig (2019 für Geräte < 2006)
Luftreinigungsgerät (groß, gewerblich/industriell)	ja		Haushaltsgroßgeräte	1	gültig (2019 für Geräte < 2006)
Luftreinigungsgerät (Haushalt)	ja		Haushaltsgroßgeräte	1	gültig (2019 für Geräte < 2006)
Luftsprudelbadgerät	ja		Haushaltskleingeräte	2	gültig (2019 für Geräte < 2006)
Lüftungs- bzw. Ventilationssystem/-anlage – ortsfeste Großanlage	nein	Beispiel für ortsfeste Großanlage	–	–	–
LWL-Umsetzer	ja	Autobahnüberwachung; Zugangsüberwachung	IT & Telekommunikationsgeräte	3	gültig (2019 für Geräte < 2006)
Magnetfeldtherapiegerät	ja		Medizinische Geräte	8	22.07.2014
Magnetresonanztomographiesystem (MR, MRT, Kernspintomograph) (ortsfest montiert, gewerblich/industriell)	nein	Annahme, dass Kriterien für ortsfeste Großanlage erfüllt – siehe Kriterien für ‚groß'	–	–	–
Mangelgerät (gewerblich/industriell)	ja		Haushaltskleingeräte	2	gültig (2019 für Geräte < 2006)
Mangelgerät (Haushalt)	ja		Haushaltskleingeräte	2	gültig (2019 für Geräte < 2006)
Manikür/Pedikür-Set (elektrisch)	ja		Haushaltskleingeräte	2	gültig (2019 für Geräte < 2006)
Markise (elektrische/automatische Sonnenmarkise)	siehe	siehe Motor	–	–	–

Geräteart	Im AWB der RL 2011/65/EU	Anmerkungen	Gerätekategorie gem. Anhang I RL 2011/65/EU	G-Kat-Nr.	IVS-Verbot ab
Maroniofen (elektrisch)	ja		Haushaltskleingeräte	2	gültig (2019 für Geräte < 2006)
Massage-/Abnahmegurtgerät	ja		Haushaltskleingeräte	2	gültig (2019 für Geräte < 2006)
Massagegerät (Netz/Akku)	ja		Haushaltskleingeräte	2	gültig (2019 für Geräte < 2006)
Massagematte (elektrisch)	ja		Haushaltskleingeräte	2	gültig (2019 für Geräte < 2006)
Massagesessel (elektrisch)	ja		Haushaltsgroßgeräte	1	gültig (2019 für Geräte < 2006)
Maulwurfschreck (Batterien/Akku)	ja		Haushaltskleingeräte	2	gültig (2019 für Geräte < 2006)
Maus (Computer-)	ja		IT & Telekommunikationsgeräte	3	gültig (2019 für Geräte < 2006)
Mautstation	nein	Annahme, dass Kriterien für ortsfeste Großanlage erfüllt – siehe Kriterien für ‚groß‘	–	–	–
Medikamentenpumpen	ja		Medizinische Geräte	8	22.07.2014
Melkmaschine (mobil)	ja		EE-Werkzeuge	6	gültig (2019 für Geräte < 2006)
Melkmaschine (ortsfest montiert, gewerblich/industriell)	ja	Einbau in Gebäude kein Ausschließungsgrund, nur wenn ortsfestes industrielles Großwerkzeug, dann nicht im Geltungsbereich	EE-Werkzeuge	6	22.07.2019 (zuvor nicht im AWB)

Geräteart	Im AWB der RL 2011/65/EU	Anmerkungen	Gerätekategorie gem. Anhang I RL 2011/65/EU	G-Kat-Nr.	IVS-Verbot ab
Messerschleifgerät	ja		Haushaltskleingeräte	2	gültig (2019 für Geräte < 2006)
Messgerät – elektrische Größen (Spannung, Stromstärke, ...) (Haushalt, Heimwerker, dual use)	ja		Überwachungs- und Kontrollinstrumente	9	22.07.2014
Messgerät (gewerblich/industriell)	ja		Überwachungs- und Kontrollinstrumente – industriell	9	22.07.2017
Mikrophon	ja		Geräte der Unterhaltungselektronik	4	gültig (2019 für Geräte < 2006)
Mikroskop (elektrisch)	ja		EE-Werkzeuge	6	gültig (2019 für Geräte < 2006)
Mikroskop mit elektronischer (Tisch- bzw. Objektiv-) Steuerung oder digitaler Bilderfassung (gewerblich/industriell)	ja		Überwachungs- und Kontrollinstrumente – industriell	9	22.07.2017
Mikrowellenherd	ja		Haushaltsgroßgeräte	1	gültig (2019 für Geräte < 2006)
Milchpumpe	ja		Haushaltskleingeräte	2	gültig (2019 für Geräte < 2006)
Minibar-Kühlschrank für das Beherbergungsgewerbe	siehe	siehe Kleinkühlgerät	–	–	–
Mini-Discspieler/-recorder	ja		Geräte der Unterhaltungselektronik	4	gültig (2019 für Geräte < 2006)
Mischmaschine (elektrisch)	ja		EE-Werkzeuge	6	gültig (2019 für Geräte < 2006)

Geräteart	Im AWB der RL 2011/65/EU	Anmerkungen	Gerätekategorie gem. Anhang I RL 2011/65/EU	G-Kat-Nr.	IVS-Verbot ab
Mischpult	ja		Geräte der Unterhaltungs-elektronik	4	gültig (2019 für Geräte < 2006)
Mischpult für Tonstudio	ja		Geräte der Unterhaltungs-elektronik	4	gültig (2019 für Geräte < 2006)
Mittelohr-Implantat, Hörgerät (speziell, implantierbar)	nein	Beispiel für Ausnahme ‚aktive implantierbare medizinische Geräte'	–	–	–
Mixer (Netz/Akku)	ja		Haushaltskleingeräte	2	gültig (2019 für Geräte < 2006)
Möbel, Schrank, Kleiderablage mit Beleuchtung (Teile trennbar)	siehe EEE	wenn Möbel und EEE getrennt werden kann und beide getrennt voll funktionsfähig sind, gilt Möbel außerhalb des Geltungsbereichs, das EEE ist im Geltungsbereich	–	–	siehe EEE
Mobile Zugfunk-Anlage	nein	speziell konzipierter Teil von Ausnahme ‚Verkehrsmittel zur Personen- und Güterbeförderung'	–	–	–
Mobiltelefon	ja		IT & Telekommunikations-geräte	3	gültig (2019 für Geräte < 2006)
Modellboot (ferngesteuert)	ja		Spiel-, Sport- und Freizeit-geräte	7	gültig (2019 für Geräte < 2006)
Modellflugzeug (ferngesteuert)	ja		Spiel-, Sport- und Freizeit-geräte	7	gültig (2019 für Geräte < 2006)
Modem (extern)	ja		IT & Telekommunikations-geräte	3	gültig (2019 für Geräte < 2006)

Geräteart	Im AWB der RL 2011/65/EU	Anmerkungen	Gerätekategorie gem. Anhang I RL 2011/65/EU	G-Kat-Nr.	IVS-Verbot ab
Modul f. SAT-Karten (Decoder-Modul)	ja	v. a. als ‚endgefertigtes Produkt' verkauft, alle Bauteile von EEE müssen Materialrestriktionen erfüllen	Geräte der Unterhaltungselektronik	4	22.07.2019 (zuvor nicht im AWB)
Monitor zum Einbau in Anlagen (Medizin, Industrie, Flugsicherung)	ja	auch wenn Teil einer Großanlage – nicht speziell dafür konzipiert	IT & Telekommunikationsgeräte	3	22.07.2019 (zuvor nicht im AWB)
Montagekran, Kran	nein	Beispiel für ortsfestes industrielles Großwerkzeug	–	–	–
Motherboard	abhängig – ja/nein	Leiterplatten und Bauteile im Geltungsbereich wenn als ‚endgefertigtes Produkt' verkauft, Leiterplatten/Karten, die für weitere Produktionsschritte oder einen Einbau gedacht sind, gelten nicht als ‚fertiges Produkt'	IT & Telekommunikationsgeräte	3	22.07.2019 (zuvor nicht im AWB)
Motor (Elektro-)	ja		EE-Werkzeuge	6	gültig (2019 für Geräte < 2006)
Motor (Elektro-) (ortsfest montiert)	ja	Einbau in Gebäude kein Ausschließungsgrund, nur wenn speziell konzipierter Teil für eine ortsfeste Großanlage/Teil eines ortsfesten industriellen Großwerkzeuges, dann nicht im Geltungsbereich – siehe Kriterien für ‚groß'	EE-Werkzeuge	6	22.07.2019 (zuvor nicht im AWB)
Motor als Teile für Großanlage bzw. und Großwerkzeug (z. B. Weinabfüllanlage)	nein	speziell als Teil für eine ‚Ausnahme' konzipiert – beachte Kriterien für ‚groß'	–	–	–
Motorschloss (ortsfest montiert)	ja	Einbau in Gebäude kein Ausschließungsgrund	Sonstige Elektro- und Elektronikgeräte (Teile)	11	22.07.2019 (nicht in Anhang I)

Geräteart	Im AWB der RL 2011/65/EU	Anmerkungen	Gerätekategorie gem. Anhang I RL 2011/65/EU	G-Kat-Nr.	IVS-Verbot ab
Motorschloss (Selbstbausatz)	ja		Sonstige Elektro- und Elektronikgeräte (Teile)	11	22.07.2019 (nicht in Anhang I)
MP3-Player	ja		Geräte der Unterhaltungselektronik	4	gültig (2019 für Geräte < 2006)
Multifunktionsdusche mit Radio (Bauteile integriert)	ja	siehe ‚zumindest eine beabsichtigte Funktion'	Sonstige Elektro- und Elektronikgeräte (Möbel u. ä.)	11	22.07.2019 (nicht in Anhang I)
Multimeter (gewerblich/industriell)	ja	z. B. Multimeter Cat. III und Cat. IV	Überwachungs- und Kontrollinstrumente – industriell	9	22.07.2017
Multimeter (Haushalt, Heimwerker, dual use)	ja		Überwachungs- und Kontrollinstrumente	9	22.07.2014
Multi-Steuerungsgerät „Haustechnik"	ja		Überwachungs- und Kontrollinstrumente	9	22.07.2014
Multi-Steuerungsgerät „Haustechnik" (ortsfest montiert)	ja	Einbau in Gebäude kein Ausschließungsgrund	Überwachungs- und Kontrollinstrumente	9	22.07.2014
Munddusche	ja		Haushaltskleingeräte	2	gültig (2019 für Geräte < 2006)
Münz- und Kartentelefon	ja		IT & Telekommunikationsgeräte	3	gültig (2019 für Geräte < 2006)
Musikautomat	ja		Geräte der Unterhaltungselektronik	4	gültig (2019 für Geräte < 2006)
Musikinstrument (akustisch mit elektrischen Komponenten, z. B. Mikrofon)	ja		Geräte der Unterhaltungselektronik	4	gültig (2019 für Geräte < 2006)

Geräteart	Im AWB der RL 2011/65/EU	Anmerkungen	Gerätekategorie gem. Anhang I RL 2011/65/EU	G-Kat-Nr.	IVS-Verbot ab
Musikinstrument (elektronisch)	ja		Geräte der Unterhaltungselektronik	4	gültig (2019 für Geräte < 2006)
Muskelstimulatoren	ja		Medizinische Geräte	8	22.07.2014
Nachtsichtgerät für zivilen Einsatz	ja		Haushaltskleingeräte	2	gültig (2019 für Geräte < 2006)
Nachtspeicherofen (beweglich)	ja		Haushaltsgroßgeräte	1	gültig (2019 für Geräte < 2006)
Nachtspeicherofen (ortsfest montiert)	ja	Einbau in Gebäude kein Ausschließungsgrund	Haushaltsgroßgeräte	1	22.07.2019 (zuvor nicht im AWB)
Nachtspeicherofen an Wand montiert (nicht eingebaut)	ja		Haushaltsgroßgeräte	1	gültig (2019 für Geräte < 2006)
Nähmaschine	ja		Haushaltskleingeräte	2	gültig (2019 für Geräte < 2006)
Nähmaschine (groß, gewerblich/industriell)	ja		EE-Werkzeuge	6	gültig (2019 für Geräte < 2006)
Nähmaschinen auf Druckluftbasis (gewerblich/industriell)	ja		EE-Werkzeuge	6	gültig (2019 für Geräte < 2006)
Nassrasierer (elektrisch)	ja	siehe ‚zumindest eine beabsichtigte Funktion‘	Haushaltskleingeräte	2	22.07.2019 (zuvor nicht im AWB)
Nasssauger	ja		Haushaltskleingeräte	2	gültig (2019 für Geräte < 2006)
Nebelmaschine	ja		Geräte der Unterhaltungselektronik	4	gültig (2019 für Geräte < 2006)

Geräteart	Im AWB der RL 2011/65/EU	Anmerkungen	Gerätekategorie gem. Anhang I RL 2011/65/EU	G-Kat-Nr.	IVS-Verbot ab
Netzgerät (extern) (EDV)	ja		IT & Telekommunikationsgeräte	3	gültig (2019 für Geräte < 2006)
Netzgerät, Power Supply Unit (nicht EDV)	ja		EE-Werkzeuge	6	gültig (2019 für Geräte < 2006)
Netzwerkanalysegerät, Networkanalyzer (gewerblich/industriell)	ja		Überwachungs- und Kontrollinstrumente – industriell	9	22.07.2017
Non Directional Radio Beacons (Funkfeuer auf Flughäfen)	ja	nur wenn speziell konzipierter Teil für eine ortsfeste Großanlage, dann nicht im Geltungsbereich – siehe Kriterien für ‚groß', siehe z. B. Verkehrsleitanlage	IT & Telekommunikationsgeräte	3	22.07.2019 (zuvor nicht im AWB)
Notfallakku für Handy	nein	durch Batterie-VO abgedeckt	–	–	–
Nuklearmedizinisches Diagnostikgerät (z. B. Gammakamera, PET- und SPECT-Scanner) (ortsfest montiert, gewerblich/industriell)	nein	Annahme, dass Kriterien für ortsfeste Großanlage erfüllt – siehe Kriterien für ‚groß'	–	–	–
Offsetmaschinen	ja		IT & Telekommunikationsgeräte	3	gültig (2019 für Geräte < 2006)
Ohrenschützer mit Radio bzw. Funkfunktion	ja		Geräte der Unterhaltungselektronik	4	gültig (2019 für Geräte < 2006)
Ohrhörer	ja		Geräte der Unterhaltungselektronik	4	gültig (2019 für Geräte < 2006)
Öl-Heizkanonen mit elektrischer Zündung oder Steuerung	ja	siehe ‚zumindest eine beabsichtigte Funktion'	Haushaltsgroßgeräte	1	22.07.2019 (zuvor nicht im AWB)

Geräteart	Im AWB der RL 2011/65/EU	Anmerkungen	Gerätekategorie gem. Anhang I RL 2011/65/EU	G-Kat-Nr.	IVS-Verbot ab
Ölradiator	ja		Haushaltsgroßgeräte	1	gültig (2019 für Geräte < 2006)
Optisch-Akustisches Signalgerät (Warnlicht-Summer, Blitzlicht-Hupe etc.) (Teil einer Anlage)	ja	nur wenn speziell konzipierter Teil für eine ortsfeste Großanlage, dann nicht im Geltungsbereich – siehe Kriterien für ‚groß', siehe z. B. Verkehrsleitanlage	Überwachungs- und Kontrollinstrumente	9	22.07.2014
Optische Netzwerktester, Optic network tester (gewerblich/industriell)	ja		Überwachungs- und Kontrollinstrumente – industriell	9	22.07.2017
Optisches Signalgerät (Dauer-/Blink-/Blitzleuchte, Drehspiegelleuchte, Rundumsignalleuchte etc.) (Teil einer Anlage)	ja	nur wenn speziell konzipierter Teil für eine ortsfeste Großanlage, dann nicht im Geltungsbereich – siehe Kriterien für ‚groß', siehe z. B. Verkehrsleitanlage	Überwachungs- und Kontrollinstrumente	9	22.07.2014
Organiser	ja		IT & Telekommunikationsgeräte	3	gültig (2019 für Geräte < 2006)
Orgel (elektronisch)	ja		Geräte der Unterhaltungselektronik	4	gültig (2019 für Geräte < 2006)
Overheadprojektor	ja		IT & Telekommunikationsgeräte	3	gültig (2019 für Geräte < 2006)
Packmaschine	ja		EE-Werkzeuge	6	gültig (2019 für Geräte < 2006)
Pager (Funkrufempfänger)	ja		IT & Telekommunikationsgeräte	3	gültig (2019 für Geräte < 2006)
Paketautomat	ja	nur wenn ortsfestes industrielles Großwerkzeug, dann nicht im Geltungsbereich	EE-Werkzeuge	6	22.07.2019 (zuvor nicht im AWB)

Geräteart	Im AWB der RL 2011/65/EU	Anmerkungen	Gerätekategorie gem. Anhang I RL 2011/65/EU	G-Kat-Nr.	IVS-Verbot ab
Papierpresse	ja		EE-Werkzeuge	6	gültig (2019 für Geräte < 2006)
Parkschein- Kassenautomat	ja		Automatische Ausgabegeräte	10	gültig (2019 für Geräte < 2006)
Parkscheinausgabeautomat	ja		Automatische Ausgabegeräte	10	gültig (2019 für Geräte < 2006)
Parkschranke (elektrisch, ortsfest montiert)	nein	Annahme, dass Kriterien für ortsfeste Großanlage erfüllt – siehe Kriterien für ‚groß‘	–	–	–
Patientenmonitoring (mobil, (z. B. EKG im Rettungswagen)	ja		Medizinische Geräte	8	22.07.2014
Patientenmonitoringanlage, Patientenmonitoringsystem (ortsfest montiert, gewerblich/industriell)	ja	Einbau in Gebäude kein Ausschließungsgrund, nur wenn ortsfeste Großanlage, dann nicht im Geltungsbereich – siehe Kriterien für ‚groß‘	Medizinische Geräte	8	22.07.2014
Patientenwarn- und Überwachungsgerät	ja		Medizinische Geräte	8	22.07.2014
PC – Desktop Personal Computer	ja		IT & Telekommunikationsgeräte	3	gültig (2019 für Geräte < 2006)
PC-Bauteile intern (Festplatte, CD-Brenner, CD-Laufwerk, DVD-Laufwerk, Modem, Netzgerät, USB-Adapter, Grafikkarte, Soundkarte etc.)	abhängig – ja/nein	Leiterplatten und Bauteile im Geltungsbereich wenn als ‚endgefertigtes Produkt‘ verkauft, Leiterplatten/Karten, die für weitere Produktionsschritte oder einen Einbau gedacht sind, gelten nicht als ‚fertiges Produkt‘	IT & Telekommunikationsgeräte	3	22.07.2019 (zuvor nicht im AWB)

Geräteart	Im AWB der RL 2011/65/EU	Anmerkungen	Gerätekategorie gem. Anhang I RL 2011/65/EU	G-Kat-Nr.	IVS-Verbot ab
Pelletsmodul für Einbauherde	ja		Haushaltsgroßgeräte	1	gültig (2019 für Geräte < 2006)
Pelletsofen mit Steuerung, Regler & elektronischen Bauteilen (ortsfest montiert)	ja	Einbau in Gebäude kein Ausschließungsgrund, siehe ‚zumindest eine beabsichtigte Funktion'	Haushaltsgroßgeräte	1	22.07.2019 (zuvor nicht im AWB)
Personenlift	nein	Beispiel für ortsfeste Großanlage	–	–	–
Pferdesolarium (Infrarotbestrahlungsgerät)	ja		Haushaltsgroßgeräte	1	gültig (2019 für Geräte < 2006)
Photovoltaikladegerät (tragbar)	ja	liefert elektrische Energie	Geräte der Unterhaltungselektronik und Photovoltaikmodule	4	gültig (2019 für Geräte < 2006)
Photovoltaikmodul (ortsfest montiert, inkl. Fassaden- und Dachelemente)	nein	liefert elektrische Energie; Ausnahme von ROHS Geltungsbereich	Geräte der Unterhaltungselektronik und Photovoltaikmodule	4	nein
Piano (elektrisch)	ja		Geräte der Unterhaltungselektronik	4	gültig (2019 für Geräte < 2006)
Plasma Generator	ja		EE-Werkzeuge	6	gültig (2019 für Geräte < 2006)
Plattengrill, Tischgrill (elektrisch)	ja		Haushaltskleingeräte	2	gültig (2019 für Geräte < 2006)
Plattenspieler	ja		Geräte der Unterhaltungselektronik	4	gültig (2019 für Geräte < 2006)
Plotter	ja		IT & Telekommunikationsgeräte	3	gültig (2019 für Geräte < 2006)

Geräteart	Im AWB der RL 2011/65/EU	Anmerkungen	Gerätekategorie gem. Anhang I RL 2011/65/EU	G-Kat-Nr.	IVS-Verbot ab
Plotter (Standgerät)	ja		IT & Telekommunikationsgeräte	3	gültig (2019 für Geräte < 2006)
Plotter (Tischgerät)	ja		IT & Telekommunikationsgeräte	3	gültig (2019 für Geräte < 2006)
Plüschtier, Teddybär u. ä. Spielzeugtiere mit Batterie/Akku für Sprache, Brummen o. ä.	ja	siehe ‚zumindest eine beabsichtigte Funktion'	Spiel-, Sport- und Freizeitgeräte	7	22.07.2019 (zuvor nicht im AWB)
Poliergerät	ja		EE-Werkzeuge	6	gültig (2019 für Geräte < 2006)
Polizeikelle mit Beleuchtung	ja	siehe ‚zumindest eine beabsichtigte Funktion'	Sonstige Elektro- und Elektronikgeräte (nicht zuordenbar)	11	22.07.2019 (nicht in Anhang I)
Popcornmaschine	ja		Haushaltskleingeräte	2	gültig (2019 für Geräte < 2006)
Powerbank	ja	mit Stecker	EE-Werkzeuge	6	gültig (2019 für Geräte < 2006)
Preisauszeichnungsmaschine, Preisauszeichnungsgerät	ja		EE-Werkzeuge	6	gültig (2019 für Geräte < 2006)
Produktionslinie inkl. Roboter, Werkzeuge (industrielle Fertigung, Lebensmittel, Druck etc.)	nein	Beispiel für ortsfeste Großanlage	–	–	–
Produktionsmaschine (industriell) wie CNC Drehbank oder Brückenfräs- und – bohrmaschine	nein	Beispiel für ortsfestes industrielles Großwerkzeug	–	–	–

Geräteart	Im AWB der RL 2011/65/EU	Anmerkungen	Gerätekategorie gem. Anhang I RL 2011/65/EU	G-Kat-Nr.	IVS-Verbot ab
Produktionsmaschine (industriell) wie Metallformpresse	nein	Beispiel für ortsfestes industrielles Großwerkzeug	–	–	–
Produktionsmaschine (industriell) wie Zeitungsdruckanlage	nein	Beispiel für ortsfestes industrielles Großwerkzeug	–	–	–
Programmiercomputer	ja	siehe PC und Notebook, …	IT & Telekommunikationsgeräte	3	gültig (2019 für Geräte < 2006)
Projektionsfernsehgerät, Rückstrahlprojektor	ja		Geräte der Unterhaltungselektronik	4	gültig (2019 für Geräte < 2006)
Projektor (digital), Beamer	ja		IT & Telekommunikationsgeräte	3	gültig (2019 für Geräte < 2006)
Prothesen (Arm, Bein etc.) mit elektronischen Bauteilen	ja		Medizinische Geräte	8	22.07.2014
Prüfgerät für Stetigventile mit integrierter Elektronik (gewerblich/industriell)	ja		Überwachungs- und Kontrollinstrumente – industriell	9	22.07.2017
Pulsmessgerät	ja		Spiel-, Sport- und Freizeitgeräte	7	gültig (2019 für Geräte < 2006)
Pulsuhr	ja		Haushaltskleingeräte	2	gültig (2019 für Geräte < 2006)
Pumpe (Elektro-) (groß, gewerblich/industriell)	ja		EE-Werkzeuge	6	gültig (2019 für Geräte < 2006)

Geräteart	Im AWB der RL 2011/65/EU	Anmerkungen	Gerätekategorie gem. Anhang I RL 2011/65/EU	G-Kat-Nr.	IVS-Verbot ab
Pumpe (Elektro-) (Teil einer Anlage)	ja	nur wenn speziell konzipierter Teil für eine ortsfeste Großanlage/Teil eines ortsfesten industriellen Großwerkzeuges, dann nicht im Geltungsbereich – siehe Kriterien für ‚groß‘	EE-Werkzeuge	6	22.07.2019 (zuvor nicht im AWB)
Pumpe (Elektro-), Tauchpumpe (Haushalt)	ja		EE-Werkzeuge	6	gültig (2019 für Geräte < 2006)
Pumpe für Nahrungsmittel (Wein, etc.) (gewerblich/industriell)	ja		EE-Werkzeuge	6	gültig (2019 für Geräte < 2006)
Pumpe für Zimmerbrunnen	ja		Haushaltskleingeräte	2	gültig (2019 für Geräte < 2006)
Puppe (Batterie für Gesang, Sprache o. ä.	ja	siehe ‚zumindest eine beabsichtigte Funktion‘	Spiel-, Sport- und Freizeitgeräte	7	22.07.2019 (zuvor nicht im AWB)
Puppenhaus, Spielküche (mit elektronischen Bauteilen)	ja	siehe ‚zumindest eine beabsichtigte Funktion‘	Spiel-, Sport- und Freizeitgeräte	7	22.07.2019 (zuvor nicht im AWB)
Quecksilber-Druckschalter zur Steuerung von Wasserpumpen im Haus- und Industriebereich	ja		Überwachungs- und Kontrollinstrumente	9	22.07.2014
Raclette-Ofen	ja		Haushaltskleingeräte	2	gültig (2019 für Geräte < 2006)
Radcomputer	ja		Spiel-, Sport- und Freizeitgeräte	7	gültig (2019 für Geräte < 2006)
Radio	ja		Geräte der Unterhaltungselektronik	4	gültig (2019 für Geräte < 2006)

Geräteart	Im AWB der RL 2011/65/EU	Anmerkungen	Gerätekategorie gem. Anhang I RL 2011/65/EU	G-Kat-Nr.	IVS-Verbot ab
Radiorecorder	ja		Geräte der Unterhaltungselektronik	4	gültig (2019 für Geräte < 2006)
Radiowecker	ja		Geräte der Unterhaltungselektronik	4	gültig (2019 für Geräte < 2006)
Rakete, Lenkwaffe o. ä.	nein	siehe militärische Zwecke, Wahrung von Sicherheitsinteressen	–	–	–
Rasenmäher (benzinbetrieben) mit elektrischem Funken für Zündung	ja	siehe ‚zumindest eine beabsichtigte Funktion‘	EE-Werkzeuge	6	22.07.2019 (zuvor nicht im AWB)
Rasenmäher (elektrisch)	ja		EE-Werkzeuge	6	gültig (2019 für Geräte < 2006)
Rasierapparat (Netz/Akku)	ja		Haushaltskleingeräte	2	gültig (2019 für Geräte < 2006)
Rauchmelder (ionisiert)	ja		Überwachungs- und Kontrollinstrumente	9	22.07.2014
Raumcontroller (regelt Heizung und Beschattung) (ortsfest montiert)	ja	Einbau in Gebäude kein Ausschließungsgrund	Überwachungs- und Kontrollinstrumente	9	22.07.2014
Raumentfeuchter	siehe	siehe Luftentfeuchter	–	–	–
Raumluftreingungsgerät	ja		EE-Werkzeuge	6	gültig (2019 für Geräte < 2006)
Raumthermostat als eigenständiges Gerät (Verkaufseinheit)	ja		Überwachungs- und Kontrollinstrumente	9	22.07.2014
RC (radio control) Fahrzeug	ja		Spiel-, Sport- und Freizeitgeräte	7	gültig (2019 für Geräte < 2006)

Geräteart	Im AWB der RL 2011/65/EU	Anmerkungen	Gerätekategorie gem. Anhang I RL 2011/65/EU	G-Kat-Nr.	IVS-Verbot ab
Rechaud (elektrisch)	ja		Haushaltskleingeräte	2	gültig (2019 für Geräte < 2006)
Rechenmaschine (elektrisch)	ja		IT & Telekommunikationsgeräte	3	gültig (2019 für Geräte < 2006)
Reciprosäge	ja		EE-Werkzeuge	6	gültig (2019 für Geräte < 2006)
Registrierkasse	ja		IT & Telekommunikationsgeräte	3	gültig (2019 für Geräte < 2006)
Reinigungsgerät (Körper-, Gesicht-, ...)	ja		Haushaltskleingeräte	2	gültig (2019 für Geräte < 2006)
Reinigungsgerät, Filtriergerät für Getränke	ja		EE-Werkzeuge	6	gültig (2019 für Geräte < 2006)
Reiskocher	ja		Haushaltskleingeräte	2	gültig (2019 für Geräte < 2006)
Restlichtverstärkergerät (Fotozubehör)	ja		Geräte der Unterhaltungselektronik	4	gültig (2019 für Geräte < 2006)
RFID Chips, RFID tags (‚aktiv' und passiv)	ja	RFID Chips dezidiert im Geltungsbereich	IT & Telekommunikationsgeräte	3	gültig (2019 für Geräte < 2006)
Richtfunk- und Multiplexeinrichtung (speziell konzipiert)	nein	Annahme, dass speziell konzipiertes/r Gerät/Teil für eine ortsfeste Großanlage – siehe Kriterien für ‚groß'	–	–	–
Rohrpostanlage	ja		Sonstige Elektro- und Elektronikgeräte (nicht zuordenbar)	11	22.07.2019 (nicht in Anhang I)

Geräteart	Im AWB der RL 2011/65/EU	Anmerkungen	Gerätekategorie gem. Anhang I RL 2011/65/EU	G-Kat-Nr.	IVS-Verbot ab
Rollladengurtantrieb	ja		EE-Werkzeuge	6	gültig (2019 für Geräte < 2006)
Rollladengurtantrieb (ortsfest montiert)	ja	Einbau in Gebäude kein Ausschließungsgrund, nur wenn speziell konzipierter Teil für eine ortsfeste Großanlage/Teil eines ortsfesten industriellen Großwerkzeuges, dann nicht im Geltungsbereich – siehe Kriterien für ‚groß'	EE-Werkzeuge	6	22.07.2019 (zuvor nicht im AWB)
Rollstuhl (elektrisch)	ja	andere Behindertenfahrzeuge – siehe dort	Medizinische Geräte	8	22.07.2014
Rollstuhl (elektrisch) (rein gewerblich/medizinisch)	ja	andere Behindertenfahrzeuge – siehe dort	Medizinische Geräte	8	22.07.2014
Röntgengerät (mobil, inkl. C-Bögen)	ja		Medizinische Geräte	8	22.07.2014
Röntgengerät, diagnostisch (ortsfest montiert, gewerblich/industriell)	ja	Einbau in Gebäude kein Ausschließungsgrund, nur wenn ortsfeste Großanlage, dann nicht im Geltungsbereich – siehe Kriterien für ‚groß'	Medizinische Geräte	8	22.07.2014
Röntgensystem, diagnostisch, Anlagenteil (ortsfest montiert)	ja	Einbau in Gebäude kein Ausschließungsgrund, nur wenn ortsfeste Großanlage, dann nicht im Geltungsbereich – siehe Kriterien für ‚groß'	Medizinische Geräte	8	22.07.2014
Rückstrahlprojektor – groß (z. B. im U-Bahnstationen)	ja		IT & Telekommunikationsgeräte	3	gültig (2019 für Geräte < 2006)

Geräteart	Im AWB der RL 2011/65/EU	Anmerkungen	Gerätekategorie gem. Anhang I RL 2011/65/EU	G-Kat-Nr.	IVS-Verbot ab
Rufanlage z. B. Schwesternrufanlage, Personalrufanlage (ortsfest montiert)	ja	Einbau in Gebäude kein Ausschließungsgrund, nur wenn speziell konzipiertes Gerät als Teil für eine ortsfeste Großanlage, dann nicht im Geltungsbereich – siehe Kriterien für ‚groß'	IT & Telekommunikationsgeräte	3	22.07.2019 (zuvor nicht im AWB)
Rührmaschine für Farben	ja		EE-Werkzeuge	6	gültig (2019 für Geräte < 2006)
Rüttelstampfer	ja		EE-Werkzeuge	6	gültig (2019 für Geräte < 2006)
Safe, Tresor mit Elektronikschloss	ja	siehe ‚zumindest eine beabsichtigte Funktion' (vgl. Möbel) wenn ortsfeste Großanlage, dann nicht im Geltungsbereich – siehe Kriterien für ‚groß'	Sonstige Elektro- und Elektronikgeräte (Möbel u. ä.)	11	22.07.2019 (nicht in Anhang I)
Saftmaschine/-presse	ja		Haushaltskleingeräte	2	gültig (2019 für Geräte < 2006)
Säge (elektrisch) – Stichsäge, Handkreissäge, Säbelsäge, etc.	ja		EE-Werkzeuge	6	gültig (2019 für Geräte < 2006)
Salz-/Pfeffermühle (elektrisch)	ja		Haushaltskleingeräte	2	gültig (2019 für Geräte < 2006)
Sandstrahlgerät	ja		EE-Werkzeuge	6	gültig (2019 für Geräte < 2006)
Sandstrahlgerät (ortsfest montiert, gewerblich/industriell)	ja	Einbau in Gebäude kein Ausschließungsgrund, nur wenn ortsfestes industrielles Großwerkzeug, dann nicht im Geltungsbereich	EE-Werkzeuge	6	22.07.2019 (zuvor nicht im AWB)

Geräteart	Im AWB der RL 2011/65/EU	Anmerkungen	Gerätekategorie gem. Anhang I RL 2011/65/EU	G-Kat-Nr.	IVS-Verbot ab
Satelliten	nein	siehe Einsatz im Weltraum	–	–	–
Satelliten(programm)empfänger (Receiver)	ja		Geräte der Unterhaltungselektronik	4	gültig (2019 für Geräte < 2006)
Satellitenempfänger (LNB)	ja		Geräte der Unterhaltungselektronik	4	gültig (2019 für Geräte < 2006)
Satellitenempfänger (Schüssel) mit LNB	ja		Geräte der Unterhaltungselektronik	4	gültig (2019 für Geräte < 2006)
Satellitenempfangsantenne = Satellitenschüssel ohne LNB	nein	ist nur Reflektor, kein EEE	–	–	–
Saunakabine – elektrische Elemente	ja		Haushaltsgroßgeräte	1	gültig (2019 für Geräte < 2006)
Saunaofen (elektrisch, elektrische Zündung oder Anzeigen o. ä.	ja		Haushaltsgroßgeräte	1	gültig (2019 für Geräte < 2006)
Saunaofen (ortsfest montiert)	ja	Einbau in Gebäude kein Ausschließungsgrund	Haushaltsgroßgeräte	1	22.07.2019 (zuvor nicht im AWB)
Scanner	ja		IT & Telekommunikationsgeräte	3	gültig (2019 für Geräte < 2006)
Scart-Box	ja		Geräte der Unterhaltungselektronik	4	gültig (2019 für Geräte < 2006)
Schachcomputer	ja		Spiel-, Sport- und Freizeitgeräte	7	gültig (2019 für Geräte < 2006)
Schachuhr	ja		Spiel-, Sport- und Freizeitgeräte	7	gültig (2019 für Geräte < 2006)

Geräteart	Im AWB der RL 2011/65/EU	Anmerkungen	Gerätekategorie gem. Anhang I RL 2011/65/EU	G-Kat-Nr.	IVS-Verbot ab
Schalter bzw. Regler – Funktion elektronisch	ja		Überwachungs- und Kontrollinstrumente	9	22.07.2014
Schalter, Lichtschalter, Wippschalter etc. für Wandmontage, Wanddose – Funktion mechanisch (ortsfest montiert)	ja	Einbau in Gebäude kein Ausschließungsgrund	Sonstige Elektro- und Elektronikgeräte (Teile)	11	22.07.2019 (nicht in Anhang I)
Schaltgerät	ja	nur wenn speziell konzipiertes Gerät als Teil für eine ortsfeste Großanlage, dann nicht im Geltungsbereich – siehe Kriterien für ‚groß'	Überwachungs- und Kontrollinstrumente	9	22.07.2014
Elektro-Verteilergehäuse mit eingebauten und verdrahteten Verteilereinbaugeräten, Schaltschrank (ortsfest montiert)	abhängig – ja/nein	nur Sicherungskästen, die für eine direkte Verwendung durch den Endnutzer auf den Markt gebracht werden sind im Geltungsbereich – andere nicht	Überwachungs- und Kontrollinstrumente	9	22.07.2014
Schaltuhr (ortsfest montiert)	ja	Einbau in Gebäude kein Ausschließungsgrund	Überwachungs- und Kontrollinstrumente	9	22.07.2014
Schaltuhr für Steckdose	ja		Haushaltskleingeräte	2	gültig (2019 für Geräte < 2006)
Schankanlage (gewerblich/industriell)	ja	nur wenn ortsfeste Großanlage, dann nicht im Geltungsbereich – siehe Kriterien für ‚groß'	Haushaltsgroßgeräte	1	gültig (2019 für Geräte < 2006)
Schankanlage (ortsfest montiert)	ja	Einbau in Gebäude kein Ausschließungsgrund, nur wenn ortsfeste Großanlage, dann nicht im Geltungsbereich – siehe Kriterien für ‚groß'	Haushaltsgroßgeräte	1	22.07.2019 (zuvor nicht im AWB)

Geräteart	Im AWB der RL 2011/65/EU	Anmerkungen	Gerätekategorie gem. Anhang I RL 2011/65/EU	G-Kat-Nr.	IVS-Verbot ab
Schauraummöbel mit Beleuchtung (Bauteile integriert)	ja	nur wenn Möbel und EEE getrennt werden kann und beide getrennt voll funktionsfähig sind, gilt Möbel außerhalb des Geltungsbereichs, das EEE ist im Geltungsbereich <> Annahme nicht trennbar, siehe ‚zumindest eine beabsichtigte Funktion'	Sonstige Elektro- und Elektronikgeräte (Möbel u. ä.)	11	22.07.2019 (nicht in Anhang I)
Scherenhubtisch	ja		EE-Werkzeuge	6	gültig (2019 für Geräte < 2006)
Schleifgerät (Netz) (z. B. Handschleifgerät, Exzenterschleifgerät)	ja		EE-Werkzeuge	6	gültig (2019 für Geräte < 2006)
Schließfach (elektrisch) (ortsfest montiert)	ja	Einbau in Gebäude kein Ausschließungsgrund, siehe ‚zumindest eine beabsichtigte Funktion' (vgl. Möbel)	Sonstige Elektro- und Elektronikgeräte (Möbel u. ä.)	11	22.07.2019 (nicht in Anhang I)
Schlitzgerät	ja		EE-Werkzeuge	6	gültig (2019 für Geräte < 2006)
Schloss mit Karte und Magnet (Selbstbausatz)	ja		Sonstige Elektro- und Elektronikgeräte (Teile)	11	22.07.2019 (nicht in Anhang I)
Schloss mit Karte und Magnet (System) (ortsfest montiert)	ja	Einbau in Gebäude kein Ausschließungsgrund	Sonstige Elektro- und Elektronikgeräte (Teile)	11	22.07.2019 (nicht in Anhang I)
Schlüsselanhänger geräuschempfindlich (Pfeifen oder Klatschen) oder Funkfernbedienungsfunktion (Batterie/Akku)	ja		Haushaltskleingeräte	2	gültig (2019 für Geräte < 2006)
Schlüsselanhänger mit Licht- oder Geräuschfunktion (Batterie/Akku)	ja	siehe ‚zumindest eine beabsichtigte Funktion'	Sonstige Elektro- und Elektronikgeräte (nicht zuordenbar)	11	22.07.2019 (nicht in Anhang I)

Geräteart	Im AWB der RL 2011/65/EU	Anmerkungen	Gerätekategorie gem. Anhang I RL 2011/65/EU	G-Kat-Nr.	IVS-Verbot ab
Schmelzsicherungen (Noezed und Diazed)	ja		Sonstige Elektro- und Elektronikgeräte (Teile)	11	22.07.2019 (nicht in Anhang I)
Schmutzwasserpumpe, Kleinhebeanlage	ja		EE-Werkzeuge	6	gültig (2019 für Geräte < 2006)
Schneebob mit Licht oder Hupe (Batterie/Akku)	ja	siehe ‚zumindest eine beabsichtigte Funktion'	Spiel-, Sport- und Freizeitgeräte	7	22.07.2019 (zuvor nicht im AWB)
Schneekanone (mobil)	ja		EE-Werkzeuge	6	gültig (2019 für Geräte < 2006)
Schneidmaschine (Küchen-)	ja		Haushaltskleingeräte	2	gültig (2019 für Geräte < 2006)
Schnurlostelefon	ja		IT & Telekommunikationsgeräte	3	gültig (2019 für Geräte < 2006)
Schrankenanlage in Parkgarage (ortsfest montiert)	nein	Annahme, dass Kriterien für ortsfeste Großanlage erfüllt – siehe Kriterien für ‚groß'	–	–	–
Schraubgerät (Netz/Akku), z. B. Akkuschrauber, Knickschrauber	ja		EE-Werkzeuge	6	gültig (2019 für Geräte < 2006)
Schreibmaschine (elektrisch)	ja		IT & Telekommunikationsgeräte	3	gültig (2019 für Geräte < 2006)
Schrittzähler (elektronisch)	ja		Spiel-, Sport- und Freizeitgeräte	7	gültig (2019 für Geräte < 2006)
Schuh mit Licht/Blinklicht	ja	siehe ‚zumindest eine beabsichtigte Funktion'	Sonstige Elektro- und Elektronikgeräte (nicht zuordenbar)	11	22.07.2019 (nicht in Anhang I)

Geräteart	Im AWB der RL 2011/65/EU	Anmerkungen	Gerätekategorie gem. Anhang I RL 2011/65/EU	G-Kat-Nr.	IVS-Verbot ab
Schuhputzmaschine (groß, gewerblich/industriell)	ja		Haushaltsgroßgeräte	1	gültig (2019 für Geräte < 2006)
Schuhputzmaschine (Haushalt)	ja		Haushaltsgroßgeräte	1	gültig (2019 für Geräte < 2006)
Schuhreinigungsgerät (elektrisch)	ja		EE-Werkzeuge	6	gültig (2019 für Geräte < 2006)
Schuhtrockner (an Wand montiert und/oder Paneel als eigenständiges Gerät, gewerblich/industriell)	ja		Haushaltsgroßgeräte	1	gültig (2019 für Geräte < 2006)
Schuhtrockner (Kleingerät, nicht an Wand montiert)	ja	Heißluft oder Heizelement	Haushaltskleingeräte	2	gültig (2019 für Geräte < 2006)
Schuhtrockner (Paneel/Wandheizung als Teil einer Heizanlage)	ja		Haushaltsgroßgeräte	1	22.07.2019 (zuvor nicht im AWB)
Schutzhelm mit elektrischer Zusatzfunktion, gewerblich	ja		EE-Werkzeuge	6	gültig (2019 für Geräte < 2006)
Schutzgasschweißgerät	ja		EE-Werkzeuge	6	gültig (2019 für Geräte < 2006)
Schweißgerät (elektrisch), Muffenschweißgerät	ja		EE-Werkzeuge	6	gültig (2019 für Geräte < 2006)
Schwimmbadabdeckung (elektrische)	siehe	siehe Motor	–	–	–
Skooter bzw. Elektroroller	ja		Spiel-, Sport- und Freizeitgeräte	7	gültig (2019 für Geräte < 2006)
Segway	ja		Spiel-, Sport- und Freizeitgeräte	7	gültig (2019 für Geräte < 2006)

Geräteart	Im AWB der RL 2011/65/EU	Anmerkungen	Gerätekategorie gem. Anhang I RL 2011/65/EU	G-Kat-Nr.	IVS-Verbot ab
Seilhebezug	ja		EE-Werkzeuge	6	gültig (2019 für Geräte < 2006)
Sendegerät – Rundfunk oder Fernsehen (speziell konzipiert)	nein	Annahme, dass speziell konzipiertes/r Gerät/Teil für eine ortsfeste Großanlage – siehe Kriterien für ‚groß‘	–	–	–
Sendegerät für Funksprech- oder Funktelegrafieverkehr (gewerblich/industriell)	ja		IT & Telekommunikationsgeräte	3	gültig (2019 für Geräte < 2006)
Sendegerät für Funksprech- oder Funktelegrafieverkehr (privater Bereich, z. B. Gerät für den Amateurfunk))	ja		IT & Telekommunikationsgeräte	3	gültig (2019 für Geräte < 2006)
Seniorenmobil (Verkehrsmittel)	nein		–	–	–
Server (gewerblich/industriell)	ja		IT & Telekommunikationsgeräte	3	gültig (2019 für Geräte < 2006)
Server (privater Bereich)	ja		IT & Telekommunikationsgeräte	3	gültig (2019 für Geräte < 2006)
Servicekoffer für Prüfgerät	nein	nur Prüfgerät mit Zubehör im Geltungsbereich	–	–	–
Shredder (Papier-)	ja		EE-Werkzeuge	6	gültig (2019 für Geräte < 2006)
Sicherheitsschaltgerät/-relais	ja		EE-Werkzeuge	6	gültig (2019 für Geräte < 2006)
Sicherheitsschrank (mit Belüftung, Licht etc.)	ja		Überwachungs- und Kontrollinstrumente	9	22.07.2014

Geräteart	Im AWB der RL 2011/65/EU	Anmerkungen	Gerätekategorie gem. Anhang I RL 2011/65/EU	G-Kat-Nr.	IVS-Verbot ab
Sicherungskasten (ortsfest montiert)	abhängig – ja/nein	nur Sicherungskästen, die für eine direkte Verwendung durch den Endnutzer auf den Markt gebracht werden sind im Geltungsbereich – andere nicht	Überwachungs- und Kontrollinstrumente	9	22.07.2014
Signalgeräte (optisch/akkustisch)	ja		Überwachungs- und Kontrollinstrumente	9	22.07.2014
SIM-Card für Handys	ja		IT & Telekommunikationsgeräte	3	gültig (2019 für Geräte < 2006)
Skibrillen mit Wischer (Batterie/Akku)	ja	siehe ‚zumindest eine beabsichtigte Funktion'	Spiel-, Sport- und Freizeitgeräte	7	22.07.2019 (zuvor nicht im AWB)
Skimmer (ortsfest montiert)	ja	Einbau in Gebäude kein Ausschließungsgrund, nur wenn speziell konzipierter Teil für eine ortsfeste Großanlage/Teil eines ortsfesten industriellen Großwerkzeuges, dann nicht im Geltungsbereich – siehe Kriterien für ‚groß'	EE-Werkzeuge	6	22.07.2019 (zuvor nicht im AWB)
Skischuh beheizbar	ja	siehe ‚zumindest eine beabsichtigte Funktion'	Spiel-, Sport- und Freizeitgeräte	7	22.07.2019 (zuvor nicht im AWB)
Slottermaschine (Spielzeug)	ja		Spiel-, Sport- und Freizeitgeräte	7	22.07.2019 (zuvor nicht im AWB)
Smartphone, I-Phone	ja		IT & Telekommunikationsgeräte	3	gültig (2019 für Geräte < 2006)
Sodagerät (elektrisch)	ja		Haushaltskleingeräte	2	gültig (2019 für Geräte < 2006)

Geräteart	Im AWB der RL 2011/65/EU	Anmerkungen	Gerätekategorie gem. Anhang I RL 2011/65/EU	G-Kat-Nr.	IVS-Verbot ab
Sofortbildkameras	ja		Geräte der Unterhaltungs-elektronik	4	gültig (2019 für Geräte < 2006)
Softlaser	ja		Medizinische Geräte	8	22.07.2014
Solarium (Ganzkörper)	ja	dual use	Haushaltsgroßgeräte	1	gültig (2019 für Geräte < 2006)
Solarium (Gesicht-, Oberkörper-, ...)	ja		Haushaltskleingeräte	2	gültig (2019 für Geräte < 2006)
Solarium (Kraftstrom, gewerblich/industriell)	ja		Haushaltsgroßgeräte	1	gültig (2019 für Geräte < 2006)
Solargenerator	ja		EE-Werkzeuge	6	gültig (2019 für Geräte < 2006)
Solarkaskadenbrunnen	ja		Haushaltskleingeräte	2	gültig (2019 für Geräte < 2006)
Solarkocher	ja		Haushaltskleingeräte	2	gültig (2019 für Geräte < 2006)
Solarpanel, Solaranlage	siehe	wenn elektrische Energie liefernd – siehe Photovoltaikmodul, für thermische Solaranlage – siehe Sonnenkollektor	–	–	–
Solarzelle (tragbar)	siehe	wenn elektrische Energie liefernd – siehe Photovoltaikladegerät, wenn ‚Solarzelle' als Teil eines Gerätes siehe dort: Solar...	–	–	–
Sonnenkollektor, thermische Solaranlage	nein	liefert ‚nur' Warmwasser = kein EEE; für Steuerungslage – siehe dort, für Photovoltaikanlagen – siehe dort	–	–	–

Geräteart	Im AWB der RL 2011/65/EU	Anmerkungen	Gerätekategorie gem. Anhang I RL 2011/65/EU	G-Kat-Nr.	IVS-Verbot ab
Soundanlage im Kino (ortsfest montiert)	ja	Einbau in Gebäude kein Ausschließungsgrund	Geräte der Unterhaltungselektronik	4	22.07.2019 (zuvor nicht im AWB)
Späne-Absauganlage (ortsfest montiert, gewerblich/industriell)	ja	Einbau in Gebäude kein Ausschließungsgrund, nur wenn speziell konzipiertes Gerät für eine ortsfeste Großanlage/Teil eines ortsfesten industriellen Großwerkzeuges, dann nicht im Geltungsbereich – siehe Kriterien für ‚groß'	EE-Werkzeuge	6	22.07.2019 (zuvor nicht im AWB)
Spannungsregler für Gleichspannung (Schaltregler) (gewerblich/industriell)	ja		Überwachungs- und Kontrollinstrumente – industriell	9	22.07.2017
Speicherbaustein, der in eine central processing unit (CPU) eingebaut wird	abhängig – ja/nein	Leiterplatten und Bauteile im Geltungsbereich wenn als ‚endgefertigtes Produkt' verkauft, Leiterplatten/Karten, die für weitere Produktionsschritte oder einen Einbau gedacht sind, gelten nicht als ‚fertiges Produkt'	IT & Telekommunikationsgeräte	3	22.07.2019 (zuvor nicht im AWB)
Speicherkarten z. B. für Digitalkameras	ja		IT & Telekommunikationsgeräte	3	gültig (2019 für Geräte < 2006)
Spiegel mit Beleuchtung	siehe EEE	wenn Möbel und EEE getrennt werden kann und beide getrennt voll funktionsfähig sind, gilt Möbel außerhalb des Geltungsbereichs, das EEE ist im Geltungsbereich	–	–	siehe EEE
Spiegelkugel (drehend)	ja		Geräte der Unterhaltungselektronik	4	gültig (2019 für Geräte < 2006)

Geräteart	Im AWB der RL 2011/65/EU	Anmerkungen	Gerätekategorie gem. Anhang I RL 2011/65/EU	G-Kat-Nr.	IVS-Verbot ab
Spiegelschrank, Badezimmerspiegelschrank o. ä. mit Beleuchtung und/oder anderen elektronischen Bauteilen	siehe EEE	wenn Möbel und EEE getrennt werden kann und beide getrennt voll funktionsfähig sind, gilt Möbel außerhalb des Geltungsbereichs, das EEE ist im Geltungsbereich	–	–	siehe EEE
Spielautomat (z. B. Spielhalle)	ja		Spiel-, Sport- und Freizeitgeräte	7	gültig (2019 für Geräte < 2006)
Spielautomat mit integriertem Bildschirm	ja		IT & Telekommunikationsgeräte	3	gültig (2019 für Geräte < 2006)
Spieleadapter (Anschluss f. mehrere Spieler)	ja		Spiel-, Sport- und Freizeitgeräte	7	gültig (2019 für Geräte < 2006)
Spielecomputer	ja		Spiel-, Sport- und Freizeitgeräte	7	gültig (2019 für Geräte < 2006)
Spielfahrzeug, Spielzeugauto elektrisch (Batterie/Akku), 1-2 Kinder können damit fahren	ja		Spiel-, Sport- und Freizeitgeräte	7	gültig (2019 für Geräte < 2006)
Spieluhr (Batterie/Akku)	ja		Spiel-, Sport- und Freizeitgeräte	7	gültig (2019 für Geräte < 2006)
Spielzeug ferngesteuert (z. B. Auto, Plüschtier)	ja		Spiel-, Sport- und Freizeitgeräte	7	gültig (2019 für Geräte < 2006)
Spielzeug mit Batterie-, Akku- oder Netzbetrieb – nur mit elektrischer Energie spielbar	ja		Spiel-, Sport- und Freizeitgeräte	7	gültig (2019 für Geräte < 2006)

Geräteart	Im AWB der RL 2011/65/EU	Anmerkungen	Gerätekategorie gem. Anhang I RL 2011/65/EU	G-Kat-Nr.	IVS-Verbot ab
Spielzeug mit Batterie/Akku und/oder elektronischen Bauteilen – auch ohne Batterie/Akku spielbar, z. B. Spielzeug-Bügeleisen, Spielzeug-Staubsauger, Spielzeug-Waschmaschine, Spielzeug-Fön, Spielzeug-Handy, Spielzeugtelefon, Spielzeug-Kaffeemaschine, Spielzeug-Kühlschrank, Spielzeugmobile, Spielzeug-Supermarktkasse mit Batterie/Akku	ja	siehe ‚zumindest eine beabsichtigte Funktion'	Spiel-, Sport- und Freizeitgeräte	7	22.07.2019 (zuvor nicht im AWB)
Spielzeugeisenbahn, Modelleisenbahn – Lok, Trafo, etc.	ja		Spiel-, Sport- und Freizeitgeräte	7	gültig (2019 für Geräte < 2006)
Spielzeugeisenbahn, Modelleisenbahn – Schienen	ja	Schienen leiten Strom – siehe ‚zumindest eine beabsichtigte Funktion'	Spiel-, Sport- und Freizeitgeräte	7	22.07.2019 (zuvor nicht im AWB)
Spielzeugeisenbahn, Modelleisenbahn – Waggon	nein	kein EEE, wird nur gezogen	–	–	–
Spielzeugroboter, Spielzeugfiguren (Batterie/Akku)	ja		Spiel-, Sport- und Freizeitgeräte	7	gültig (2019 für Geräte < 2006)
Spielzeug-Werkzeug-Sortiment mit Batterie/Akku und/oder elektronischen Bauteilen – auch ohne Batterie/Akku spielbar	ja	siehe ‚zumindest eine beabsichtigte Funktion'	Spiel-, Sport- und Freizeitgeräte	7	22.07.2019 (zuvor nicht im AWB)
Sportcomputer – andere (z. B. Fahrradcomputer, Tauchcomputer, Laufcomputer, Rudercomputer)	ja		Spiel-, Sport- und Freizeitgeräte	7	gültig (2019 für Geräte < 2006)

Geräteart	Im AWB der RL 2011/65/EU	Anmerkungen	Gerätekategorie gem. Anhang I RL 2011/65/EU	G-Kat-Nr.	IVS-Verbot ab
Spritzgussanlage für Kunststoff	nein	Annahme, dass Kriterien für ortsfestes industrielles Großwerkzeug erfüllt – siehe Kriterien für ‚groß'	–	–	–
Spritzpistole (elektrisch)	ja		EE-Werkzeuge	6	gültig (2019 für Geräte < 2006)
Stabmixer (Netz/Akku)	ja		Haushaltskleingeräte	2	gültig (2019 für Geräte < 2006)
Standmixer (Netz/Akku)	ja		Haushaltskleingeräte	2	gültig (2019 für Geräte < 2006)
Starthilfekabel	nein	in Definition ‚Kabel' nicht enthalten	–	–	–
Starthilfekabel für Zigarettenanzünder (Auto)	nein	in Definition ‚Kabel' nicht enthalten	–	–	–
Staubsauger	ja		Haushaltskleingeräte	2	gültig (2019 für Geräte < 2006)
Steckdose, Steckdosenleiste (als Teil, ohne Kabel)	ja	als Bauteil	Sonstige Elektro- und Elektronikgeräte (Teile)	11	22.07.2019 (nicht in Anhang I)
Steckdose, Steckdosenleiste mit Kabel (ohne Zusatzfunktion)	ja	zum Verbinden von EEE an Steckdose oder von EEE untereinander – siehe Definition ‚Kabel'	Haushaltskleingeräte	2	22.07.2019 (zuvor nicht im AWB)
Steckdosenleiste mit Ein-/Ausschalter und/oder Zusatzfunktion (z. B. Blitzschutz) mit Kabel	ja	zum Verbinden von EEE an Steckdose oder von EEE untereinander – siehe Definition ‚Kabel'	Haushaltskleingeräte	2	22.07.2019 (zuvor nicht im AWB)
Steckdosenleiste mit Telefonschutz, Überspannungsschutz, Zusatzfunktionen (z. B. HUB), Multimedia o. ä.	ja		Haushaltskleingeräte	2	gültig (2019 für Geräte < 2006)

Geräteart	Im AWB der RL 2011/65/EU	Anmerkungen	Gerätekategorie gem. Anhang I RL 2011/65/EU	G-Kat-Nr.	IVS-Verbot ab
Stecker, Steckverbindung, Kupplung (mit Kabel)	ja		Sonstige Elektro- und Elektronikgeräte (Teile)	11	22.07.2019 (nicht in Anhang I)
Stecker, Steckverbindung, Kupplung, Abzweigklemme (als Bauteil, ohne Kabel)	ja		Sonstige Elektro- und Elektronikgeräte (Teile)	11	22.07.2019 (nicht in Anhang I)
Steckkarten mobil (Mobile Connect Card, wireless PC Card Modem)	ja		IT & Telekommunikationsgeräte	3	gültig (2019 für Geräte < 2006)
Steinbearbeitungsmaschine andere	ja		EE-Werkzeuge	6	gültig (2019 für Geräte < 2006)
Steingrill/Heißer Stein (elektrisch)	ja		Haushaltskleingeräte	2	gültig (2019 für Geräte < 2006)
Stemmhammer (elektrisch)	ja		EE-Werkzeuge	6	gültig (2019 für Geräte < 2006)
Sterilisationsgerät (Haushalt, elektrisch)	ja		Haushaltskleingeräte	2	gültig (2019 für Geräte < 2006)
Sterilisatoren (Labor)	ja		Medizinische Geräte	8	22.07.2014
Steuerung von Solaranlage (ortsfest montiert)	ja	Einbau in Gebäude kein Ausschließungsgrund	Überwachungs- und Kontrollinstrumente	9	22.07.2014
Steuerungscomputer für Schaltschränke	ja	nur wenn speziell konzipiertes Gerät als Teil für eine ortsfeste Großanlage, dann nicht im Geltungsbereich – siehe Kriterien für ‚groß'	Überwachungs- und Kontrollinstrumente	9	22.07.2014
Stickmaschine (Haushalt)	ja		Haushaltskleingeräte	2	gültig (2019 für Geräte < 2006)

Geräteart	Im AWB der RL 2011/65/EU	Anmerkungen	Gerätekategorie gem. Anhang I RL 2011/65/EU	G-Kat-Nr.	IVS-Verbot ab
Stickmaschine (ortsfest montiert, gewerblich/industriell)	ja	Einbau in Gebäude kein Ausschließungsgrund, nur wenn ortsfestes industrielles Großwerkzeug, dann nicht im Geltungsbereich	EE-Werkzeuge	6	22.07.2019 (zuvor nicht im AWB)
Stiefelwärmer (elektrisch)	ja		Haushaltskleingeräte	2	gültig (2019 für Geräte < 2006)
Stoppuhr (Batterie/Akku)	ja		Spiel-, Sport- und Freizeitgeräte	7	gültig (2019 für Geräte < 2006)
Störmeldegerät (Akustischer Signalgeber, Ein- und Ausgänge für verschiedene Störungen) für Kühlanlagen	ja	nur wenn speziell konzipierter Teil für eine ortsfeste Großanlage, dann nicht im Geltungsbereich – siehe Kühlsystem/-anlage – ortsfeste Großanlage	Haushaltsgroßgeräte	1	22.07.2019 (zuvor nicht im AWB)
Strahlenbehandlungsgerät (mobil)	ja		Medizinische Geräte	8	22.07.2014
Strahlenmessgerät (gewerblich/industriell)	ja		Überwachungs- und Kontrollinstrumente – industriell	9	22.07.2017
Strahlentherapiegerät (ortsfest montiert, gewerblich/industriell)	nein	Annahme, dass Kriterien für ortsfeste Großanlage erfüllt – siehe Kriterien für ‚groß‘	–	–	–
Straßeninstandhaltungsgerät (elektrisch, gewerblich/industriell)	nein	siehe bewegliche Maschine für professionelle Nutzung	–	–	–
Straßenkehrgerät (elektrisch, gewerblich/industriell)	nein	siehe bewegliche Maschine für professionelle Nutzung	–	–	–
Strickmaschine (Haushalt)	a		Haushaltskleingeräte	2	gültig (2019 für Geräte < 2006)

Geräteart	Im AWB der RL 2011/65/EU	Anmerkungen	Gerätekategorie gem. Anhang I RL 2011/65/EU	G-Kat-Nr.	IVS-Verbot ab
Strickmaschine (ortsfest montiert, gewerblich/industriell)	ja	Einbau in Gebäude kein Ausschließungsgrund, nur wenn ortsfestes industrielles Großwerkzeug, dann nicht im Geltungsbereich	EE-Werkzeuge	6	22.07.2019 (zuvor nicht im AWB)
Strom- und Spannungswandler	ja		EE-Werkzeuge	6	gültig (2019 für Geräte < 2006)
Strom- und Spannungswandler (ortsfest montiert)	ja	Einbau in Gebäude kein Ausschließungsgrund, nur wenn speziell konzipierter Teil für eine ortsfeste Großanlage, dann nicht im Geltungsbereich – siehe Kriterien für ‚groß'	Überwachungs- und Kontrollinstrumente	9	22.07.2014
Stromschiene mit keinem oder nur einem Verbinder/Stecker	ja		Sonstige Elektro- und Elektronikgeräte (Teile)	11	22.07.2019 (nicht in Anhang I)
Stromstoßschalter/-relais	ja		EE-Werkzeuge	6	gültig (2019 für Geräte < 2006)
Stromtankstelle	nein	Annahme, dass Kriterien für ortsfeste Großanlage erfüllt – siehe Kriterien für ‚groß'	–	–	–
Stromzähler (siehe Zähler) (ortsfest montiert)	ja	Einbau in Gebäude kein Ausschließungsgrund, nur wenn speziell konzipierter Teil für eine ortsfeste Großanlage, dann nicht im Geltungsbereich – siehe Kriterien für ‚groß'	Überwachungs- und Kontrollinstrumente	9	22.07.2014
Styroporschneider	ja		EE-Werkzeuge	6	gültig (2019 für Geräte < 2006)

Geräteart	Im AWB der RL 2011/65/EU	Anmerkungen	Gerätekategorie gem. Anhang I RL 2011/65/EU	G-Kat-Nr.	IVS-Verbot ab
Sucherhilfe für digitale Fotoapparate (Display)	ja		Geräte der Unterhaltungselektronik	4	gültig (2019 für Geräte < 2006)
Tankstellenequipment (Zapfsäule, Bezahlterminal)	ja		Automatische Ausgabegeräte	10	gültig (2019 für Geräte < 2006)
Taschenrechner	ja		IT & Telekommunikationsgeräte	3	gültig (2019 für Geräte < 2006)
Tastatur	ja		IT & Telekommunikationsgeräte	3	gültig (2019 für Geräte < 2006)
Tauchsieder	ja		Haushaltskleingeräte	2	gültig (2019 für Geräte < 2006)
Taxameter	nein	speziell konzipierter Teil von Ausnahme ‚Verkehrsmittel zur Personen- und Güterbeförderung‘	–	–	–
Teekocher (elektrisch)	ja		Haushaltskleingeräte	2	gültig (2019 für Geräte < 2006)
Telefonendgerät	ja		IT & Telekommunikationsgeräte	3	gültig (2019 für Geräte < 2006)
Telefonendgerät für proprietäre Anlage	ja		IT & Telekommunikationsgeräte	3	gültig (2019 für Geräte < 2006)
Telefonvermittlungsanlage – klein (Haushalt, dual use)	ja	siehe auch ‚Vermittlungseinrichtung‘ für große Anlage	IT & Telekommunikationsgeräte	3	gültig (2019 für Geräte < 2006)
Tellerwärmer (elektrisch)	ja		Haushaltskleingeräte	2	gültig (2019 für Geräte < 2006)

Geräteart	Im AWB der RL 2011/65/EU	Anmerkungen	Gerätekategorie gem. Anhang I RL 2011/65/EU	G-Kat-Nr.	IVS-Verbot ab
Teppichkehrmaschine (elektrisch)	ja		Haushaltskleingeräte	2	gültig (2019 für Geräte < 2006)
Thermobindegerät	ja		EE-Werkzeuge	6	gültig (2019 für Geräte < 2006)
Thermometer (Batterie/Akku)	ja		Überwachungs- und Kontrollinstrumente	9	22.07.2014
Thermosensor	ja	nur wenn speziell konzipierter Teil für eine ortsfeste Großanlage, dann nicht im Geltungsbereich – siehe Kriterien für ‚groß'	Überwachungs- und Kontrollinstrumente	9	22.07.2014
Thermostat	ja		Überwachungs- und Kontrollinstrumente	9	22.07.2014
Tisch höhenverstellbar, mit Elektromotor (Bauteile integriert)	ja	siehe ‚zumindest eine beabsichtigte Funktion' (Möbel)	Sonstige Elektro- und Elektronikgeräte (Möbel u. ä.)	11	22.07.2019 (nicht in Anhang I)
Tischkreissäge	ja		EE-Werkzeuge	6	gültig (2019 für Geräte < 2006)
Tischrechner	ja		IT & Telekommunikationsgeräte	3	gültig (2019 für Geräte < 2006)
Toaster	ja		Haushaltskleingeräte	2	gültig (2019 für Geräte < 2006)
Tonbandgerät	ja		Geräte der Unterhaltungselektronik	4	gültig (2019 für Geräte < 2006)
Tonerkartuschen mit elektronischem Bauteil (z. B. Chip)	ja	Tonerkartuschen/Druckerpatronen als Beispiel für Zubehör, das von elektrischer Energie ‚abhängig' ist – ‚im Geltungsbereich'	Sonstige Elektro- und Elektronikgeräte (Teile)	11	22.07.2019 (nicht in Anhang I)

Geräteart	Im AWB der RL 2011/65/EU	Anmerkungen	Gerätekategorie gem. Anhang I RL 2011/65/EU	G-Kat-Nr.	IVS-Verbot ab
Töpferscheibe (Netz/Akku)	ja		Spiel-, Sport- und Freizeitgeräte	7	gültig (2019 für Geräte < 2006)
Touchscreen Monitor	ja		IT & Telekommunikationsgeräte	3	gültig (2019 für Geräte < 2006)
Transformator	ja		EE-Werkzeuge	6	gültig (2019 für Geräte < 2006)
Transformator (ortsfest montiert, gewerblich/industriell)	ja	Einbau in Gebäude kein Ausschließungsgrund, nur wenn speziell konzipiertes Gerät für eine ortsfeste Großanlage/Teil eines ortsfesten industriellen Großwerkzeuges, dann nicht im Geltungsbereich – siehe Kriterien für ‚groß‘	EE-Werkzeuge	6	22.07.2019 (zuvor nicht im AWB)
Transformator für Halogenleuchte	ja		Beleuchtungskörper	5	gültig (2019 für Geräte < 2006)
Transfusionsgerät (mobil)	ja		Medizinische Geräte	8	22.07.2014
Trockenhaube	ja		Haushaltskleingeräte	2	gültig (2019 für Geräte < 2006)
Türglocke	ja		Haushaltskleingeräte	2	gültig (2019 für Geräte < 2006)
Türöffner elektrisch	ja		Sonstige Elektro- und Elektronikgeräte (Teile)	11	22.07.2019 (nicht in Anhang I)
Türsystem für Züge (elektropneumatisch)	nein	speziell konzipierter Teil von Ausnahme ‚Verkehrsmittel zur Personen- und Güterbeförderung‘	–	–	–

Geräteart	Im AWB der RL 2011/65/EU	Anmerkungen	Gerätekategorie gem. Anhang I RL 2011/65/EU	G-Kat-Nr.	IVS-Verbot ab
Übersetzungsgerät	ja		IT & Telekommunikationsgeräte	3	gültig (2019 für Geräte < 2006)
Überspannungsschutz für TV/HiFi	ja		Geräte der Unterhaltungselektronik	4	gültig (2019 für Geräte < 2006)
Übertragungswagen	siehe eingebaute Geräte	die eingebauten IT- und UE-Geräte unterliegen der EAG-VO, das Fahrzeug nicht	–	siehe Geräte	siehe eingebaute Geräte
Überwachungskamera	ja		Geräte der Unterhaltungselektronik	4	gültig (2019 für Geräte < 2006)
Überwachungskamera (Teil einer Anlage)	ja	auch wenn Teil einer Großanlage – nicht speziell dafür konzipiert	Geräte der Unterhaltungselektronik	4	22.07.2019 (zuvor nicht im AWB)
Überwachungsmonitor	ja		Überwachungs- und Kontrollinstrumente	9	22.07.2014
Überwachungssystem für Rechenzentren z. B. Temperatur, ... (ortsfest montiert, gewerblich/industriell)	ja	Einbau in Gebäude kein Ausschließungsgrund	Überwachungs- und Kontrollinstrumente – industriell	9	22.07.2017
Uhr (Haushalt) (Batterie/Akku)	ja		Haushaltskleingeräte	2	gültig (2019 für Geräte < 2006)
Uhrenanlage, elektrisch betrieben (gewerblich/industriell)	ja		Überwachungs- und Kontrollinstrumente – industriell	9	22.07.2017

Geräteart	Im AWB der RL 2011/65/EU	Anmerkungen	Gerätekategorie gem. Anhang I RL 2011/65/EU	G-Kat-Nr.	IVS-Verbot ab
Uhrenanlage, zentral gesteuert (ortsfest montiert, gewerblich/industriell)	ja	Einbau in Gebäude kein Ausschließungsgrund, nur wenn speziell konzipierter Teil für eine ortsfeste Großanlage, dann nicht im Geltungsbereich – siehe Kriterien für ‚groß'	Überwachungs- und Kontrollinstrumente – industriell	9	22.07.2017
Ultramikrotom	ja		EE-Werkzeuge	6	gültig (2019 für Geräte < 2006)
Ultraschallgerät (mobil)	ja		Medizinische Geräte	8	22.07.2014
Ultraschallgerät (z. B. US-Reiniger)	ja		EE-Werkzeuge	6	gültig (2019 für Geräte < 2006)
Ultraviolett- und Infrarotbestrahlungsgerät (groß, gewerblich/industriell)	ja		Medizinische Geräte	8	22.07.2014
Ultraviolettbestrahlungsgerät (klein, Haushalt)	ja		Medizinische Geräte	8	22.07.2014
Uninterrupted Power Supply (UPS)	ja		EE-Werkzeuge	6	gültig (2019 für Geräte < 2006)
USB Messgerät	ja	z. B. zur Temperaturmessung an einem Kühlgerät	Überwachungs- und Kontrollinstrumente – industriell	9	22.07.2014
USB Stick	ja		IT & Telekommunikationsgeräte	3	gültig (2019 für Geräte < 2006)
USB Verteilergerät	ja		IT & Telekommunikationsgeräte	3	gültig (2019 für Geräte < 2006)
USB-Adapter (extern)	ja		IT & Telekommunikationsgeräte	3	gültig (2019 für Geräte < 2006)

Geräteart	Im AWB der RL 2011/65/EU	Anmerkungen	Gerätekategorie gem. Anhang I RL 2011/65/EU	G-Kat-Nr.	IVS-Verbot ab
USV-Gerät (EDV)	ja		IT & Telekommunikations-geräte	3	gültig (2019 für Geräte < 2006)
USV-Gerät (EDV) (Teil einer Anlage, gewerblich/industriell)	ja		IT & Telekommunikations-geräte	3	gültig (2019 für Geräte < 2006)
USV-Gerät (nicht EDV)	ja		EE-Werkzeuge	6	gültig (2019 für Geräte < 2006)
Vakuumpumpen (medizin. Zwecke und Laborbedarf)	ja		Medizinische Geräte	8	22.07.2014
Vakuumverpackungsgerät	ja		Haushaltskleingeräte	2	gültig (2019 für Geräte < 2006)
Ventil (Magnet-, Sperr- und Stromventil)	ja		Sonstige Elektro- und Elektronikgeräte (Teile)	11	22.07.2019 (nicht in Anhang I)
Ventilator (Decken-, Wand-, ...)	ja		Haushaltskleingeräte	2	gültig (2019 für Geräte < 2006)
Ventilator (groß, gewerblich/industriell)	ja		Haushaltsgroßgeräte	1	gültig (2019 für Geräte < 2006)
Ventilator (ortsfest montiert)	ja	Einbau in Gebäude kein Ausschließungsgrund, nur wenn speziell konzipierter Teil für eine ortsfeste Großanlage, dann nicht im Geltungsbereich – siehe Lüftungs- bzw. Ventilations-systeme/-anlagen	Haushaltsgroßgeräte	1	22.07.2019 (zuvor nicht im AWB)
Ventilator (Stand-, Tisch-)	ja		Haushaltskleingeräte	2	gültig (2019 für Geräte < 2006)

Geräteart	Im AWB der RL 2011/65/EU	Anmerkungen	Gerätekategorie gem. Anhang I RL 2011/65/EU	G-Kat-Nr.	IVS-Verbot ab
Vergrößerungs-/Verkleinerungsapparate – fotografische	ja		EE-Werkzeuge	6	gültig (2019 für Geräte < 2006)
Verkehrsleitanlage	nein	Beispiel für ortsfeste Großanlage	–	–	–
Verkehrsspiegel beheizbar	ja		Sonstige Elektro- und Elektronikgeräte (nicht zuordenbar)	11	22.07.2019 (nicht in Anhang I)
Vermittlungseinrichtung für die Fernsprech- oder Telegrafentechnik, Telefonvermittlungsanlage – groß (gewerblich/industriell)	ja	siehe auch Telefonvermittlungsanlage für kleine Anlage	IT & Telekommunikationsgeräte	3	gültig (2019 für Geräte < 2006)
Vermittlungseinrichtungen für die Sprach- oder Datenkommunikation für Netzbetreiber oder Dienstanbieter (speziell konzipiert)	nein	Annahme, dass speziell konzipiertes/r Gerät/Teil für eine ortsfeste Großanlage – siehe Kriterien für ‚groß'	–	–	–
Verpackungsmaschine (kombinierte) mit Förderband	nein	Beispiel für ortsfestes industrielles Großwerkzeug	–	–	–
Verstärker	ja		Geräte der Unterhaltungselektronik	4	gültig (2019 für Geräte < 2006)
Vervielfältigungsmaschine (Standkopierer)	ja		IT & Telekommunikationsgeräte	3	gültig (2019 für Geräte < 2006)
Vervielfältigungsmaschine (Tischkopierer)	ja		IT & Telekommunikationsgeräte	3	gültig (2019 für Geräte < 2006)
Vibrationsgerät/Hochfrequenz-Innenrüttler (gewerblich/industriell)	ja		Haushaltsgroßgeräte	1	gültig (2019 für Geräte < 2006)

Geräteart	Im AWB der RL 2011/65/EU	Anmerkungen	Gerätekategorie gem. Anhang I RL 2011/65/EU	G-Kat-Nr.	IVS-Verbot ab
Vibrator	ja		Spiel-, Sport- und Freizeitgeräte	7	gültig (2019 für Geräte < 2006)
Video Graphics Array-Karte (VGA)	abhängig – ja/nein	Leiterplatten und Bauteile im Geltungsbereich wenn als ‚endgefertigtes Produkt' verkauft, Leiterplatten/Karten, die für weitere Produktionsschritte oder einen Einbau gedacht sind, gelten nicht als ‚fertiges Produkt'	IT & Telekommunikationsgeräte	3	22.07.2019 (zuvor nicht im AWB)
Videoinformationswand (ortsfest montiert)	ja	Einbau in Gebäude kein Ausschließungsgrund, nur wenn speziell konzipierter Teil für eine ortsfeste Großanlage, dann nicht im Geltungsbereich – siehe Kriterien für ‚groß'	Geräte der Unterhaltungselektronik	4	22.07.2019 (zuvor nicht im AWB)
Videokamera	ja		Geräte der Unterhaltungselektronik	4	gültig (2019 für Geräte < 2006)
Videokamera (Teil einer Anlage)	ja	auch wenn Teil einer Großanlage – nicht speziell dafür konzipiert	Geräte der Unterhaltungselektronik	4	22.07.2019 (zuvor nicht im AWB)
Videokonferenzanlage	ja		IT & Telekommunikationsgeräte	3	gültig (2019 für Geräte < 2006)
Videokonsole	ja		Spiel-, Sport- und Freizeitgeräte	7	gültig (2019 für Geräte < 2006)
Videolupe, Videomikroskop	ja		IT & Telekommunikationsgeräte	3	gültig (2019 für Geräte < 2006)
Videomisch- und -schneidgerät	ja		Geräte der Unterhaltungselektronik	4	gültig (2019 für Geräte < 2006)

Geräteart	Im AWB der RL 2011/65/EU	Anmerkungen	Gerätekategorie gem. Anhang I RL 2011/65/EU	G-Kat-Nr.	IVS-Verbot ab
Videophon	ja		IT & Telekommunikationsgeräte	3	gültig (2019 für Geräte < 2006)
Videoprojektor	ja		Geräte der Unterhaltungselektronik	4	gültig (2019 für Geräte < 2006)
Videospieler, Videorecorder	ja		Geräte der Unterhaltungselektronik	4	gültig (2019 für Geräte < 2006)
Videospielgerät	ja		Spiel-, Sport- und Freizeitgeräte	7	gültig (2019 für Geräte < 2006)
Waage – gewerblich/industriell (elektrisch, Batterie/Akku)	ja		Überwachungs- und Kontrollinstrumente – industriell	9	22.07.2017
Waage – Haushalt (Batterie/Akku) z. B. Haushaltswaage, Küchenwaage	ja		Haushaltskleingeräte	2	gültig (2019 für Geräte < 2006)
Waage – Hygienebereich (Batterie/Akku) z. B. Personenwaage, Körperwaage, Säuglingswaage	ja		Haushaltskleingeräte	2	gültig (2019 für Geräte < 2006)
Wachhund elektronisch	ja		Haushaltskleingeräte	2	gültig (2019 für Geräte < 2006)
Waffelmaschine, Waffeleisen	ja		Haushaltskleingeräte	2	gültig (2019 für Geräte < 2006)
Walkie Talkie	ja		IT & Telekommunikationsgeräte	3	gültig (2019 für Geräte < 2006)
Wandheizgerät/Elektroradiator (nicht transportabel, an Wand montiert, aber mit 220 V Stecker angeschlossen)	ja		Haushaltsgroßgeräte	1	gültig (2019 für Geräte < 2006)

Geräteart	Im AWB der RL 2011/65/EU	Anmerkungen	Gerätekategorie gem. Anhang I RL 2011/65/EU	G-Kat-Nr.	IVS-Verbot ab
Wanne mit Radio (Bauteile integriert)	ja	siehe ‚zumindest eine beabsichtigte Funktion' (vgl. Möbel)	Sonstige Elektro- und Elektronikgeräte (Möbel u. ä.)	11	22.07.2019 (nicht in Anhang I)
Warenverkaufsautomat – sonstige Produkte (z. B. Lebensmittel ungekühlt, Briefmarken, Zigaretten, Fahrscheine, ...)	ja		Automatische Ausgabegeräte	10	gültig (2019 für Geräte < 2006)
Warenverkaufsautomaten – Getränke gekühlt	ja		Automatische Ausgabegeräte	10	gültig (2019 für Geräte < 2006)
Warenverkaufsautomaten – Lebensmittel gekühlt	ja		Automatische Ausgabegeräte	10	gültig (2019 für Geräte < 2006)
Wärmedecke	ja		Haushaltskleingeräte	2	gültig (2019 für Geräte < 2006)
Wärmeplatte, elektrische Heizplatte	ja		Haushaltsgroßgeräte	1	gültig (2019 für Geräte < 2006)
Wärmepumpe (ortsfest montiert und/oder Teil einer Anlage)	ja	Einbau in Gebäude kein Ausschließungsgrund, nur wenn speziell konzipiertes Gerät als Teil für eine ortsfeste Großanlage, dann nicht im Geltungsbereich – siehe Heizsysteme/-anlagen	Haushaltsgroßgeräte	1	22.07.2019 (zuvor nicht im AWB)
Wärmepumpentrockner mit Kältemittel	ja		Haushaltsgroßgeräte	1	gültig (2019 für Geräte < 2006)
Wärmestrahler für Infrarotkabinen	ja		Haushaltsgroßgeräte	1	gültig (2019 für Geräte < 2006)
Warmgasschweißgerät mit Kompressor	ja		EE-Werkzeuge	6	gültig (2019 für Geräte < 2006)

Geräteart	Im AWB der RL 2011/65/EU	Anmerkungen	Gerätekategorie gem. Anhang I RL 2011/65/EU	G-Kat-Nr.	IVS-Verbot ab
Warmhalteplatte	ja		Haushaltskleingeräte	2	gültig (2019 für Geräte < 2006)
Warmhaltevitrine (gewerblich/industriell)	ja		Haushaltsgroßgeräte	1	gültig (2019 für Geräte < 2006)
Wäscheschleuder	ja		Haushaltsgroßgeräte	1	gültig (2019 für Geräte < 2006)
Wäschetrockner	ja		Haushaltsgroßgeräte	1	gültig (2019 für Geräte < 2006)
Wäschetrockner (ortsfest montiert, gewerblich/industriell)	ja	Einbau in Gebäude kein Ausschließungsgrund, nur wenn ortsfeste Großanlage, dann nicht im Geltungsbereich – siehe Kriterien für ‚groß‘	Haushaltsgroßgeräte	1	22.07.2019 (zuvor nicht im AWB)
Waschmaschine	ja		Haushaltsgroßgeräte	1	gültig (2019 für Geräte < 2006)
Waschmaschine (groß, gewerblich/industriell)	ja		Haushaltsgroßgeräte	1	gültig (2019 für Geräte < 2006)
Waschmaschine (ortsfest montiert, gewerblich/industriell)	ja	Einbau in Gebäude kein Ausschließungsgrund, nur wenn ortsfeste Großanlage, dann nicht im Geltungsbereich – siehe Kriterien für ‚groß‘	Haushaltsgroßgeräte	1	22.07.2019 (zuvor nicht im AWB)
Waschtrockner	ja		Haushaltsgroßgeräte	1	gültig (2019 für Geräte < 2006)
Wasserkocher (elektrisch)	ja		Haushaltskleingeräte	2	gültig (2019 für Geräte < 2006)
Wasserpumpanlage für Reinigungsanlage (gewerblich/industriell)	ja		Haushaltsgroßgeräte	1	gültig (2019 für Geräte < 2006)

Geräteart	Im AWB der RL 2011/65/EU	Anmerkungen	Gerätekategorie gem. Anhang I RL 2011/65/EU	G-Kat-Nr.	IVS-Verbot ab
Wasserreinigungs-/-filtergerät (elektrisch)	ja		EE-Werkzeuge	6	gültig (2019 für Geräte < 2006)
Wasserspender mit Kühlfunktion (gewerblich/industriell)	ja		Haushaltsgroßgeräte	1	gültig (2019 für Geräte < 2006)
Wasserwaage (elektrisch)	ja		Überwachungs- und Kontrollinstrumente	9	22.07.2014
Webcam	ja		IT & Telekommunikationsgeräte	3	gültig (2019 für Geräte < 2006)
Webmaschine (Haushalt)	ja		Haushaltsgroßgeräte	1	gültig (2019 für Geräte < 2006)
Webmaschine (ortsfest montiert, gewerblich/industriell)	ja	Einbau in Gebäude kein Ausschließungsgrund, nur wenn ortsfestes industrielles Großwerkzeug, dann nicht im Geltungsbereich	EE-Werkzeuge	6	22.07.2019 (zuvor nicht im AWB)
Wechselrichter	ja	Inverter	EE-Werkzeuge	6	gültig (2019 für Geräte < 2006)
Wecker (elektrisch)	ja		Haushaltskleingeräte	2	gültig (2019 für Geräte < 2006)
Weidezaungerät (Netz/Akku)	ja		EE-Werkzeuge	6	gültig (2019 für Geräte < 2006)
Weinabfüllanlage (ortsfest montiert)	nein	Getränkeabfüllanlage als Beispiel für ortsfeste Großanlage, Annahme, dass Kriterien für ortsfeste Großanlage erfüllt – siehe Kriterien für ‚groß'	–	–	–

Geräteart	Im AWB der RL 2011/65/EU	Anmerkungen	Gerätekategorie gem. Anhang I RL 2011/65/EU	G-Kat-Nr.	IVS-Verbot ab
Weinflaschenabfüllanlage (mobil)	ja		EE-Werkzeuge	6	gültig (2019 für Geräte < 2006)
Weinkühlschrank	ja		Haushaltsgroßgeräte	1	gültig (2019 für Geräte < 2006)
Weinkühlschrank (gewerblich/industriell)	ja		Haushaltsgroßgeräte	1	gültig (2019 für Geräte < 2006)
Weinpresse (ortsfest montiert)	nein	Annahme, dass Kriterien für ortsfeste Großanlage erfüllt – siehe Kriterien für ‚groß‘	–	–	–
Weltraumprüfsonde	nein	siehe Einsatz im Weltraum	–	–	–
Werkbank mit Energieverteiler (und Kabel)	ja	nur wenn ortsfestes industrielles Großwerkzeug, dann nicht im Geltungsbereich	EE-Werkzeuge	6	22.07.2019 (zuvor nicht im AWB)
Werkstücktestmaschine wie Elektronenstrahl-, Laser-, Auflicht-, Ultraviolett-Fehlererkennungssystem	nein	Beispiel für ortsfestes industrielles Großwerkzeug	–	–	–
Werkstücktestmaschine wie Leiterplattentestgerät	nein	Beispiel für ortsfestes industrielles Großwerkzeug	–	–	–
Wetterballon (gewerblich/industriell)	ja	Einsatz in geringeren Höhen als ‚Weltraum‘	Überwachungs- und Kontrollinstrumente – industriell	9	22.07.2017
Wetterstation (elektrisch) (Haushalt)	ja		Überwachungs- und Kontrollinstrumente	9	22.07.2014

Geräteart	Im AWB der RL 2011/65/EU	Anmerkungen	Gerätekategorie gem. Anhang I RL 2011/65/EU	G-Kat-Nr.	IVS-Verbot ab
Wetterstation (elektrisch, groß, gewerblich/industriell)	ja		Überwachungs- und Kontrollinstrumente – industriell	9	22.07.2017
Whirlpool mit elektronischen Bauteilen (Bauteile integriert, ortsfest montiert)	ja	Einbau in Gebäude kein Ausschließungsgrund, siehe ‚zumindest eine beabsichtigte Funktion‘ (vgl. Möbel)	Sonstige Elektro- und Elektronikgeräte (Möbel u. ä.)	11	22.07.2019 (nicht in Anhang I)
Windmesser (elektronisch)	ja		Überwachungs- und Kontrollinstrumente	9	22.07.2014
Winkelschleifer	ja		EE-Werkzeuge	6	gültig (2019 für Geräte < 2006)
Wippschalter auf Kabel – Funktion mechanisch	ja	Teil; siehe Schalter mit elektronischer Funktion unter Gerätekategorie 9	Sonstige Elektro- und Elektronikgeräte (Teile)	11	22.07.2019 (nicht in Anhang I)
Wok (elektrisch)	ja		Haushaltskleingeräte	2	gültig (2019 für Geräte < 2006)
Workstation	ja		IT & Telekommunikationsgeräte	3	gültig (2019 für Geräte < 2006)
Zähler (Flüssigkeit, Elektrizität,..) (gewerblich/industriell)	ja		Überwachungs- und Kontrollinstrumente – industriell	9	22.07.2017
Zähler (Gas, Flüssigkeit, Elektrizität,..) (ortsfest montiert und/oder Teil einer Anlage)	ja	Einbau in Gebäude kein Ausschließungsgrund, nur wenn speziell konzipierter Teil für eine ortsfeste Großanlage, dann nicht im Geltungsbereich – siehe Kriterien für ‚groß‘	Überwachungs- und Kontrollinstrumente	9	22.07.2014

Geräteart	Im AWB der RL 2011/65/EU	Anmerkungen	Gerätekategorie gem. Anhang I RL 2011/65/EU	G-Kat-Nr.	IVS-Verbot ab
Zahnbürste (elektrisch)	ja		Haushaltskleingeräte	2	gültig (2019 für Geräte < 2006)
Zahnhygieneset (Netz/Akku)	ja		Haushaltskleingeräte	2	gültig (2019 für Geräte < 2006)
Zahntechnikgerät zum Herstellen und Bearbeiten von Zahnersatz	ja		EE-Werkzeuge	6	gültig (2019 für Geräte < 2006)
Zapfgerät	ja		EE-Werkzeuge	6	gültig (2019 für Geräte < 2006)
Zapfgerät (Teil einer Anlage)	ja	nur wenn speziell konzipierter Teil für ein ortsfestes industrielles Großwerkzeug, dann nicht im Geltungsbereich – siehe Kriterien für ‚groß‘	EE-Werkzeuge	6	22.07.2019 (zuvor nicht im AWB)
Zapfsäule mit elektrischem Bauteil (ortsfest montiert, Teil einer Anlage, speziell konzipiert)	nein	Annahme, dass speziell konzipiertes/r Gerät/Teil für eine ortsfeste Großanlage – siehe Kriterien für ‚groß‘	–	–	–
Zeiterfassungsgerät, Zeitregistriergerät (ortsfest montiert, gewerblich/industriell)	ja	Einbau in Gebäude kein Ausschließungsgrund	Überwachungs- und Kontrollinstrumente – industriell	9	22.07.2017
Zeitschaltuhr	ja		Überwachungs- und Kontrollinstrumente	9	22.07.2014
Zentralspeichereinheit	ja		IT & Telekommunikationsgeräte	3	gültig (2019 für Geräte < 2006)

Geräteart	Im AWB der RL 2011/65/EU	Anmerkungen	Gerätekategorie gem. Anhang I RL 2011/65/EU	G-Kat-Nr.	IVS-Verbot ab
Zentralstaubsauger (Teil einer Anlage)	ja	nur wenn speziell konzipiertes Gerät für eine ortsfeste Großanlage/Teil eines ortsfesten industriellen Großwerkzeuges, dann nicht im Geltungsbereich – siehe Kriterien für ‚groß'	Haushaltsgroßgeräte	1	22.07.2019 (zuvor nicht im AWB)
Zentrifuge	ja		EE-Werkzeuge	6	gültig (2019 für Geräte < 2006)
Zentrifuge im medizinischen Bereich (z. B. Immunhämatologie)	ja		Medizinische Geräte	8	22.07.2014
Zimmerantenne (mit Verstärker)	ja		Geräte der Unterhaltungselektronik	4	gültig (2019 für Geräte < 2006)
Zimmerantenne (ohne Verstärker)	ja	benötigt zwar keinen Strom aber Kernfunktion ist Empfang und Übertragung elektromagnetischer Wellen	Geräte der Unterhaltungselektronik	4	22.07.2019 (zuvor nicht im AWB)
Zimmerbrunnen (elektrisch)	ja		Haushaltskleingeräte	2	gültig (2019 für Geräte < 2006)
Zufallsgenerator, der Sicherheitscodes vergibt (RSA SecurID Token)	ja		IT & Telekommunikationsgeräte	3	gültig (2019 für Geräte < 2006)
Zugfunk-Anlage	nein	Gerät als Teil von Ausnahme ‚Verkehrsmittel zur Personenbeförderung' konzipiert	–	–	–
Zünder (Detonator) elektrisch	ja		EE-Werkzeuge	6	gültig (2019 für Geräte < 2006)
Zusatzgerät für Akkordeon	ja		Spiel-, Sport- und Freizeitgeräte	7	gültig (2019 für Geräte < 2006)

Geräteart	Im AWB der RL 2011/65/EU	Anmerkungen	Gerätekategorie gem. Anhang I RL 2011/65/EU	G-Kat-Nr.	IVS-Verbot ab
Zutrittsystem (Karte und Code)	ja	nur wenn speziell konzipierter Teil für eine ortsfeste Großanlage, dann nicht im Geltungsbereich – siehe Kriterien für ‚groß'	Sonstige Elektro- und Elektronikgeräte (nicht zuordenbar)	11	22.07.2019 (nicht in Anhang I)
Lampen und Leuchten					
Teil Lampen					
Energiesparlampe, Leuchtstofflampe kompakt	ja		Beleuchtungskörper	5	gültig (2019 für Geräte < 2006)
Elektroluminiszenzlampe	ja		Beleuchtungskörper	5	gültig (2019 für Geräte < 2006)
Leuchtstofflampe stabförmig, Leuchtstoffröhre	ja		Beleuchtungskörper	5	gültig (2019 für Geräte < 2006)
Gasentladungslampe allein für den gewerblich/industriellen Bereich eingesetzt	ja		Beleuchtungskörper	5	gültig (2019 für Geräte < 2006)
Gasentladungslampe für Projektoren	ja		Beleuchtungskörper	5	gültig (2019 für Geräte < 2006)
Gasentladungslampe wie/als Leuchtschrift, Neonschriftzug oder Werbeschriftzug	ja		Beleuchtungskörper	5	gültig (2019 für Geräte < 2006)
Glimmlampe (Kontrolllampe im Schalter 250 V, 0,65 mA)	ja		Beleuchtungskörper	5	gültig (2019 für Geräte < 2006)
Glühlampe, Glühbirne	ja		Beleuchtungskörper	5	gültig (2019 für Geräte < 2006)

Geräteart	Im AWB der RL 2011/65/EU	Anmerkungen	Gerätekategorie gem. Anhang I RL 2011/65/EU	G-Kat-Nr.	IVS-Verbot ab
Halogenlampe (jede Art der Fassung)	ja		Beleuchtungskörper	5	gültig (2019 für Geräte < 2006)
Infrarot/IR-Lampe (Glühlampe)	ja		Beleuchtungskörper	5	gültig (2019 für Geräte < 2006)
Kathodenlampe	ja		Beleuchtungskörper	5	gültig (2019 für Geräte < 2006)
LED Lampe (jede Art der Fassung)	ja		Beleuchtungskörper	5	gültig (2019 für Geräte < 2006)
Metalldampflampe	ja		Beleuchtungskörper	5	gültig (2019 für Geräte < 2006)
Natriumdampflampe- Hochdruck	ja		Beleuchtungskörper	5	gültig (2019 für Geräte < 2006)
Natriumlampe – Niederdruck	ja		Beleuchtungskörper	5	gültig (2019 für Geräte < 2006)
Quecksilberdampflampe	ja		Beleuchtungskörper	5	gültig (2019 für Geräte < 2006)
UV-Lampe	ja		Beleuchtungskörper	5	gültig (2019 für Geräte < 2006)
Xenon-Lampe	ja		Beleuchtungskörper	5	gültig (2019 für Geräte < 2006)
Teil ‚Leuchten‘					
Fahrradbeleuchtung (inkl. Batterie/Akku)	ja		Beleuchtungskörper	5	gültig (2019 für Geräte < 2006)
Grabkerze elektrisch	ja		Beleuchtungskörper	5	gültig (2019 für Geräte < 2006)

Geräteart	Im AWB der RL 2011/65/EU	Anmerkungen	Gerätekategorie gem. Anhang I RL 2011/65/EU	G-Kat-Nr.	IVS-Verbot ab
Hologramm-Prüfleuchte zur Lackbeurteilung	ja		Beleuchtungskörper	5	gültig (2019 für Geräte < 2006)
LED-Scheinwerfer in Auto oder Motorrad	nein	speziell konzipierter Teil von Ausnahme ‚Verkehrsmittel zur Personen- und Güterbeförderung'	–	–	–
Leuchtdiodenkette mit/ohne Vorschaltgerät	ja		Beleuchtungskörper	5	gültig (2019 für Geräte < 2006)
Leuchte/Beleuchtungskörper für alle Leuchtmittel (exkl. Leuchtstofflampe) mit oder ohne Vorschaltgerät, Trafo, Steuerungselement und/oder Batterie/Akku – gewerblich/industriell (spezielle Leuchten für gewerbliche/industrielle Nutzung)	ja		Beleuchtungskörper	5	gültig (2019 für Geräte < 2006)
Leuchte/Beleuchtungskörper für alle Leuchtmittel (exkl. Leuchtstofflampe) mit oder ohne Vorschaltgerät, Trafo, Steuerungselement und/oder Batterie/Akku (alle Arten von Leuchten – z. B. Stehleuchte, Tischleuchte, Schreibtischleuchte, Nachttischleuchte, Gartenleuchte)	ja		Beleuchtungskörper	5	gültig (2019 für Geräte < 2006)
Leuchte/Beleuchtungskörper für Leuchtstofflampe – für den privaten Haushalt (alle Arten von Leuchten – z. B. Deckenleuchte, Stehleuchte, Schreibtischleuchte für Leuchtstofflampe)	ja		Beleuchtungskörper	5	gültig (2019 für Geräte < 2006)

Geräteart	Im AWB der RL 2011/65/EU	Anmerkungen	Gerätekategorie gem. Anhang I RL 2011/65/EU	G-Kat-Nr.	IVS-Verbot ab
Leuchte/Beleuchtungskörper für Leuchtstofflampe – gewerblich/industriell (z. B. spezielle Anbauleuchte bzw. abgehängte Leuchte, Bühnenbeleuchtung etc.)	ja		Beleuchtungskörper	5	gültig (2019 für Geräte < 2006)
Leuchtschild für Leuchtstofflampe (Leuchtstofflampe austauschbar)	ja		Beleuchtungskörper	5	gültig (2019 für Geräte < 2006)
Leuchtschild mit Leuchtstofflampe untrennbar verbunden, Leuchtreklame aus Leuchtstofflampe	ja		Beleuchtungskörper	5	gültig (2019 für Geräte < 2006)
Leuchtschild, Leuchtreklame mit/aus anderem/n Leuchtmittel/n als Leuchtstofflampe	ja		Beleuchtungskörper	5	gültig (2019 für Geräte < 2006)
Leuchtstab, Handleuchte mit Leuchtstofflampe als Leuchtmittel, mit Kabel/Stecker (untrennbar)	ja		Beleuchtungskörper	5	gültig (2019 für Geräte < 2006)
Lichterkette, Weihnachtsbaumbeleuchtung mit/ohne Trafo	ja		Beleuchtungskörper	5	gültig (2019 für Geräte < 2006)
Lichtschlauch (z. B. LED) mit/ohne Vorschaltgerät	ja		Beleuchtungskörper	5	gültig (2019 für Geräte < 2006)
Nachtlicht (inkl. Batterie/Akku)	ja		Beleuchtungskörper	5	gültig (2019 für Geräte < 2006)
Notbeleuchtung (inkl. Batterie/Akku)	ja		Beleuchtungskörper	5	gültig (2019 für Geräte < 2006)
Plasma-Ball-Leuchte	ja		Beleuchtungskörper	5	gültig (2019 für Geräte < 2006)

Geräteart	Im AWB der RL 2011/65/EU	Anmerkungen	Gerätekategorie gem. Anhang I RL 2011/65/EU	G-Kat-Nr.	IVS-Verbot ab
Saunafarblichtgerät	ja		Beleuchtungskörper	5	gültig (2019 für Geräte < 2006)
Solarleuchte	ja		Beleuchtungskörper	5	gültig (2019 für Geräte < 2006)
Stadion-Beleuchtung	ja	Kriterien für eine ortsfeste Großanlage nicht zutreffend – siehe FAQ WEEE-Dir.	Beleuchtungskörper	5	22.07.2019 (zuvor nicht im AWB)
Stirnleuchte für alle Leuchtmittel (Batterie/Akku)	ja		Beleuchtungskörper	5	gültig (2019 für Geräte < 2006)
Strahler, Scheinwerfer für alle Leuchtmittel (inkl. Halogenfluter)	ja		Beleuchtungskörper	5	gültig (2019 für Geräte < 2006)
Straßenbeleuchtung	ja	Kriterien für eine ortsfeste Großanlage nicht zutreffend – siehe FAQ WEEE-Dir.	Beleuchtungskörper	5	22.07.2019 (zuvor nicht im AWB)
Straßenbeleuchtung als Teil einer Verkehrsleitanlage (speziell konzipiert)	nein	Annahme, dass speziell konzipiertes/r Gerät/Teil für eine ortsfeste Großanlage (siehe Verkehrsleitanlage) – siehe Kriterien für ‚groß'	–	–	–
Stroboskop	ja		Beleuchtungskörper	5	gültig (2019 für Geräte < 2006)
Taschenlampe/Taschenleuchte für alle Arten von Leuchtmitteln und alle Arten der Energieversorgung (Batterie, Akku, Solar, inkl. Dynamotaschenlampe)	ja		Beleuchtungskörper	5	gültig (2019 für Geräte < 2006)
Xenon-Scheinwerfer in Auto oder Motorrad	nein	speziell konzipierter Teil von Ausnahme ‚Verkehrsmittel zur Personen- und Güterbeförderung'	–	–	–

Abkürzungen

ABl.	Amtsblatt
Abs.	Absatz
Art.	Artikel
ATEX	Atmosphères Explosibles (Explosionsschutzrichtlinie)
AWB	Anwendungsbereich
BAM	Bundesanstalt für Materialforschung und -prüfung
BBP	Butylbenzylphthalat
BeckRS	Beck-Rechtsprechung
BeO	Berylliumoxid
BNetzA	Bundesnetzagentur
BGBl.	Bundesgesetzblatt
BGH	Bundesgerichtshof
BMLFUW	Bundesministerium für Land- und Forstwirtschaft, Umwelt und Wasserwirtschaft (Österreich)
BMWi	Bundesministerium für Wirtschaft und Energie
BOM	Bill of Material
BT-Drs.	Bundestagsdrucksache
B2B	Business to Business
B2C	Business to Consumer
CAS-Nummer	Chemical Abstracts Service (internationaler Bezeichnungsstandard für chemische Stoffe)
CEE	Commission on the Rules for the Approval of the Electrical Equipment (Internationale Kommission für die Regelung der Zulassung elektrischer Ausrüstungen)
CEN	**C**omité **E**uropéen de **N**ormalisation (European Committee for Standardization, Europäisches Komitee für Normung)
CENELEC	**C**omité **E**uropéen de **N**ormalisation **El**e**c**trotechnique (European Committee for Electrotechnical Standardization), Europäisches Komitee für elektrotechnische Normung)
CPI	Corruption Perceptions Index (Korruptionswahrnehmungsindex)
DBP	Dibutylphthalat

DEP	Diethylphthalat
DEHP	Di(2-ethylhexyl)phthalat
DEU	Deutschland
DG	Directorate-General (Generaldirektion)
DIBP	Diisobutylphthalat
Dir.	Directive (Richtlinie)
DoC	Declaration of Conformity (Konformitätserklärung), ISO/IEC 17050-1, auch SdoC genannt (Suppliers Declaration of Conformity)
ECHA	Europäische Chemikalienagentur
EEE	Electrical and Electronic Equipment (Elektro- und Elektronikgeräte)
EG	Europäische Gemeinschaft
ElektroStoffV	Elektro- und Elektronikgeräte-Stoff-Verordnung
EMV	Elektromagnetische Verträglichkeit von Elektro- und Elektronikprodukten
EN	Europäische Norm, erarbeitet von CEN/CENELEC
ERFA MÜ	Erfahrungsaustausch Marktüberwachung
ErP	Energy-related Products
EU	Europäische Union
EWG	Europäische Wirtschaftsgemeinschaft
F & E	Forschung und Entwicklung
FAQ	Frequently Asked Questions
FMD	Full Material Declaration
FuAG	Funkanlagengesetz
GADSL	Global Automotive Declarable Substance List
gem.	gemäß
G-Kat.	Gerätekategorie
GRUR-RR	Gewerblicher Rechtsschutz und Urheberrecht Rechtsprechungs-Report
HBCDD	Hexabromcyclododecan
i. V. m.	in Verbindung mit

ICSMS	Internet-supported information and communication system for the pan-European market surveillance
IEC	International Electrotechnical Commission (Commission Electrotechnique Internationale)
IECEE	International Electrotechnical Commission for Safety of Electrical Equipment
IECQ	IEC Quality Assessment System for Electronic Components (IEC-Qualitätsbewertungssystem für Bauelemente der Elektronik
ISO	International Organization for Standardization (Internationale Organisation für Normung)
ITE	Information Technology Equipment
IVS-Verbot	Inverkehrbringen-Stoff-Verbot
IZM	Fraunhofer-Institut für Zuverlässigkeit und Mikrointegration
KBV	Konformitätsbewertungsverfahren
KrWG	Kreislaufwirtschaftsgesetz
lit.	littera (Buchstabe)
MCCP	medium chained chlorinated paraffins (mittelkettige Chlorparaffine)
MobHV	Mobilitätshilfenverordnung
NANDO	New Approach Notified and Designated Organisations
NCB	National Certification Body (nationale Zertifizierungsstelle)
NJW	Neue Juristische Wochenzeitschrift
NLF	New Legislative Framework
NVzW	Neue Zeitschrift für Verwaltungsrecht
OJEU	Official Journal of the European Union (Amtsblatt der Europäischen Union)
OLG	Oberlandesgericht
PBB	polybromierte Biphenyle
PBDE	polybromierte Diphenylether
ppm	parts per million (englischer Ausdruck, steht für die Zahl 10^{-6})
prEN	draft European Standard, Europäischer Norm-Entwurf
ProdSG	Produktsicherheitsgesetz
PVC	Polyvinylchlorid

REACH	Registration, Evaluation, Authorisation and Restriction of Chemicals (Registrierung, Bewertung, Zulassung und Beschränkung chemischer Stoffe, Europäische Chemikalienverordnung)
RL	Richtlinie
Rn.	Randnummer
RoHS	Restriction of Hazardous Substances in Electrical and Electronic Equipment
SDoC	Suppliers Declaration of Conformity (Konformitätserklärung durch den Hersteller), ISO/IEC 17050-1
SLIM	Simpler Legislation in the Internal Market
StoffR	Zeitschrift für Stoffrecht
SVHC	Substances of very high concern – besonders besorgniserregende Stoffe
TCEP	Tris(2-chlorethyl)phosphat
TR	Technical Report (Fachbericht)
UAbs.	Unterabsatz
UE	Unterhaltungselektronik
UKlaG	Unterlassungsklagengesetz
UWG	Gesetz gegen den unlauteren Wettbewerb
VDI	Verein Deutscher Ingenieure
VO	Verordnung
WEEE	Waste Electrical and Electronical Equipment (EU-Richtlinie zu Elektro- und Elektronikaltgeräten)
WG	Working Group
WTO	World Trade Organization
XML	Extensible Markup Language (erweiterbare Auszeichnungssprache)
ZUR	Zeitschrift für Umweltrecht
ZustVO-Abfall	Verordnung über Zuständigkeiten auf den Gebieten der Kreislaufwirtschaft, des Abfallrechts und des Bodenschutzes

Literaturverzeichnis

Ahlaus, Martin, Urteil des Bundesgerichtshofes zur wettbewerbsrechtlichen Dimension der Stoffverbote nach RoHS und ElektroStoffV, StoffR 1 2017, 44.

Ahlhaus/Mayer, Die neue RoHS-Richtlinie – Auswirkungen für die Praxis, StoffR 5 2011, 209.

Ahlhaus/Woschech, RoHS reloaded – Neue CE-Pflichten für Elektrogeräte, CE-Newsletter, 9/2011.

Benz, Karl-Werner, Elektroschrottgesetzgebung: RoHS II fordert Bescheinigung der RoHS-Konformität mittels CE-Kennzeichnung, maschinenrichtlinie aktuell III/2013, 3.

Beste, Stefanie, RoHS-Richtlinie integriert Kabel, VDI Umweltmagazin, 1–2/2011, 41. Jg., 50.

Buck/Loerzer/Schwabedissen, Rechtskonformes Inverkehrbringen von Produkten – In 10 Schritten zur Konformitätserklärung, 2. aktualisierte und erweiterte Auflage 2017, Berlin – Wien – Zürich, Beuth Verlag GmbH.

Führ, Martin, Boxenstopp für die REACH-Verordnung, ZUR 2014, 270.

Grunow, Moritz, Die Elektro- und Elektronikgeräte-Stoff-Verordnung (ElektroStoffV), ZUR 2014, 658.

Hartmannsberger/Herzig, Wettbewerbsrechtliche Folgen von Verstößen gegen formale Produktanforderungen, GRUR-RR 2016, 433.

Hertel/Oberbichler/Wilrich, Technisches Recht, Grundlagen – Systematik – Recherche, 2015, Beuth Verlag Berlin.

Klindt, Thomas, Produktsicherheitsgesetz, 2. Auflage 2014, C. H. Beck München.

Köhler/Bornkamm, Gesetz gegen den unlauteren Wettbewerb UWG, 35. Auflage 2017, C.H. Beck München.

Kraus, Thomas, Marktüberwachung – welche Rolle spielt die Normung aus Sicht des VDMA?, maschinenrichtlinie aktuell, Heft IV 2015, 17.

Loerzer/Schacht, Konformitätsverantwortung – CE-Kennzeichnung im Produktentstehungsprozess, 1. Auflage 2016, Beuth Verlag Berlin.

Nevison, Gary, Wann fällt ein Entwicklungs-Kit unter die neu RoHS-Richtlinie?, Markt & Technik Nr. 32, 05.08.2011, S. 27.

Nieser, Stefan, Leitfaden zur Umsetzung von ROHS II gemäß DIN EN 50581, Oktober 2014.

Oehme/Jacob, Strategien gegen Obsoleszenz, Sicherung einer Produktmindestlebensdauer sowie Verbesserung der Produktnutzungsdauer und der Verbraucherinformation, Oktober 2016, Umweltbundesamt Dessau-Roßlau.

Stichwortverzeichnis